Os Limites Sociais do Crescimento

TÍTULO ORIGINAL:
Social Limits to Growth

AUTOR
Fred Hirsch

Direitos reservados para todos os países de língua portuguesa por

CONJUNTURA ACTUAL EDITORA,
uma chancela de Edições Almedina, S.A.
Avenida Emídio Navarro, 81, 3D
3000-151 Coimbra – Portugal
e-mail: editoras@grupoalmedina.net

TRADUÇÃO
Rita Caetano

REVISÃO
Inês Castelhano

CAPA
Joana Carvalho

PAGINAÇÃO
Patrícia Boleto

IMPRESSÃO E ACABAMENTO
????????????

maio 2023

ISBN: 978-989-694-712-5

DEPÓSITO LEGAL
n.º 000000/23

FRED
HIRSCH

Os Limites Sociais do Crescimento

ACTUAL

Preâmbulo

Este livro sugere que o impasse atual em várias questões--chave da economia política dos países avançados é atribuído, em parte, a uma perspetiva desatualizada da natureza, e, portanto, da promessa do crescimento económico. Esta crítica tem algumas implicações imediatas importantes — sobretudo negativas — para a política e abre um vasto leque de questões políticas consequentes. Cabe ao leitor julgar se o tema desenvolvido é suficientemente válido e promissor para justificar uma análise mais aprofundada e investigação que a abordagem apresentada exige. Embora o livro tenha demorado muito a ser escrito — cinco anos desde o primeiro esboço ao texto final —, é pouco mais do que um ponto de partida. É dedicado essencialmente ao enquadramento em que as questões são vistas e às decorrentes inferências para as políticas e que requerem mais investigação.

O apoio do Twentieth Century Fund tornou este livro possível. O Fundo financiou o meu trabalho desde abril de 1972 até setembro de 1974, enquanto fui bolseiro de investigação no Nuffield College, em Oxford. Desde a aceitação inicial do projeto, durante a lenta viagem, até à conclusão, o Fundo demonstrou uma compreensão invulgar e paciência com os problemas associados a um trabalho deste tipo. O meu apreço pelo apoio do Fundo, e em particular pelo diretor, M. J. Rossant, estende-se muito além do agradecimento convencional. Só posso esperar que o projeto tenha justificado e não limite a visão expressada muitas vezes pelo diretor de que as fundações devem arriscar.

O Nuffield College proporcionou-me o ambiente ideal para o trabalho, por isso, expresso o meu enorme agradecimento ao reitor e bolseiros por me oferecerem uma bolsa de investigação e pela hospitalidade e estímulo intelectual durante a minha estadia.

Tenho uma lista extraordinariamente longa de pessoas a quem agradecer pela ajuda que me deram; possivelmente a dimensão da minha dívida reflete o facto de ter estado a investigar uma nova temática. Desde o início do projeto, recebi orientações inestimáveis, incentivos e críticas de Tibor Scitovsky. Em vários pontos, duvido ter cumprido os seus elevados padrões; no entanto, apesar da isenção de responsabilidade, ele é, em certa medida, responsável pelos erros que se seguem, uma vez que sem o seu interesse e encorajamento constante não tenho a certeza se teria persistido.

Devo outro enorme agradecimento a Kenneth Boulding. Os seus comentários sobre o esboço do manuscrito na qualidade de leitor do Fundo contribuíram tanto para ter alento no geral como foram úteis críticas construtivas. Também estou grato pelos comentários e críticas de partes do rascunho feitas em várias fases por Brian Barry, John Flemming, John Goldthorpe, Richard Lecomber, Ian Little, Donald Moggridge, Mancur Olson e Donald

Winch; e por Walter Klein, Robert H. Nelson e Peter Reuter, da equipa do Twentieth Century Fund, assim como aos dois revisores anónimos.

Estou grato a Arun Newell e a Christopher Trinder, pelo apoio na pesquisa, a Stephen Carse, pelo trabalho de verificação das referências, e a Theodore E. Young, pelo trabalho editorial. Também agradeço a ajuda da minha secretária atual, Karen Kavanagh. Tal como nos meus livros anteriores, a minha esposa, Ruth Hirsch, desempenhou um papel fundamental no processo prático da produção.

Abril de 1976

F. H.

A segunda edição e a primeira edição de bolso contêm um pequeno número de correções e alguns esclarecimentos em relação ao texto nas páginas 94, 117 e 176.

Novembro de 1977

F. H.

Índice

Prefácio

Há bem mais de quatro anos, Fred Hirsch apresentou uma proposta ao Twentieth Century Fund de um estudo do crescimento nas economias prósperas. Numa altura em que a discussão pública estava muito mais voltada para os avisos sobre os limites do crescimento divulgados pelo Clube de Roma, o Conselho de Administração do Fundo demonstrou uma presciência notável ao financiar o projeto de Hirsch, que procurava entender a própria natureza do crescimento. Decidiu que, embora o projeto pudesse ser arriscado, valia a pena correr o risco, por Hirsch, um académico ponderado e elegante, e porque pretendia tratar de um dos problemas fundamentais das sociedades evoluídas, porém bastante ignorados, nomeadamente, os problemas sociais criados pelo crescimento económico, especialmente nas democracias.

O assunto exigiu bastante leitura, discussões acaloradas com inúmeros académicos e imensa revisão, sempre com o objetivo de esboroar o argumento até à sua essência. Depois, o projeto teve um longo período de criação. Das ideias à escrita, Hirsch rejeitou a análise convencional e as soluções fáceis. O resultado é um contributo significativo para a compreensão do processo de crescimento económico e os seus percalços nas sociedades avançadas.

Não é preciso dizer que o Fundo está radiante por este investimento intelectual em particular se ter revelado tão gratificante. Pessoalmente, foi um prazer trabalhar com um pensador tão alegre e original como Fred Hirsch, que também aceitou os comentários críticos com sentido de humor. O trabalho, claro, é todo seu, e escreve com eloquência e conhecimento sobre as consequências desconcertantes do bem-estar económico. O seu estilo e a sua bagagem requerem uma leitura cuidadosa; além disso, não defende que tem todas as respostas. Lida com alguns dos problemas mais críticos com que nos vemos confrontados, e a mensagem que nos dá é de importância extrema. Hirsch foca-se, com brilhantismo e clarividência, nos problemas que terão de ser resolvidos num contexto democrático.

Em nome dos curadores e da equipa do Fundo, quero expressar o meu apreço pela análise exigente de Hirsch.

M. J. Rossant, diretor
Twentieth Century Fund

Para Ruth,
minha parceira

Introdução

Em resumo

Este livro tenta dar uma resposta económica a três questões.

(1) Porque é que o avanço económico se tornou e se manteve um objetivo tão imperioso para toda a gente, enquanto indivíduos, não obstante gerar frutos dececionantes, quando a maioria das pessoas, ou mesmo todas, os atinge?

(2) Porque é que a sociedade moderna se tornou tão preocupada com a distribuição — com a divisão do bolo —, quando é evidente que a maioria das pessoas só consegue elevar os seus padrões de vida se produzir um bolo maior?

(3) Porque é que o século XX assistiu a uma tendência universal predominante no sentido da provisão coletiva e regulação estatal nas áreas económicas, numa altura em que a liberdade individual de ação é especialmente louvada e recebe importância sem precedentes em áreas não económicas, como padrões estéticos e sexuais?

Vamos chamar a estres três assuntos (1) o paradoxo da riqueza, (2) a compulsão distributiva e (3) o coletivismo relutante.

A minha principal teoria é que estes três assuntos estão interrelacionados e provêm de uma fonte comum. Essa fonte encontra-se na natureza do crescimento económico nas sociedades avançadas. O cerne do problema está na complexidade e ambiguidade parcial do conceito de crescimento económico, assim que a massa da população satisfaz as principais necessidades biológicas para subsistência, alimentação, habitação e vestuário. A tradicional distinção económica entre o quanto é produzido, em que fundamentos e quem recebe torna-se confusa. As questões de produção, de provisão individual *versus* coletiva e de distribuição ficam interligadas.

Este desenvolvimento marca uma mudança profunda. É uma mudança que os economistas em particular têm dificuldade em aceitar porque aparenta ser um retrocesso científico. Tradicionalmente, o contributo do economista para traçar um caminho para o progresso económico tem consistido, em grande parte, em esclarecer os aspectos da atividade económica que acabaram de ser mencionados — distinguir entre a parte do bolo e a sua dimensão, entre a motivação das ações individuais e do seu resultado coletivo. Foi com base nestas distinções que a ciência económica foi lançada por Adam Smith há dois séculos. Smith demonstrou que a busca individual de forma descoordenada dos seus próprios interesses poderia, mesmo assim, servir os interesses de todos e que os pobres numa comunidade de ricos podiam viver melhor do que reis nativos.

O progresso da economia tem sido dedicado sobretudo a desenvolver e aprimorar estas perceções, o que resultou em vantagens enormes na quantificação dos fenómenos económicos. Por sua vez, esta quantificação sustenta não apenas a alegação da primazia da economia na hierarquia das ciências sociais, mas também a sua primazia estabelecida na agenda da política pública. Na geração passada, a política eleitoral em todo o mundo industrializado, e mais além, foi cada vez mais dominada pelos grandes números económicos — produto interno bruto, rendimento pessoal disponível e a taxa a que estes indicadores de prosperidade material crescem.

No entanto, nas sociedades avançadas, aquelas em que a maioria da população ascendeu acima do consumo meramente de sustentabilidade, pode agora ter sido atingido o ponto em que o enquadramento analítico de que o economista tomou como garantido — mas que o sociólogo há muito disputa — se tornou uma limitação para compreender alguns problemas fundamentais contemporâneos. Confrontar estes problemas no enquadramento da separação analítica tradicional deixa as respostas no ar. As três questões gerais elencadas no início — o paradoxo da riqueza, a compulsão distributiva e o coletivismo relutante — são *puzzles* ou paradoxos quando vistos isoladamente. Uma chave para a sua resolução é abordá-los enquanto produtos interligados de uma característica estrutural negligenciada do crescimento económico moderno. É isso que este livro pretende fazer.

I

A característica estrutural em causa é que, à medida que o nível do consumo médio aumenta, uma parte crescente do consumo assume um aspecto tanto social como individual, ou seja, a satisfação que alguém retira de bens e serviços depende, cada vez mais, não só do seu próprio consumo, mas também do consumo dos outros.

Para uma pessoa com fome, a satisfação obtida de uma simples refeição não é afetada pelas refeições das outras pessoas, ou se tiver fome suficiente, por nada mais do que façam. A sua refeição é um assunto completamente individual. Em termos técnicos, é um bem privado puro. No outro extremo, a qualidade do ar que o cidadão moderno respira no centro de uma cidade depende quase inteiramente do contributo dos seus concidadãos para combater a poluição, quer de forma direta — com despesa pública — quer indireta — com regulamentação pública. Ar puro numa metrópole é um produto social. Em termos técnicos, aproxima-se de um bem público puro.

Todavia, estes casos extremos são relativamente reduzidos. Recentemente os economistas especialistas nestas questões reconheceram que a maior parte do consumo não é puramente privado nem puramente público. O que geralmente é referido como consumo privado ou pessoal é, apesar disso, afetado na sua essência — ou seja, na satisfação ou utilidade que produz — pelo consumo dos mesmos bens ou serviços por outros; nesse sentido específico, podemos dizer que encerra um elemento social. Correspondentemente, o que é geralmente referido como consumo público contém algumas das características dos bens privados, no sentido de que os seus custos e benefícios são ou podem ser confinados a um grupo limitado.

O âmbito do consumo privado que contém um elemento social no sentido descrito é muito mais abrangente do que é habitualmente reconhecido. Nos manuais de economia, os bens públicos são discutidos no contexto de bens e equipamentos que só podem ser facultados, ou sobretudo em termos económicos, numa base coletiva, abertos a todos e financiados por todos. Parques e ruas de cidades e a defesa nacional são exemplos notáveis. Além disso, reconhecem-se elementos de bens públicos em efeitos colaterais de transações privadas, como a poluição e o congestionamento, que ocorrem em situações particularmente identificáveis. Mas um elemento mais geral dos bens públicos pode ser atribuído a uma vasta gama de despesas privadas. Portanto, a utilidade da despesa num determinado nível de formação académica como meio de acesso aos empregos mais procurados vai diminuir à medida que mais pessoas obtenham esse nível de formação académica. Para mim, o valor da minha formação académica depende não só de quanto tenho, mas também de quanto tem a pessoa à minha frente na fila de emprego. A satisfação que se obtém de um automóvel ou de uma casa de campo depende das condições em que podem ser usados, satisfação essa que vai ser fortemente influenciada pelo número de outras pessoas que os usem. Este fator, de origem social, pode ser uma influência mais importante na minha satisfação do que as características desses itens enquanto bens «privados» (a velocidade do automóvel, a área da casa de campo, e por aí em diante). Além de um ponto que já foi há muito ultrapassado em sociedades industriais congestionadas, as condições de uso tendem a deteriorar-se à medida que a utilização se dissemina.

O congestionamento é mais aparente, na sua manifestação física, nas filas de trânsito. Mas o congestionamento do trânsito só pode ser visto como um caso especial do fenómeno mais abrangente do congestionamento social, que, por sua vez, é uma faceta importante da escassez social. A escassez social é um conceito central nesta análise.

Expressa a ideia de que as boas coisas da vida são restritas, não só por limitações físicas à produção em maior quantidade, mas também pelos limites absorventes do seu uso. Em situações em que o ambiente social tem uma capacidade restrita para alargar a utilização sem deteriorar a qualidade, impõem-se limites sociais ao consumo. Mais especificamente, o limite é imposto na satisfação que não depende do produto ou equipamento isoladamente, mas das condições envolventes à utilização.

Em concreto, o que é *novo* nesta situação? Os limites sempre lá estiveram, em algum momento, mas ainda não se tinham tornado um obstáculo até há pouco tempo. Em suma, é o produto das realizações passadas em crescimento material sem estar sujeito aos limites sociais. Neste sentido, o receio com os limites do crescimento que foi referido através do Clube de Roma[1] está incrivelmente desajustado. Foca-se em limites físicos distantes e incertos e ignora a presença imediata, ainda que menos apocalíptica, dos limites sociais do crescimento.

Desde que a privação material seja disseminada, a conquista da escassez material é a preocupação dominante. À medida que as exigências de bens puramente privados são cada vez mais satisfeitas, as exigências de bens

---

[1] O Clube de Roma é uma associação internacional informal, que se define como uma espécie de universidade invisível, mais conhecida pelo seu «modelo do mundo» que representa as interligações de recursos, população e ambiente no modo da dinâmica de sistemas. A mensagem, que recebeu louvores populares no mundo inteiro e crítica disseminada dos profissionais, vinha contida em Donella H. Meadows, Dennis L. Meadows, Jørgen Randers e William W. Behrens III, *The Limits to Growth*, A Report for the Club of Rome's Project on the Predicament of Mankind (Londres: Earth Island Limited, 1972).

e instalações de carácter público (social) tornam-se cada vez mais ativas. Estas exigências públicas fazem-se sentir através de exigências individuais no sistema político ou através do mecanismo de mercado da mesma forma que as exigências para bens puramente privados. As pessoas adquirem ambos os grupos de bens sem distinção, excetuando quando os bens públicos são facultados por ação pública ou coletiva; mesmo nesse caso, podem procurar aumentar a sua parte através de compras privadas.

Estas exigências, em si, parecem tanto legítimas como alcançáveis. Porque é que uma pessoa não deve gastar o seu dinheiro em educação extra como meio para conseguir um emprego mais bem colocado, ou comprar uma segunda casa no campo, se preferir esses prazeres, a gastar num casaco de pele de marta, ou uísque, ou numa vida de mais lazer? Essa questão estava a ser ruidosamente manifestada em meados dos anos 70, como parte de uma reação da classe média tanto na Grã-Bretanha como nos Estados Unidos. Só pode ser respondida de forma satisfatória tendo como referência os bens públicos ou conteúdo social das despesas envolvidas.

Consideradas isoladamente — quando alguém procura educar-se para conseguir um emprego, um automóvel, uma casa de campo —, podem ser consideradas vontades genuinamente individuais, advindo das próprias preferências da pessoa perante a situação com que se depara. Agindo individualmente, cada um procura tirar o melhor partido da sua posição. Mas a satisfação propriamente dita destas preferências individuais altera a situação que outros enfrentam quando pretendem satisfazer desejos similares. Uma série de transações para agir em função de desejos pessoais deste tipo deixa, portanto, cada indivíduo numa situação pior do que aquela contabilizada aquando da transação, porque a soma desses atos não melhora de forma correspondente a posição de todos os indivíduos considerados em conjunto. Há um problema de «agregação». As oportunidades de avanço económico, como se apresentam em série a uma pessoa a seguir à outra, não constituem oportunidades equivalentes para avanço económico de todos. O que cada um de nós consegue alcançar nem todos conseguem.

A quebra entre oportunidades individuais e sociais pode ocorrer por variadas razões; a poluição excessiva e o congestionamento são os resultados mais comummente reconhecidos. Uma condição geral ignorada que produz esta quebra é a concorrência entre as pessoas por um cargo, em vez de competirem pelo desempenho. O avanço na sociedade só é possível quando se ascende a um patamar mais elevado entre quem nos rodeia, ou seja, melhorando o desempenho individual em relação ao desempenho dos outros. Se todos se puserem em bicos de pés, ninguém consegue ver melhor. Quando existe uma interação social deste género, a ação individual deixa de ser um meio seguro para realizar as escolhas individuais: o resultado pretendido pode ser alcançado apenas através da ação coletiva. (Todos concordamos, explícita ou implicitamente, que não nos devemos meter em bicos de pés.) Assim, a dicotomia familiar entre escolha individual e provisão coletiva ou regulação dissolve-se. A concorrência entre pessoas isoladas no mercado livre implica custos dissimulados para outras e, em último caso, para as próprias. Estes custos são um peso morto para todos e envolvem desperdício social, a menos que mais nenhum método alternativo preferível de alocação esteja disponível. Mas a mesma distorção pode resultar da provisão pública quando esta responde às exigências individuais formuladas sem considerar as interações subsequentes.

Um exemplo notório é facultado em certos aspectos da educação. Os detentores de qualificações académicas relativamente altas parecem desfrutar de oportunidades atrativas a nível profissional e social. Esta situação induz a uma forte procura latente de acesso a essas qualificações. Essa procura pode fluir pelo mercado, na disposição de os indivíduos pagarem propinas mais altas por serviços educativos facultados por instituições privadas sem apoio público. Atualmente, a procura é mais frequentemente dirigida ao estado, no sentido de alargar o acesso aos estratos mais elevados da pirâmide educativa. Espera-se que o estado fomente a igualdade de oportunidades educativas e talvez também a igualdade de resultados educativos. Mas estes conceitos apresentam várias dificuldades, algumas bem conhecidas, outras, nem tanto.

O conceito de igualdade de oportunidade, ou igualdade no ponto de partida, suscita tantas questões quando aplicado à educação como quando aplicado às oportunidades da vida no geral, sendo a ambiguidade central decidir quais as desvantagens iniciais que devem ser retiradas. No limite, o critério de um começo igual é um fim igual. Pior, um resultado igual na educação seria impossibilitado não apenas pelas diferenças do talento individual e inclinação; o conceito também não permite uma importante função do desempenho educativo na sociedade moderna, que é a ordenação ou seleção. À sua maneira, a educação é um aparelho para controlar a escassez social.

Na medida em que a educação de facto funciona como uma forma de seleção daqueles que melhor conseguem sobreviver e ultrapassar um curso de obstáculos educativos, o desempenho melhorado de alguns piora a posição daqueles que de outra forma estariam à frente. A «qualidade» do ensino, a bem dizer, existe em duas dimensões. Há uma dimensão *absoluta*, em que a qualidade é acrescentada por estudantes recetivos, bons professores, boas instalações e por aí em diante; mas também há uma dimensão *relativa*, em que a qualidade consiste no diferencial relativo ao nível educativo obtido pelos outros. A enorme resistência aplicada tanto nos Estados Unidos como na Grã-Bretanha às tentativas públicas de integrar escolas anteriormente inferiores com escolas anteriormente superiores não pode ser completamente compreendida sem referência a estes dois aspectos de qualidade educativa. Mesmo que pudesse ser dada a total garantia de que a qualidade absoluta seria completamente preservada, os titulares anteriores das escolas superiores iriam, mesmo assim, perder a sua vantagem. Por sua vez, pode esperar-se que essa perda os leve a demonstrar a sua proficiência num currículo de estudos mais difícil e mais prolongado. Na medida em que a educação é um aparelho de seleção (uma qualificação que tem de se manter bem presente na nossa mente), a possibilidade de um avanço geral não passa de uma ilusão.

O que é possível para a pessoa singular não é possível para todas — e não seria possível, mesmo que todas possuíssem igual talento. As pessoas, quer andem atrás de vantagem educativa no mercado de trabalho quer andem a esforçar-se por avanços educativos através de exigências políticas, não veem a quebra entre a oportunidade individual e social; ou seja, não veem que as oportunidades disponíveis para cada pessoa separadamente não estão abertas para todos. Por conseguinte, as respostas às exigências individuais deste tipo, quer em processos de mercado quer em provisão pública, não conseguem corresponder.

Os consumidores, em conjunto, obtêm um produto que não encomendaram; coletivamente, este resultado envolve um possível desperdício social. Individualmente, os consumidores constatam que o seu acesso a bens e instalações socialmente escassas, quando estas são alcançáveis mesmo que, em parte, através de processos de mercado, é determinado não de acordo com o rendimento absoluto, mas com o rendimento relativo real. O fator determinante é a posição individual na distribuição do poder de compra. A frustração das expectativas individuais resulta então destas características: de desperdício social, que recorta o nível do bem-estar[2] disponível para todos; e por uma hierarquia imposta que confina bens socialmente escassos àqueles nos degraus mais altos da escada distributiva, desapontando as expectativas daqueles cuja posição é elevada através de uma alavanca na escada no seu todo.

Então, a luta distributiva regressa, intensificada, ao invés de atenuada, pelo processo dinâmico de crescimento. É uma reversão exata do que os economistas e os políticos atuais esperavam que o crescimento trouxesse.

A atração irresistível do crescimento económico na sua forma moderna institucionalizada tem sido uma espécie de

---

[2] No sentido de conceito final da satisfação do cliente, discutido no Capítulo 4.

substituto superior da redistribuição. Enquanto as massas de hoje nunca poderiam chegar perto do que os ricos têm, mesmo expropriando tudo, podem, no ponto de vista convencional, chegar lá com persistência num amanhã não muito distante, através da magia do crescimento composto. Mas, como descrito acima, mal esse crescimento traga consumo em massa a ponto de causar problemas de congestionamento no sentido mais lato — de repente, em situações em que o consumo ou os empregos mantidos pelos outros tendem a deixá-lo de fora —, a chave para o bem-estar pessoal está novamente na capacidade de se manter à frente dos demais. Aí, o crescimento generalizado aumenta a pressão , ou seja, a frustração nos resultados de afluência do seu próprio sucesso na satisfação de necessidades materiais anteriormente dominantes. Em regra, esta frustração é considerada basicamente um fenómeno psicológico, uma questão da nossa avaliação interna subjetiva. O que antes tínhamos de lutar para conseguir agora surge facilmente, portanto, damos menos valor. A análise deste livro prende-se com uma consequência separada do crescimento material generalizado que é independente de qualquer reavaliação psicológica; afeta o que os indivíduos obtêm, assim como a satisfação que isso lhes traz. O que obtêm, na esfera crescente da escassez social, depende cada vez mais da sua posição relativa na hierarquia económica. Daí, o paradoxo da riqueza, que incorpora uma compulsão distributiva, que, por sua vez, leva ao nosso coletivismo relutante.

Estas fontes de frustração com os frutos do crescimento económico estão dissimuladas na categoria-padrão do economista. Em bom rigor, o nosso conceito de produção económica é apropriado apenas para bens verdadeiramente privados, não tem nenhum elemento de interdependência com o consumo de pessoas diferentes. A base é a avaliação feita por pessoas de bens e oportunidades na situação em que se encontram. A qualquer momento e para qualquer pessoa, estar em bicos de pés dá uma visão melhor, ou pelo menos previne uma pior, tal como estar na linha da frente é um meio eficaz e viável para melhorar o bem-estar, um meio disponível para qualquer pessoa individualmente. Oferece um benefício, neste sentido, e a medida do benefício é o que as pessoas pagam para o assegurar. O benefício individual da ação isolada é inequívoco. No entanto, a soma dos benefícios de todas as ações tomadas em conjunto é zero.

É importante salientar que este cálculo ainda é feito na medida da própria valorização individual, a valorização que atribui um benefício positivo à ação individual. Como os benefícios individuais deste género simplesmente não se acumulam, a ligação entre avanço individual e agregado é quebrada. No entanto, os conceitos modernos de produção económica, e de crescimento dessa produção, são baseados em valorizações individuais e na sua adição. Assume-se que a preferência individual é revelada implicitamente no comportamento do mercado — na escolha do consumidor entre produtos com os seus preços de mercado estabelecidos, na escolha do trabalhador entre empregos e entre diferentes oportunidades de formação no trabalho com as taxas de pagamento e condições em vigor. Se as avaliações individuais não corresponderem, então as avaliações agregadas baseadas nelas tornam-se medidas tendenciosas.

Infelizmente, ainda não foi encontrada nenhuma medida quantitativa melhor de produção e económica. À partida, a necessidade de um conjunto de suporte de indicadores sociais é agora largamente aceite. O produto final de um sistema nesses moldes seria um sistema integrado de números comparável aos registos do rendimento nacional. Este objetivo está longe de ser realizado. Não há um indicador de desempenho social que possa ser sistematicamente calculado e facilmente compreendido.

As contas nacionais foram desenvolvidas através de um plano base elaborado da economia que é usado para uma grande variedade de propósitos. O produto interno bruto e os seus componentes são os melhores indicadores de prosperidade pessoal e nacional que temos, nem que seja por serem os únicos indicadores nesse formato. Consequentemente, mantêm uma grande influência na atenção pública. Inevitavelmente, esta atenção deu a sua própria validação à categorização analítica que reside na base da contabilidade nacional, assim como dos conceitos relacionados mais antigos, a partir dos quais se desenvolveu. Os produtos da fábrica de números económicos gozam de uma procura enérgica; e o incentivo económico para satisfazer a procura eficiente não é interrompido pela própria economia. Nem os economistas estão imunes ao instinto dos sindicalistas; também eles julgam o valor social do seu desempenho pela prosperidade e prestígio que traz ao seu ofício.

A ambiguidade no conceito de produção económica aqui apontada tem um significado secundário ou até insignificante na utilização das medidas convencionais de contas nacionais para a formulação de uma política oficial concebida para regular ou estabilizar o desempenho da economia no curto prazo. Para comparações de bem-estar durante períodos alargados, em estimativas de crescimento económico no longo prazo, e em tabelas classificativas de padrões de vida entre países, em situações diferentes num determinado período, as medidas de contabilidade nacional são notoriamente menos adequadas.

Aqui, é salientada uma limitação diferente, quase ignorada pelos economistas: o problema da tradução da melhoria económica individual para melhoria geral. No modelo de pensamento padrão, se os frutos do avanço agregado parecem inadequados ou desmoralizadores, essa insuficiência apenas reflete um esforço económico inadequado ou exigências excessivas dos indivíduos, ou fraca organização ou equipamento capital inadequado disponível naquele momento. Esperou-se demasiado, demasiado cedo. Este enquadramento conceptual adotado pelos economistas relacionado com a política penetrou no pensamento, nas expectativas e nos critérios de desempenho de políticos e eleitorados de todos os países ocidentais. Consequentemente, a sabedoria convencional pensa em termos de «demasiadas expectativas». O povo quer as coisas agora. Não as pode ter agora. É demasiado impaciente. A implicação é que, para se colher os frutos, há que esperar que se ponham em prática as virtudes necessárias — essencialmente, esforço e comedimento. No entanto, para aqueles aspectos do bem-estar individual em que não existe a ligação entre o avanço individual e agregado, ou está quebrado sob o *stress* do acesso alargado a disponibilidades limitadas, o enquadramento conceptual estabelecido é inválido. A sua aplicação à satisfação final do consumidor neste sector opera como uma máquina de frustrações.

Portanto, para ver o avanço económico total como um grande avanço individual, há que estabelecer expectativas que jamais podem ser concretizadas. Não se trata apenas de uma questão de reduzir a procura e as expectativas extravagantes em relação ao esforço dos trabalhadores ou quanto à disponibilidade tecnológica ou do uso que se faz com ela. Esta tornou-se a visão convencional em problemas de excesso de procura e inflação. A solução apropriada para o problema assim concebido, à partida, é simples: reduzir as expectativas e aumentar o desempenho. O ajuste necessário é puramente quantitativo. Se todos deitarem um pouco mais para a piscina e tirarem um pouco menos durante um tempo, então, as presentes expectativas podem ser atempadamente realizadas. Assim versa a mensagem predominante dos gestores político-económicos da geração do pós-Guerra. Basta um pouco de contenção, e as coisas boas que almeja por direito irão chegar até si, pelo menos, até aos seus filhos. Na explosão inflacionária do início dos anos 70 e na grave recessão mundial que se seguiu, as tentativas de contenção foram amplamente interpretadas neste sentido — como uma interrupção dolorosa na melhoria progressiva dos padrões de vida que iriam ser restabelecidas e mantidas assim que o público fosse convencido a exercer a contenção necessária.

Decorre desta linha de pensamento que as principais responsáveis pelo descarrilamento do comboio do avanço tecnológico são as instituições que inflacionam as exigências económicas para além do crescimento constante, mas limitado, na capacidade para as satisfazer. Os sindicatos que exercem o poder de negociação da sua força coletiva destacam-se como culpados. É o elemento coletivo nas suas atividades — a mobilização da força económica maior do que a soma das partes individuais — que se vê invadir o equilíbrio e a viabilidade de uma economia individualista. A premissa inquestionável desta abordagem é que o avanço individualista competitivo pode, em última análise, facultar os bens. Se não o conseguir, os participantes na atividade coletiva podem instintivamente sentir e, como a presente análise defende explicitamente, os expedientes da defesa coletiva devem ser encarados sob uma nova perspetiva.

Na medida em que o desencontro entre as expectativas atuais e os recursos é qualitativo e não quantitativo, a contenção necessária não seria paciência, mas sim estoicismo, aceitação e cooperação social — qualidades fora de questão na nossa cultura de avanço individualista. No entanto, sem essas qualidades, a resposta tradicional do público à ideia de satisfação, enquanto recompensa pelo esforço adicional ou abstinência temporária, vai agravar o problema. Para além dos bens materiais que podem ser expandidos para todos, aumentará, em si mesma, a procura por aqueles bens e equipamentos que não podem ser expandidos. Participar na disputa é totalmente racional para qualquer indivíduo nas suas ações, uma vez que nestas ações ele nunca confronta a distinção entre o que está disponível como resultado de se estar à frente dos outros e o que está disponível a partir de um avanço geral partilhado por todos. Aquele que quer ver melhor tem de se pôr em bicos de pés. Toda a gente tem de tentar fazer jogo dos bens posicionais, mesmo que nem todos consigam. A única forma de evitar a competição frustrada é as pessoas envolvidas coordenarem os seus objetivos de alguma forma explícita, afastando-se do princípio do esforço individual isolado nesta esfera. Ou seja, só uma abordagem coletiva do problema pode oferecer às pessoas a orientação necessária para alcançar uma solução que elas prefeririam. O princípio é reconhecido na análise liberal padrão, embora confinado ao caso excecional.

A forma de chegar a uma visão coletiva satisfatória, e de a implementar em seguida, continua a ser um problema enorme e, em grande parte, por resolver. A ação coletiva pode envolver distorções conhecidas e ineficácias. O meio para uma solução coletiva pode ser inadequado. Na medida em que seja esse o caso, a análise aqui apresentada não traz implicações claras para uma política imediata. As distorções e frustrações decorrentes de ações individuais descoordenadas podem ainda parecer o mal menor. Porém, uma mudança na natureza do problema não é anulada pelas falhas nas ferramentas disponíveis para o resolver. É provável que um diagnóstico correto acarrete algumas implicações ao procedimento, nem que seja deixar de bater contra a parede.

Ao conjugar as oportunidades individuais e totais de avanço económico num processo único, baseado em avaliações individuais, a visão padrão ocultou uma mudança significativa na natureza do problema económico. Desta forma, sobrestimou a promessa de crescimento económico. Subestimou as limitações da procura dos consumidores como guia para um padrão eficiente de atividade económica. Escamoteou a extensão do conflito moderno entre as ações individualistas e a satisfação das preferências individualistas. Obter o que se quer está cada vez mais dissociado de se fazer como se quer.

II

Em conjunto, estas limitações implicam uma modificação substancial no menu oferecido pelo liberalismo económico, incluindo o que está consagrado nos programas do socialismo liberal. A implicação dominante é que as escolhas são mais restritas e os preços são mais elevados, sob a forma de compromissos mais caros, do que o menu tradicional sugeria. As oportunidades liberais tradicionais, que ainda são apresentadas como uma hipótese viável por todos os que estão dispostos a adotar os valores liberais necessários, parecem, em vez disso, ter as marcas, em certos domínios fundamentais, do estatuto de minoria, são oferecidas à maioria, mas estão disponíveis apenas para uma minoria. Inevitavelmente, daí resultaram tensões e frustrações.

Esta é uma das principais correntes implícitas da crise moderna no sistema liberal. Os bens posicionais, na linguagem introduzida no capítulo seguinte, tornam-se um travão crescente à expansão e alargamento do bem-estar económico. A escassez social aperta o seu controlo. Neste sentido, o liberalismo económico é uma vítima da sua própria propaganda: oferecida a todos, tem evocado exigências e pressões que não podem ser refreadas.

Num outro sentido, o liberalismo económico foi vítima do seu próprio sucesso. A sua singular eficiência residiu na capacidade do sistema de descentralizar o conhecimento e o processo de tomada de decisões. Esta descentralização é conseguida essencialmente através do aproveitamento do antigo instinto individual de maximização da vantagem pessoal (mais estritamente, de prossecução de interesses individuais, por mais auto-orientados ou não que sejam: o «interesse próprio» deve ser entendido como uma forma resumida de expressar o conceito mais amplo de comportamento de índole privada). Assim, os resultados socialmente benéficos foram obtidos sem a necessidade de uma motivação socialmente orientada. O bem tem sido feito à socapa. A mão invisível de Adam Smith associou o interesse próprio individual à necessidade social. Mas as condições em que esta ligação foi alcançada numa vasta área podem agora ser vistas não como condições estáveis sem capacidade para persistir ou ser prontamente mantidas por ação deliberada. Pelo contrário, podem ser observadas em aspectos importantes que reuniram condições especiais associadas à fase de transição de um sistema socioeconómico anterior. A mão invisível geralmente benigna foi uma condição inicial favorável ao capitalismo liberal.

Há duas formas em que a novidade da ordem capitalista liberal pode associar-se que agora são consideradas condições iniciais transitórias. Na primeira, a participação plena estava confinada a uma minoria — a minoria que tinha atingido a riqueza material antes de o capitalismo liberal ter colocado as massas no caminho do crescimento material. Na segunda, o sistema funcionava sob bases sociais estabelecidas numa ordem de sociedade diferente.

O funcionamento bem-sucedido do liberalismo económico compromete estes dois pilares. Alarga a procura de participação a todos. Ao mesmo tempo, desgasta os fundamentos sociais que estão na base de uma implementação benéfica e eficiente do princípio do interesse próprio, operando através de operações de mercado.

Aqueles que compreenderam a lógica do mercado livre como um instrumento de organização sempre reconheceram áreas fundamentais da vida pública em que a máxima do *laissez-faire* — ou não-intervenção através da política pública — era inadequada. Nestas áreas específicas, as políticas públicas seriam aplicadas essencialmente como um reforço ao comportamento do mercado orientado para a maximização da vantagem individual. A ideia tem sido restringir esse comportamento através da lei, por exemplo, por meio do imposto sobre o rendimento, ou influenciando o comportamento com ajustes deliberados às oportunidades de mercado, por exemplo, através de impostos indiretos, subsídios ou bolsas condicionadas. Em ambos os casos, a confiança ainda é colocada no princípio do interesse próprio no cumprimento. Uma omissão crítica desta abordagem é o papel desempenhado pelo *éthos* coadjuvante da obrigação social, tanto na formulação das políticas públicas relevantes, como na sua transmissão eficiente às oportunidades de mercado. Porquê esperar que apenas os controladores se abstenham de maximizar as suas vantagens individuais?

Em suma, o princípio de interesse próprio é incompleto enquanto aparelho de organização social. Opera eficazmente apenas em conjunto com alguns princípios sociais de apoio. Esta característica fundamental do liberalismo económico, que foi, na sua maioria, tomado como adquirido por Adam Smith e por John Stuart Mill, cada um à sua maneira, foi perdida de vista pelos seus protagonistas modernos. Enquanto a necessidade de fazer modificações no *laissez-faire* nas políticas públicas seja cada vez mais aceite, a necessidade de qualificações para o comportamento individual de interesse próprio tem sido cada vez mais ignorada. No entanto, os corretivos ao *laissez-faire* aumentam, em vez de diminuir a dependência nalgum grau de orientação social e responsabilidade social no comportamento individual. Foi feita a tentativa de erguer uma organização social cada vez mais explícita sem uma moralidade social de suporte. O resultado tem sido uma tensão estrutural tanto no mecanismo de mercado como no mecanismo político concebido para o regular e suplementar.

Desta forma, os fundamentos do sistema de mercado ficaram enfraquecidos, enquanto a norma comportamental geral de atuação sobre o critério do interesse próprio ganhou uma aceitação cada vez mais abrangente. Enquanto os pilares são enfraquecidos, a estrutura ascende cada vez mais alto. A grande ironia — que também pode ser vista como um legado afortunado — reside no sucesso do sistema de mercado na sua fase inicial, aos ombros de um *éthos* social anterior ao mercado.

Um sistema cujo sucesso depende de um património que prejudica não pode ser sustentado com o registo dos seus frutos abundantes. Estes frutos em si, por muito reais que sejam, representam uma falsa promessa. Oferecidos na montra da loja, ultrapassam a concorrência. Mas a entrega é limitada a clientes selecionados — a oferta mínima; pior, é limitada aos primeiros clientes — a oferta transitória. É possível que mesmo uma seleção inferior de bens oferecidos pela mesma loja continue a superar qualquer alternativa disponível. Mas essa é outra questão. O que se vê em oferta é a seleção na montra. Se esta oferta não for o que parece, é importante mostrar de que maneira e porquê. Só assim as expectativas e o desempenho podem ser adaptados para o que pode ser concretizado de forma viável.

PARTE I

O REINO NEGLIGENCIADO DA ESCASSEZ SOCIAL

2

Uma dualidade no potencial de crescimento

O feito central da análise económica moderna tem sido somar: desenvolver uma base teórica e um quadro contabilístico associado para a agregação da atividade económica dentro de um sistema integrado. Este sistema, representado conceptual e estatisticamente nas contas nacionais, foi fundamental para a política de estabilização interna, o objetivo principal da gestão fiscal keynesiana. A política de estabilização preocupa-se em minimizar os altos e baixos da atividade económica, particularmente em evitar o desemprego em massa e a inflação desenfreada. Uma vez estabelecido, este quadro e conjunto de dados insuperáveis elucidam outras grandes áreas de preocupação dos economistas. Portanto, um segundo foco de atenção foi a distribuição do rendimento — na verdade, a preocupação com a distribuição fora o principal motor por detrás dos ensaios mais crus e menos completos sobre medição do rendimento nacional, sobretudo os associados a Arthur Bowley.[3]

[3] Arthur Bowley, *Three Studies on the National Income* (London School of Economics [1919–1927], 1938).

Um terceiro grande domínio ao qual o quadro das contas nacionais podia ser aplicado seria o crescimento económico a longo prazo. De certa forma, o interesse renovado no crescimento económico que teve lugar após a Segunda Grande Guerra foi, em si, um produto da estatística. Uma série de números, mostrando uma tendência ascendente clara, demonstrou um padrão de crescimento de uma regularidade que de outra forma poderia não ter sido discernida. Assim, poderia dizer-se, seguindo Molière, que a série temporal emergente de produto nacional medido revelou a taxa de crescimento exponencial como a prosa que, na ausência de medição registada, as economias vinham falando sem serem notadas há quase dois séculos.

Do ponto de vista das três áreas de preocupação económica — estabilização, distribuição, crescimento —, a soma da atividade económica numa única medida de produção trouxe perceções poderosas. Mas, nalguns pontos, este foco na agregação escondeu tanto as partes e como os processos envolvidos.

Em particular, escamoteou uma dualidade no potencial de crescimento económico, uma dualidade que também tem implicações importantes para a distribuição do produto económico e para o padrão e estilo da vida económica e social.

I

A medição estatística do rendimento nacional e do produto, através da sua influência direta nas expectativas económicas e políticas de indivíduos e grupos, assumiu uma importância substantiva própria. Estas previsões, tanto individuais como coletivas, têm-se baseado, até certo ponto, numa agregação mal aplicada do objetivo final da economia, ou maximização. Esse objetivo costuma ser expresso enquanto satisfação, na maior medida possível, da procura do consumo de bens escassos e serviços por indivíduos, alargando-se ao longo do tempo, portanto, tendo em consideração as necessidades de investimento.

Numa perspetiva mais abrangente, as retribuições de certas formas de trabalho, assim como de certos ambientes sociais ou físicos, também têm de ser avaliadas porque influenciam o valor atribuído à produção e, portanto, ao rendimento líquido. A mesma produção feita sob condições de trabalho mais agradáveis, quer inclua processos de trabalho mais interessantes quer pausas mais longas para café, deverá ser registada como maior rendimento líquido. Representa o mesmo rendimento bruto com menos aporte. A diversão no trabalho começa a ser reconhecida como um produto legítimo do esforço económico — com a importante condição de que as práticas de trabalho em causa sejam escolhidas livremente, em vez de trabalho mais intensivo a taxas de remuneração mais elevadas. Mas estas exigências mais abrangentes não foram incorporadas nem nos conceitos profissionais nem nos conceitos populares de produção económica. Se na Grã-Bretanha os trabalhadores e gestores mostram uma inclinação persistente para acordarem tarde e divertirem-se no trabalho, isto está categorizado, e é geralmente condenado, como ineficácia e rendimento perdido. Consequentemente, os conceitos de eficácia económica, produtividade e crescimento, todos relacionados com a medida usada para produção económica, foram demasiado crus; especificamente, foram tendenciosos na produção em comparação ao lado do aporto — para o indivíduo como consumidor e não como produtor. No entanto, as questões abrangentes quanto à medição e interpretação do consumo receberam pouca atenção por parte dos economistas.

A teoria moderna de crescimento económico tem estado preocupada com as condições que estimulam ou impedem o processo de crescimento do lado da oferta. O problema prende-se com o aproveitamento e o aumento dos recursos de trabalhadores, capital e tecnologia disponíveis para satisfazer as exigências concorrentes que lhes são impostas. O consumo representa o mais importante recurso destas exigências. Representa o verdadeiro assunto e o objeto do crescimento económico. No entanto, a composição do consumo — o seu conteúdo — não se inclui na análise. Na perspetiva padrão, o crescimento faculta os meios do consumo; a sua forma passa a ser uma questão de fazer as melhores escolhas enquadradas nas preferências prevalecentes do consumidor. Assim, uma argumentação comum dos economistas para o ceticismo acerca dos benefícios do crescimento económico tem sido a de virar as críticas para a aplicação do crescimento. O corretivo óbvio para a insatisfação com os frutos do crescimento é então redirecionar os recursos adicionais para o objetivo preferido.[4]

---

[4] Este é um tema central no livro de Wilfred Beckerman *In Defence of Economic Growth* (Londres: Cape, 1974); ver também Walter W. Heller, «Economic Growth and Ecology—An Economist's View», *Monthly Labor Review* (novembro de 1971). A teoria ocupa um lugar de destaque nas esperanças políticas de benefícios do futuro crescimento económico. Ver, por exemplo, Anthony Crosland, «A Social Democratic Britain», no seu *Socialism Now* (Londres: Cape, 1974).

Subjacente a esta abordagem está a visão do consumo como um agregado maleável. Há o produto: a sua forma pode ser fabricada à escolha. Os modelos de crescimento teóricos podem então ser englobados num único bem de consumo. A consideração prática das perspetivas de crescimento pode ser confinada à capacidade de fornecimento da economia, possivelmente suplementada por alguma aplicação de procura *agregada*. O consumo entra no cenário só enquanto agregado do rendimento nacional, e depois enquanto um determinante da entidade residual, poupanças.

Por certo, a economia de mercado assenta em avaliações feitas por consumidores individuais. Estas avaliações fornecem tanto o estímulo como a dimensão da atividade económica no sector do mercado. A medida em que as preferências dos consumidores são transmitidas aos produtores através do processo de mercado, e mesmo a sequência da transmissão, tem sido questionada por uma longa linha de críticos, mais recentemente e de forma destacada por John Kenneth Galbraith. Uma outra questão surge do fracasso do processo de mercado em sinalizar a procura de bens públicos ou coletivos. Estes são bens tais como serviços policiais, defesa ou autoestradas, que, pela sua natureza, se tornam disponíveis para um grupo, e não para um único comprador, e que podem, por isso, ser fornecidos mais de forma mais eficiente sob algum método coletivo de financiamento do que no fornecimento exclusivo em termos de mercado a pessoas singulares. Existe um leque bastante amplo de opiniões entre os economistas sobre o significado relativo destas imperfeições e falhas de mercado — sobre até que ponto tornam as avaliações dos consumidores uma indicação enganosa ou inadequada das preferências dos consumidores. Mas estas qualificações preocupam-se essencialmente em aperfeiçoar a transmissão das preferências do consumidor individual para o mecanismo de entrega do mercado e dos fornecedores governamentais. Se tanto as preferências dos consumidores como os custos sociais totais pudessem ser corretamente transmitidos aos produtores, o cumprimento destas preferências dos consumidores individuais seria o objetivo reconhecido do sistema. A visão geral continua a ser que o consumo, quer na forma de bens privados comprados individualmente quer na forma de participação individual na provisão coletiva, faculta o verdadeiro impulso e propósito do sistema económico.

Então, o crescimento económico é interpretado enquanto crescimento na capacidade da economia de satisfazer estas exigências de consumo individuais e coletivas. A forma de se satisfazerem essas exigências pode ser um problema técnico grave — que exige a manutenção e reforço da concorrência na provisão de bens privados, e, mais de forma experimental, encontrar meios adequados primeiro de registar e depois de financiar a exigência dos indivíduos de bens coletivos. A extensão da interdependência em muitas formas de consumo nas sociedades avançadas, urbanizadas, trouxe cada vez mais reconhecimento de que dar efeito à escolha pública entre as alternativas económicas disponíveis representa um problema intelectual e administrativo ainda por resolver, sendo que não exige que meramente se eliminem os impedimentos ao funcionamento do mecanismo de mercado.

O cerne do problema é que o mercado oferece uma gama completa de escolha entre ajustamentos alternativos pontuais, discretos e marginais, mas nenhuma facilidade de escolha entre estados alternativos. Uma vez que as escolhas parcelares entre as oportunidades disponíveis num determinado momento através de transações de mercado envolvem repercussões involuntárias e, por vezes, indesejáveis, a escolha em pequena escala não proporciona a escolha em grande escala. Por exemplo, à medida que os transportes públicos se deterioram, é-nos dado um incentivo extra para usar o nosso próprio meio de transporte privado, que, por sua vez, resulta em mais deterioração e numa posição agravada dos transportes públicos em relação aos transportes privados. A escolha é oferecida a cada fase num processo dinâmico; não há hipótese de seleção entre os estados em nenhuma fase desse processo. Em contraste, o mecanismo político, através do qual as preferências entre estados alternativos podiam, em princípio, existir, ainda não desenvolveu um sistema satisfatório para essa decisão. Estes assuntos estão a ser mais bem entendidos, embora a dimensão do dilema subsequente seja normalmente subestimada. Como consequência, a capacidade tanto do mercado como do sistema político de ir ao encontro das expectativas tende a ser sobrestimada. Não consegue entregar aquela que o público considera ser a sua promessa.

Mas há uma questão prévia e talvez mais importante que tem sido amplamente ignorada. Trata-se até que ponto — e, mais especificamente, em que sectores — a expansão do consumo é possível, mesmo que em teoria, ou seja, assumir os problemas técnicos que acabei de referir na transmissão das preferências individuais aos produtores do mercado e aos fornecedores de bens coletivos.

A visão padrão da economia não se foca nessas limitações. Porém, o alcance a que os bens de consumo ou equipamentos podem ser replicados ou substituídos por outros — a sua elasticidade de fornecimento e elasticidade de substituição no longo prazo — é de central relevância para o processo de crescimento e a sua interação com a distribuição. Pode ser feita uma distinção fundamental em relação a isto, mesmo numa base *a priori*.

II

Certos bens e equipamentos que oferecem satisfação aos indivíduos estão sujeitos a limitações absolutas de fornecimento, derivadas de uma entre várias fontes. A primeira, contudo, não a mais significativa dessas fontes de escassez, é a disponibilidade física.

A escassez física absoluta tem normalmente sido considerada da perspetiva da produção. Portanto, a disponibilidade limitada de terra foi o tema central da economia clássica, como desenvolvida por David Ricardo e, de uma perspetiva diferente, por Thomas Malthus, há 150 anos.[5] Da mesma forma, a preocupação com as implicações dos recursos limitados da terra agrícola e das matérias-primas naturais está no centro do movimento ambiental e ecológico contemporâneo, com a sua tónica nos limites físicos do crescimento. Para os economistas, as implicações

---

[5] Thomas Malthus, *An* Essay on *Population* (1798) (Londres: Dent, 1914 e 1960). David Ricardo, *The Principles of Political Economy and Taxation* (1798), em P. Sraffa, ed., Works *of David Ricardo,* vol. I (Cambridge, Ing.: Cambridge University Press, 1962).

destes limites físicos não são tão evidentes como parecem aos cientistas naturais e leigos, devido ao seu potencial — e em qualquer momento desconhecido — alcance de substituição. As enormes oportunidades de substituição entre os recursos limitados e os materiais reprodutíveis como resultado do avanço tecnológico são evidentes pela confusão do que agora aparece como a primeira ronda no pessimismo ecológico, nas previsões malthusianas da inevitável ultrapassagem do abastecimento alimentar pelo crescimento populacional. O quadruplicar da população mundial desde que Malthus escreveu foi acompanhado de um aumento, em vez de uma queda, no consumo alimentar *per capita*, incluindo um aumento muito acentuado naquilo que são agora os países industrializados. Esta experiência não permite a conclusão confortável de que a substituição continuará sempre a ser adequada para contrabalançar as limitações resultantes de fatores físicos escassos de produção. No entanto, dá um veredicto de não provado sobre a análise fundada unicamente nos limites físicos do crescimento. Isto, em síntese crua, é o que emergiu das críticas dos economistas sobre a escola «ecológica» anticrescimento.[6]

Embora os economistas não considerem possível fazer previsões positivas sobre as implicações dos recursos naturais

---

[6] Ver, por exemplo, Robert M. Solow, «The Economics of Resources or the Resources of Economics», *American Economic Review,* Papers and Proceedings (maio 1974); William D. Nordhaus, «World Dynamics: Measurement without Data», *Economic Journal* (dezembro 1973); Mancur Olson e Hans H. Landsberg, eds., *The No-Growth Society* (Londres: Woburn Press, 1975); ver também H. S. D. Cole e outros, *Thinking About the Future* (Londres: Chatto e Windus para a Sussex University Press, 1973); e Beckerman, *In Defence of Economic Growth.*

limitados para o futuro a longo prazo e as possibilidades de sobrevivência humana, há uma ligação menos apocalíptica entre escassez absoluta e crescimento económico. Na medida em que as escassas capacidades são — elas próprias — objetos de consumo e não fatores de produção, desaparece a possibilidade de substituição do lado da produção. Neste sentido, as limitações absolutas das possibilidades de consumo final são, em termos económicos, «mais» absolutas do que limitações semelhantes sobre os fatores de produção. Um acre de terra utilizado para saciar a fome pode, em princípio, ser ampliado duas, dez ou mil vezes pelos avanços tecnológicos. Estes avanços podem ocorrer em um ou todos os processos que se situam entre a utilização agrícola produtiva desse acre e o produto final sob a forma de nutriente. A partir do mesmo acre produtivo, cada vez mais alimentos podem ser e foram produzidos. Contrariamente, um acre de terra usado como jardim para o lazer de uma única família jamais conseguirá ultrapassar a sua produtividade inicial nessa utilização. A família pode ser induzida ou obrigada a encontrar outra forma de lazer — substituição no consumo —, mas, para conseguir um acre de isolamento privado, vai sempre ser preciso um acre. A importância desta distinção é que marca a existência de escassez absoluta numa dimensão económica, nomeadamente, no consumo. É com este tipo de insuficiência, que resulta essencialmente de limitações sociais e não físicas, que este livro se debruça no essencial. A Figura 1 apresenta um sumário de vários tipos gerais de escassez absoluta de consumo e apresenta-as numa categorização simples. A primeira categoria compreende escassez física (embora não exclusivamente natural), por exemplo, uma pintura de Rembrandt ou o acesso exclusivo a uma paisagem natural particular que é fisicamente única. Os consumidores derivam pelo menos parte da sua satisfação apenas das características inerentes — isto é, das pinturas ou acres como pinturas ou acres, e não como elementos escassos.

Uma segunda classificação da escassez de consumo é social: a procura dos consumidores concentra-se em determinados bens e equipamentos que são limitados na oferta absoluta não por fatores físicos, mas por fatores sociais, incluindo a satisfação gerada pela escassez enquanto tal. Esses limites sociais existem no sentido em que um aumento na disponibilidade física destes bens ou equipamentos, quer em termos absolutos quer em relação a dimensões como a população ou o espaço físico, altera as suas características de tal forma que um determinado volume de utilização produz menos satisfação. Isto equivale a uma limitação do fornecimento absoluto de um produto ou equipamento de determinada «qualidade», e é neste sentido que é considerado uma limitação social.

Esta limitação social pode advir, mais direta e mais familiarmente, de motivos psicológicos de vários tipos, nomeadamente inveja, imitação ou orgulho. A satisfação deriva apenas da posição relativa, de estar na frente, ou de outros estarem atrás. O domínio de determinados bens e equipamentos em tempos e condições particulares torna-se um indicador dessa primazia na sua afirmação de símbolo de estatuto. Em situações que a única ou a principal fonte de satisfação deriva do símbolo, em vezda substância, pode ser considerada escassez social pura (Figura 1, II [1]).

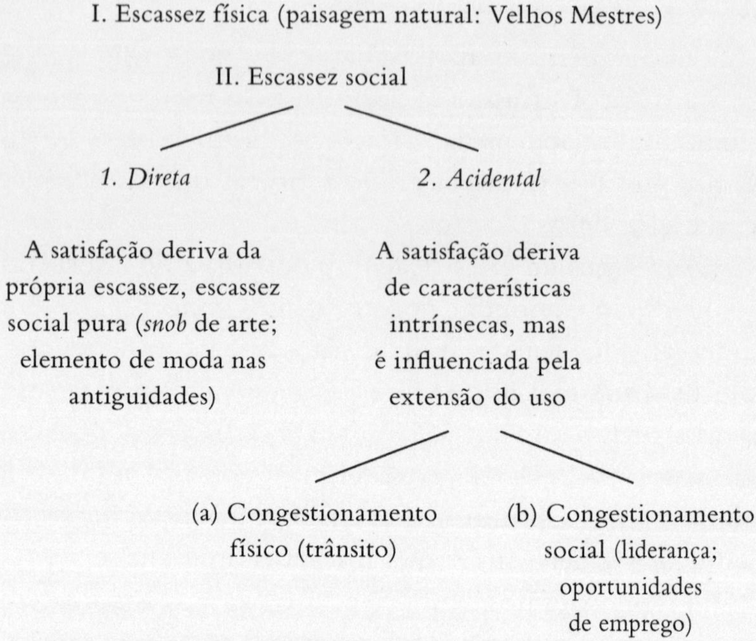

Figura 1. Uma categorização da escassez do consumo

Essa satisfação pode também estar associada a escassez física absoluta. Portanto, pelo menos para algumas pessoas, parte da atração de um Rembrandt, ou de uma paisagem natural em particular, deriva de ser única; em resultado, itens escassos fisicamente como estes tornam-se repositório também de escassez social. (Se o proprietário de um quadro original encontrar a sua própria utilidade dessa propriedade diminuída pela existência de boas cópias, isso pode ser tomado como um sinal de que a escassez social pura está presente.) Mas a escassez em si não precisa de estar associada a limitações físicas absolutas. Pode ser derivada socialmente e não fisicamente, através da influência da moda. Assim, uma chancela deste tipo pode ser ligada, num determinado momento, a antiguidades particulares que não podem ser replicadas, mas que apenas derivam o seu valor de escassez da moda (variável) que as designa como um símbolo pretendido. As antiguidades vistas como tralha invulgar e referências de moda passageira são os principais exemplos. A escassez é, por assim dizer, deliberadamente criada e, num certo sentido, manipulada.

Estes são exemplos de escassez social «pura», no sentido em que a satisfação deriva da própria escassez. Mas a escassez social pode também ser um subproduto, ou acidental (figura 1, II [2]). Uma limitação social pode derivar de influências na satisfação individual independentes da satisfação ou posição obtida pelos outros e que, mesmo assim, é influenciada pelo consumo ou pelas atividades dos outros — basicamente, o fenómeno do congestionamento ou aglomeração nessa categoria. O congestionamento não é limitado a impedimento mútuo de forma física, como no congestionamento do trânsito e urbanização excessiva, por mais importantes que sejam. Os mesmos fenómenos, de a satisfação individual numa atividade específica ser obstruída pela atividade similar dos outros, podem surgir em relações puramente sociais. Os exemplos mais relevantes são as posições de liderança, tanto nas relações laborais como nos cargos políticos ou cívicos. A liderança partilhada não preenche a mesma função nem proporciona a mesma satisfação da liderança individual. A primeira coisa que alguém quer saber sobre o vice-presidente de um banco ou de uma empresa é quantos mais existem. Quando uma extensão da participação num grupo de controlo é concedida sob pressão dos previamente excluídos, uma resposta típica é que o grupo alargado perca em função e que a tomada de decisões efetiva permaneça com o grupo original, operando como um comité informal.[7] Uma vez que os empregos ou outros cargos no topo de uma hierarquia têm quase sempre um estatuto elevado, que é geralmente valorizado em si mesmo, têm também alguns atributos de escassez social pura. Mesmo que não goste de agir como um patrão, pode, mesmo assim, querer mostrar que pode fazê-lo, que pode ter e fazer aquilo que os outros não podem ter e fazer. Mas as posições de topo são consideradas aqui, como mostrado na categorização da Figura 1, como valorizadas, principalmente pelos seus atrativos intrínsecos. Neste caso, a escassez social começa por ser acidental, sendo o resultado de congestionamento social.

A característica distintiva destes bens e equipamentos não é, evidentemente, a escassez como tal. Todos os bens e equipamentos económicos são escassos no sentido de serem apenas alcançáveis através do sacrifício ou substituição de outras satisfações. É a escassez que confere aos bens a sua dimensão económica. Mais disto significa menos daquilo. Mas esta escassez económica normal apenas reflete

---

[7] Abundam exemplos em organizações de todos os géneros. As reuniões das equipas nas empresas e no governo desenvolvem o seu próprio ambiente, sendo a sua vida efetiva inversamente proporcional à taxa de expansão de participantes. Os alunos conseguiram ganhar acesso aos organismos administrativos das universidades de Oxford — mas a faculdade continua livre de marcar almoços de trabalho regulares imediatamente antes. Nas negociações financeiras internacionais, o jantar de negócios há muito que faculta um santuário para grupos internos quando a participação alargada no grupo formal o tornou pouco ou nada representativo das forças relativas dos interesses envolvidos.

os limites das ofertas atuais: no futuro, pode haver mais oferta disto e daquilo, no entanto, ainda dependendo de limites novos e mais abrangentes. São estas as características do que podem ser considerados neste momento bens económicos padrão, escassos a qualquer momento, mas cada vez mais disponíveis através do crescimento da produção ao longo do tempo. Em contraste com estes bens económicos padrão está a escassez absoluta, física e social, do tipo que acabou de ser discutido. A sua importância económica mais abrangente será discutida no Capítulo 3. Uma referência breve, porém, deve ser feita acerca da origem desta forma de analisar as coisas.

III

Escassez absoluta nas oportunidades de consumo, no sentido de satisfações que na sua natureza só são possíveis para uma minoria, são alvo de referências dispersas em vez de tratamento sistemático na literatura económica. O conceito foi claramente reconhecido, mas apenas ligeiramente discutido por Philip H. Wicksteed em *The Common Sense of Political Economy,* publicado em 1910. Wicksteed insistiu que, embora Napoleão pudesse querer encorajar a crença de que cada soldado trazia no seu costal um bastão de marechal, era obviamente impossível que cada soldado — sendo distinto de qualquer um — pudesse ascender à posição de marechal. «Uma vez que a existência de um marechal implica a existência de vários soldados que não são marechais». Da mesma forma, certas formas de riqueza jamais poderiam ser universais: «se não podemos todos ser marechais, também não podemos todos pertencer à classe de serviços de manutenção».[8]

A distinção que Wicksteed destacou foi um pouco mais desenvolvida por *Sir* Roy Harrod num curto ensaio de 1958,[9] e depois foi ignorada por quase todos os escritores de economia, incluindo o próprio Harrod.[10] Harrod havia referido um «golfo intransponível» entre o que chamava «riqueza oligárquica e riqueza democrática». A riqueza democrática (Harrod usou o termo de riqueza de forma lata, no sentido de rendimento no longo prazo) compreende um controlo dos recursos como está disponível num dado momento temporal para todos. É limitado e pode aumentar apenas através do nível médio de produtividade. A riqueza oligárquica (ou rendimento) é aquela que é possível para

---

[8] Philip H. Wicksteed, the *Common Sense of Political Economy* (1910) (Londres: Routledge e Kegan Paul, 1933), II, 657. Wicksteed também previu que o crescimento económico por si mesmo, sem qualquer redistribuição, poderia retirar as empregadas das casas da classe média, porque uma população menos severamente pressionada deixaria de escolher enviar as suas filhas para limpar as casas de outras famílias.

[9] Roy Harrod, «The Possibility of Economic Satiety — Use of Economic Growth for Improving the Quality of Education and leisure», em *Problems of United States Economic Development* (Nova Iorque: Comité para Desenvolvimento Económico, 1958), I, 207–213. Harrod não se refere a nenhum corpo de pensamento anterior, e não há nada na sua exposição que indique que Harrod tinha consciência de que estava a fazer um contributo original.

[10] Uma exceção importante é Staffan B. Linder, que, em *The Harried Leisure Class* (Nova Iorque: Columbia University Press, 1970), ressuscitou o tema de Harrod, desenvolvendo-o em várias direções. Foram introduzidos ingredientes importantes à análise por Tibor Scitovsky no seu ensaio de 1959, «What Price Economic Progress?» Nos seus *Papers on Welfare and Growth* (Londres: Allen and Unwin, 1964).

uns poucos, mas nunca — independentemente do nível de produtividade média — para todos.

A riqueza oligárquica define-se por dois aspectos. O primeiro é simplesmente o controlo dos serviços e produtos de mais do que o trabalho individual, quer seja o próprio ou o trabalho de outros (estritamente, do trabalhador de produtividade média). «Uma pessoa comum não consegue facultar mais serviços pessoais do que conseguia na Idade da Pedra».[11] O servente de alguém é o serviço de outra pessoa. O consumo de determinados tipos só pode ser oligárquico nesta dimensão. Este cálculo inclui não só a compra de serviços numa escala apreciável (uma vez que alguém que comprasse o equivalente a um empregado a tempo inteiro não poderia consumir nenhum bem caso se mantivesse dentro do limite do trabalho de uma pessoa). O consumo intensivo de serviços também inclui, como salienta Harrod, a utilização de bens materiais, tais como casas grandes, propriedades rurais, iates, etc., que só satisfazem plenamente o seu objetivo quando quantidades consideráveis de serviço pessoal são dedicadas à sua subsistência.

O segundo ponto da riqueza oligárquica é o acesso a mais do que uma parte proporcional de bens e equipamentos que são escassos em algum sentido absoluto. «Se prevalecer uma distribuição desigual, as pessoas mais ricas pagarão o preço destas coisas raras para além do alcance da pessoa média. Ou se prevalecessem partes realmente iguais, ter-se-ia de organizar um sistema de racionamento».[12]

---

[11] Linder, *The Harried Leisure Class,* p. 123.

[12] Harrod, «The Possibility of Economic Satiety», I, 209.

A preocupação de Harrod nesta discussão era «a possibilidade de satisfação económica». A distinção entre riqueza democrática e oligárquica foi introduzida com o intuito de refutar o argumento comum de que, como alguns indivíduos desfrutaram de rendimentos bastante excessivos em relação à média atual, isso indicava que um âmbito similar de acesso aos rendimentos mais altos por todos poderia ser esperado no futuro em resultado do crescimento económico.[13] A distinção de Harrod, entre os tipos de consumo disponíveis apenas para uma minoria privilegiada e o consumo disponível para todos, mesmo que com uma média de produtividade muito mais elevada, sugeria que o patamar da satisfação económica tem sempre de ser mais baixo para a sociedade, enquanto todo, do que para a minoria rica. Paradoxalmente e de forma bastante nobre, embora talvez assistido intelectualmente pela sua afinidade com a tradição britânica do elitismo iluminado, Harrod, um dos fundadores da economia moderna de crescimento, liderou o campo ao apontar que crescimento não se conseguia obter. No seu breve ensaio, identificou os desejos económicos e não apenas os valores culturais ou espirituais que não iriam ser cumpridos pelo crescimento económico, não obstante fosse sustentado de forma prolongada. Esta abordagem sugere que o crescimento económico ou é um conceito rígido ou é um conceito mais limitado do que se sugere na visão padrão que compreende taxas de crescimento nos padrões de vida médios ao longo das décadas

[13] *Ibid.*, p. 207.

e gerações futuras.[14] O próprio Harrod se questionou sobre se o padrão de vida do americano médio poderia duplicar ou quadruplicar sem uma inflação artificial de consumo material de uma espécie que pode até afastar do verdadeiro bem-estar dos consumidores — e iria assim presumivelmente lançar dúvidas sobre o significado do conceito de padrão de vida e do seu crescimento. Numa linha que relembra um ensaio famoso de Keynes,[15]

---

[14] O jogo parece ter sido começado por Keynes, na sua extrapolação de 1930 «Economic Possibilities for our Grandchildren», *Collected Writings* (Londres: St. Martin, 1971–1973), IX. 325–326, em que o padrão de vida nos «países progressivos» dali a 100 anos seria quatro a oito vezes os níveis da altura. William J. Baumol e William G. Bowen, no estudo pioneiro *Performing Arts: The Economic Dilemma* (Nova Iorque: Twentieth Century Fund, 1966; Cambridge, Mass.: MIT Press, 1968), p. 406, extrapolaram para fins ilustrativos uma taxa de crescimento otimista de 4% para produzir um aumento da «produção total» em 50 vezes no século, de 1965 a 2065 — apenas com uma breve qualificação da significância da comparação dez linhas abaixo. Nenhuma dessas qualificações foi incorporada nas projeções muito citadas de Herman Kahn (em Herman Kahn e Anthony Wiener, *The Year 2000,* Nova Iorque: Macmillan, 1967); ou o significado atribuído a Norman Macrae em *The Economist*, 22 de janeiro de 1972, a uma projeção de que o rendimento médio de uma família nos Estados Unidos iria chegar aos 250 mil dólares no início da segunda metade do século XXI.

[15] «Economic Possibilities for Our Grandchildren», p. 326. Keynes fez a sua própria distinção entre «as necessidades que são absolutas, no sentido de que as sentimos seja qual for a situação dos outros seres humanos, e aquelas que são relativas, no sentido em que só as sentimos quando a satisfação nos eleva, nos faz sentir superiores aos nossos semelhantes». As necessidades desta última classe — definidas num enquadramento mais restrito do que Harrod definiu, estavam confinadas à pura escassez social na terminologia introduzida no presente capítulo — podem, de facto, ser insaciáveis; iriam aumentar com o padrão de vida geral. Mas isto não se verifica «tanto» nas necessidades absolutas, para as quais a satisfação era em prospeção, na perceção impressionante de Keynes vinda das profundezas da depressão, dentro de 100 anos.

Harrod olhou com apreensão para o provável «falecimento da fase económica» na história humana, argumentando que iria suscitar tédio àqueles que presumia estarem fora da pequena minoria capaz de apreciar cultura, situação que iria ressuscitar a preocupação do Homem com a guerra.

Tendo levantado esta possibilidade distante de soturnidade, Harrod — de novo, à maneira de Keynes, uma geração antes — não pressionou mais a análise. Em particular, não prestou atenção ao processo pelo qual se esperava que a satisfação dos desejos atingíveis (riqueza democrática) se concretizasse. Esta omissão é crucial, uma vez que a resolução das forças envolvidas irá depender da sua interação, na influência do dia-a-dia, tanto do mercado como das pressões políticas. A ação descoordenada dos indivíduos com base na situação com que se confrontam na sua visão inferior não pode conduzir ao resultado que parece racional a partir da observação das influências apontadas por Harrod, e, antes dele, por Keynes, quanto à visão agregada dos mesmos. A existência de limitações absolutas em certos sectores de consumo não se reflete no ponto de decisão relevante, que é a nível individual. As transações individuais envolvem custos sociais adicionais aos suportados pelas pessoas que as realizam.

Assim, as restrições sociais impostas pela escassez absoluta de recursos são transmitidas de forma imperfeita ao indivíduo — nenhum indivíduo é confrontado com as limitações que confinam a sociedade como um todo. Por muito pequena que seja a minoria favorecida, ninguém sabe que será excluído dela; todos podem, por isso, ter em vista a sua participação na mesma. Qualquer soldado pode ter o bastão do marechal no seu costal. A distinção entre riqueza democrática e oligárquica não emerge a nível individual ou micro. À medida que a produtividade média cresce, e a riqueza democrática cresce com ela, a sede de riqueza oligárquica também aumentará, e, na prática, a um ritmo mais rápido. No conjunto, é uma sede que não pode ser saciada. As tentativas de a saciar podem permanecer racionais para a pessoa, pelo menos enquanto outros estão a fazer a mesma tentativa. A combinação de um potencial crescente de riqueza democrática e de um potencial estático de riqueza oligárquica deve produzir um aumento da procura efetiva da segunda em termos da primeira. Mais riqueza do tipo alcançável por todos significa paradoxalmente um aumento da procura do tipo de riqueza alcançável apenas por alguns.

Uma interação deste tipo foi escondida pela visão agregada de Harrod e, antes dele, de Keynes. O capítulo seguinte tenta aprofundar alguns aspectos do processo envolvido, introduzindo o conceito de economia material e a economia posicional — cuja base é a riqueza democrática e oligárquica de Harrod. Sugere que o processo de interação entre a economia material em estado de crescimento e a economia posicional em estado estacionário tem implicações importantes para o padrão de crescimento económico, para a ligação entre crescimento e distribuição de recursos económicos, e para a relação entre o que os indivíduos esperam e o que obtêm.

A sociedade mais despreocupada tem sido considerada, por muitos economistas atentos, o objetivo final do esforço económico. Este objetivo tem sido um tema especialmente forte na tradição do humanismo liberal inglês — e também no marxismo de Karl Marx.

Mas agora é questionável se o caminho para uma sociedade despreocupada pode passar pela economia de mercado, dominada como está por escolhas parcelares exercidas pelos indivíduos em resposta à sua situação imediata. As escolhas oferecidas pelas oportunidades de mercado são justamente celebradas como sendo libertadoras para o ser humano. Infelizmente, a libertação individual não as torna libertadoras para toda a gente em conjunto.

3

A economia material e a economia posicional

A economia material é definida como a produção passível de aumento contínuo da produtividade por unidade de trabalho: é a riqueza democrática de Harrod. A economia material abrange a produção de bens físicos, bem como os serviços que são adequados à mecanização ou inovação tecnológica sem deterioração da qualidade, tal como parece ao consumidor. Parte-se do princípio de que um aumento contínuo da «produtividade dos materiais» de produção — ou seja, na produção final obtida por unidade de matéria-prima — será suficiente para conter a escassez emergente de matérias-primas como resultado do progresso tecnológico, que é, em termos gerais, o que tem acontecido até agora.[16] A economia posicional, que é a base da riqueza oligárquica de Harrod, relaciona-se com todos os aspectos dos bens, serviços, postos de trabalho e outras relações sociais, que são (1) escassos em algum sentido absoluto ou socialmente imposto ou (2) sujeitos a congestionamento ou aglomeração através

[16] Robert M. Solow, «Is the End of the World at Hand?» *Challenge* (Março/Abril 1973), e Solow, «The Economics of Resources or the Resources of Economics».

de uma utilização mais extensiva. O foco da presente análise é a interação entre estas duas divisões da economia. O que acontece quando o bolo material cresce enquanto a economia posicional permanece com um tamanho fixo?

Na primeira instância, as fatias do bolo posicional irão tender a aumentar, à medida que se tornam mais escassas em relação à procura efetiva ascendente em termos de bens materiais.[17] Supondo que a preferência relativa dos indivíduos entre bens materiais e posicionais permanece inalterada à medida que o seu rendimento aumenta — isso, se conseguir comprar mais de ambos ao mesmo preço, faz aumentar a procura por ambos proporcionalmente.[18] Se, portanto, os bens posicionais permanecerem na oferta fixa enquanto os bens materiais se tornarem mais abundantes, o preço dos bens posicionais vai aumentar, à medida que a intensidade relativa dos consumidores se intensificar em termos de bens materiais. A tendência para os bens posicionais aumentarem em termos de preços relativos será reforçada se os rendimentos ascendentes aumentarem a procura por eles mais depressa do que por bens materiais. Esta tendência pode ser esperada em várias áreas.

A procura de bens posicionais na forma de serviços pessoais tende a aumentar associada ao uso de bens materiais, porque a utilização destes bens envolve o consumidor tanto no investimento de esforço como de tempo.

---

[17] O processo poderia ser ilustrado em termos didáticos numa Caixa de Edgeworth convencional, com curvas de indiferença de forma convencional, e o efeito da expansão da produção material ser representada por um alongamento horizontal da caixa.

[18] Representado em curvas sucessivas de indiferença de formato inalterado.

Consequentemente, à medida que mais são comprados, o valor relativo atribuído ao esforço de economia e de tempo através de acesso aos serviços pessoais necessários vai aumentar; e o preço relativo destes serviços irá aumentar de acordo, na ausência de inovação tecnológica suficiente. Assim sendo, pelo menos além de algum limite abaixo do qual o consumo envolve pouca absorção de tempo, a procura de bens posicionais aumenta apenas para «assistir» às disponibilidades adicionais de bens materiais. Além disso, a procura de vários bens posicionais pode estar a aumentar por si só, uma vez que as necessidades biológicas primárias de alimento suficiente, abrigo, calor e por aí em diante são colmatadas. Então, pode esperar-se que o preço relativo dos bens posicionais aumente nos dois campos, tanto do lado da procura como do lado da oferta.[19] A tendência para o preço relativo dos serviços aumentar com o nível de produtividade média está amplamente documentada.[20]

O efeito combinado destas influências, claramente visível nos estudos de orçamentos de consumo, é que os bens e serviços que partilham algumas ou todas as características dos bens posicionais captam uma proporção cada vez maior da despesa das famílias à medida que o rendimento

---

[19] Em termos técnicos, a mudança visível na curva da oferta de bens materiais e do poder de compra gera um aumento na procura, provavelmente de proporções ampliadas, de bens posicionais; a combinação da elasticidade da procura de rendimento alto e da elasticidade zero da oferta produz um aumento do preço relativo.

[20] Ver, por exemplo, Tibor Scitovsky, «What Price Economic Progress?» (1959), *Papers on Welfare and Growth* (Londres: Allen and Unwin, 1964); Baumol and Bowen, *Performing Arts,* e o contexto internacional, Bela Balassa, «The Purchasing Power Parity Doctrine: A Reappraisal», *Journal of Political Economy* (Dezembro, 1964).

das famílias aumenta. Destacam-se os exemplos das despesas na educação, em casas de férias e numa variedade de serviços pessoais.

I

O aumento do preço dos bens posicionais vai estrangular qualquer excesso de procura desses bens. Na medida em que há escassez social «pura», em que a satisfação se retira da escassez propriamente dita, o mecanismo do preço é o regulador básico para conter a procura dentro dos limites da oferta restrita, por inerência.

Elasticidade da procura de rendimento, Estados Unidos, 1960

	Aumento percentual do consumo com um aumento de 1% nos rendimentos
Todos os bens	0,9
Todos os serviços	1,1
Lazer	1,3
Educação	1,6
Viagens	1,4
Comer fora	1,2
(Casa de férias própria)	(3,3)
(Alojamento fora da cidade)	(3,1)

Fonte: Robert T. Michael, *The Effect of Education on Efficiency in Consumption* (Nova Iorque: Gabinete Nacional de Investigação Económica, 1972), p. 35, 39, 59.

Com efeito, as receitas da alocação são feitas através de um leilão de um conjunto restrito de objetos a quem licitar mais. Este é o processo A na Figura 2 (ver p. 30) , que relaciona vários mecanismos de alocação às categorias da Figura 1. Nas situações em que a escassez social não é pura, mas apenas um subproduto dos bens posicionais, no sentido de que a satisfação é influenciada pela extensão de uso dos outros, o congestionamento ou aglomeração reduz a perceção da «qualidade» percebida pelos consumidores. Este processo de aglomeração pode então ter vários resultados diferentes. Pode induzir uma tentativa deliberada de preservar a qualidade inicial através de restrições de vários tipos de aceder aos bens ou atividade. Se estas assumirem a forma de taxas de congestionamento estabelecidas para limitar o trânsito ao nível pré-aglomeração, este regulador seria precisamente equivalente a um leilão do recurso escasso de espaço de trânsito não congestionado (Figura 2, IIIB [i] [a]).

O congestionamento pode ser evitado de uma outra forma bastante diferente, nos casos em que a comodidade escassa em si tem qualidade fixa por alguma razão, por exemplo, um determinado cargo de liderança ou um emprego preferido. O excesso de procura de acesso a esse cargo pode ser absorvido ao aumentar a rigidez do processo de seleção através de uma avaliação mais detalhada. Em princípio, não há razão para esta escassez de recursos não poder ser alocada por leilão. A compra de cargos públicos na Inglaterra do século XVIII, e em alguns países até aos dias de hoje, é um exemplo direto deste processo. A pressão da procura por esses cargos (que pode ser considerada excesso de oferta de candidatos) também pode ser resolvida através do processo de leilão de uma

I. Escassez física (paisagem natural: Velhos Mestres)

II. Escassez social

- *1. Direta*
  - Satisfação deriva da própria escassez, escassez social pura
- *2. Acidental*
  - Satisfação deriva de características intrínsecas, mas influenciada pela extensão do uso
    - (a) Congestionamento físico (trânsito)
    - (b) Congestionamento social (liderança; oportunidades de emprego)

III Processos de alocação

Excesso de procura contido por:

- A. *Leilão*
- B. *Aglomeração*
  - (i) Dispensada
    - (a) Leilão (taxas de aglomeração) Antileilão (diminuir diferenciais)
    - (b) Seleção (credenciais, percurso de obstáculos)
  - (ii) Total
    - Aglomeração (diluição da qualidade)

Figura 2. Uma categorização da escassez do consumo

forma indireta. Pode envolver o que, em rigor, é um antileilão — ou seja, o leiloeiro começa com os preços altos e vai reduzindo até ao ponto em que o mercado se dissipa. Este procedimento pode ter lugar ao longo do tempo, na prática, através da redução dos diferenciais salariais até ao ponto em que a procura dos cargos em questão esteja equiparada com a sua oferta. A prevalência moderna das progressões de carreira e das escalas salariais estabelecidas nas grandes organizações torna qualquer ajustamento deste tipo em resposta às pressões diretas do mercado muito pouco popular. Por esta e outras razões, discutidas na Parte II, abaixo, o método mais comum de recrutamento de candidatos para empregos aliciantes tem sido tornar os requisitos de entrada mais difíceis — prolongando o percurso de obstáculos. Este processo envolve o escalamento das habilitações académicas, em vez dos pagamentos em dinheiro necessários para a entrada. O emprego anteriormente aberto a diplomados do ensino secundário exige agora um diploma universitário.

Finalmente, o processo de aglomeração pode não ser verificado (Figura 2, IIIB [ii]). O aumento da oferta então implica uma redução da qualidade, no sentido de uma estrada congestionada ter menor qualidade do que uma desimpedida, o que é uma influência restritiva na procura. O exemplo clássico deste processo na literatura económica é o congestionamento de uma nova autoestrada ao ponto em que viajar nela não é mais rápido do que na antiga estrada.[21] Para além de um certo

[21] Frank H. Knight, «Some Fallacies in the Interpretation of Social Cost», *Quarterly Journal of Economics* (1924).

ponto, a sobrecarga de capacidade limitada é autorregulada, ao nível estabelecido pela melhor alternativa subsequente disponível.

Para isso, há uma variedade de mecanismos para o processo de filtragem em que a procura efetiva excessiva é ajustada à oferta limitada dos bens posicionais. O primeiro mecanismo é através do processo clássico de fixação de preços: o dissuasor da sala de leilões. Este mecanismo não absorve recursos económicos e representa uma mera transferência de exigências para recursos. O processo de leilão também pode ser usado para antecipar (no sentido de antecipar) a deterioração da qualidade através da aglomeração. Os restantes tipos de mecanismos de filtragem funcionam através do desenvolvimento espontâneo dos obstáculos «reais» que absorvem recursos e, consequentemente, envolvem um potencial desperdício social. A aglomeração total ou congestionamento que cria as suas próprias dificuldades é uma forma. A outra é a seleção que não opera a diluir a qualidade da produção, como no caso da aglomeração total, mas a acrescentar o *input* necessário. Faz isto aumentando os recursos que o indivíduo que procura acesso à possibilidade escassa tem de «investir» para ser selecionado. Para a economia no seu todo, ambos os ajustes absorvem recursos reais e envolvem um prolongamento da cadeia de produção, um aumento da produção intermédia. Pode, portanto, considerar-se que o processo acrescenta as «necessidades» no sentido do que, nas circunstâncias prevalecentes, parecem ser necessidades insatisfatórias (discutido no Capítulo 4). As exigências deste tipo são um meio adicional de satisfação. A concorrência por bens posicionais que lhes dá origem pode, portanto, ser vista como uma representação de uma possível má aplicação de recursos e atividades. Não é possível falar de uma verdadeira má alocação porque ainda não temos um critério preciso de qual alocação alternativa seria a melhor, ou seja, não podemos dizer com certeza qual seria a outra forma melhor de resolver o problema neste contexto de constrangimentos.

II

Dos três mecanismos básicos para ajustar a oferta limitada de bens posicionais à procura, o potencial desperdício social está, portanto, associado a dois — aglomeração e seleção para evitar congestionamento. Para além disso, estes dois processos, assim como o terceiro, o leilão, perturbam a harmonia da expectativa e o resultado de que depende o funcionamento regular e eficiente de uma economia de mercado descentralizada. Os processos pelos quais os bens posicionais são atribuídos têm, assim, uma série de efeitos gerais que ajudam a explicar alguma da frustração e desilusão que se tornou evidente no recente desenvolvimento das economias avançadas. Representam uma falsa esperança daquilo que o crescimento económico significa para o indivíduo. Ao prometer satisfazer a procura individual do que apenas alguns deles podem ter, os processos distorcem o padrão de produção dentro da economia de mercado. Também distorcem a extensão da atividade do mercado na vida social como um todo, trazendo uma porção maior dessa vida para o sector comercial do que se os indivíduos pudessem prever os resultados completos das suas ações. (Este «efeito da comercialização» é discutido no Capítulo 6.) Finalmente, os meios pelos quais os bens posicionais são alocados impossibilitam a repartição relativa dos recursos — distribuição — dos acréscimos à oferta de recursos disponíveis — crescimento — na forma que está subjacente à abordagem tradicional da economia ou da economia política, incluindo a do socialismo liberal.

Estas implicações são desenvolvidas nos capítulos seguintes. Será conveniente primeiro ilustrar o funcionamento dos três processos nos casos de três bens posicionais diferentes: terra pitoresca ou de lazer, vida suburbana e acesso a cargos de liderança. Estes são discutidos na qualidade de principais exemplos, embora não sejam os únicos, naturalmente.[22]

(1) *Leilão: o caso de terra de lazer*

Acesso exclusivo a uma bela zona campestre é um bem de luxo transversal a vários gostos e culturas. «Bem de luxo» é usado aqui no sentido de uma comodidade ou serviço para o qual, à medida que o rendimento aumenta, a procura efetiva aumenta mais do que proporcionalmente — isto é,

---

[22] Assim sendo, o processo de leilão também se aplica à alocação de antiguidades; o processo de aglomeração para o turismo; e o processo de seleção para uma variedade de atividades em que a informação relevante é dispendiosa de adquirir. A. Michael Spence, *Market Signaling: The Informational Structure of Hiring and Related Processes* (Cambridge, Mass.: Harvard University Press, 1974). As atividades deste último género incluem o estabelecimento de objetivos administrativos para testar os gestores, em vez de otimizar o seu desempenho. Custos deste tipo, no entanto, são suportados pela firma, ao contrário dos custos da seleção educacional, que são suportados por outros e, por esse motivo, vão ter tendência a ser excessivos.

algo que tem uma alta elasticidade de rendimento da procura. Uma pessoa pobre pode apreciar a beleza natural tanto como uma pessoa rica, no sentido de obter a mesma satisfação da paisagem (supondo para o propósito que há alguma forma para comparar as suas satisfações respetivas). Mas na hierarquia subjetiva das vontades comuns a ambas as pessoas, o acesso exclusivo a paisagens é preterido pela necessidade de alimento, abrigo e de uma variedade de componentes em parte necessários para fazer o melhor uso de tal acesso exclusivo.

Esta relação pode ser observada tanto historicamente ao longo do tempo como entre pessoas em diferentes posições num determinado momento, ou seja, tanto em séries temporais como em secção transversal. Assim, até ao presente século, apenas os aristocratas ricos tinham um rendimento suficiente para satisfazer outras exigências efetivas a ponto de deixar algo para a compra de terra para «consumo» — terra para caminhar, caçar, brincar, afastar os demais para fora dali. E hoje, mesmo ao nível do rendimento médio dos Estados Unidos, acredita-se que a propriedade de quantidades significativas de terra para lazer permanece desproporcionalmente grande para os grupos de rendimento superior e, entre esse, ocupa uma posição elevada em termos de procura incremental e de prestígio.[23] Isto significa que a distribuição dos terrenos

---

[23] Uma indicação indireta disto é fornecida pelo facto de o papel proporcional da terra na riqueza pessoal aumentar com a extensão da propriedade. É seguro presumir que as propriedades grandes são mantidas, em parte, graças à satisfação que proporcionam, assim como pelo rendimento financeiro. Estimativas oficiais para a Grã-Bretanha em 1973 mostram que a riqueza líquida nas duas classes mais altas (£100 mil e

de lazer tem sido mais desigual do que a distribuição do rendimento e da riqueza, ou seja, os terrenos de lazer têm uma elasticidade de rendimento consistentemente elevada da procura em corte transversal.

De forma correspondente, na tendência histórica do tempo, a procura de terrenos de lazer estendeu-se para mais longe do topo da pirâmide de rendimentos e riqueza. A casa de campo da época vitoriana estava confinada a uma pequena parte da população, à aristocracia e à classe média alta. A casa de campo ou casa de férias é hoje um símbolo do profissional de sucesso da classe média moderna.[24] Embora apenas uma pequena proporção destas

---

acima) detinham 58% da terra, em comparação com 18% da riqueza líquida total. *(Royal Commission on the Distribution of Income and Wealth,* 1975, Cmnd 6171.) Nos Estados Unidos, existe alguma dispersão da propriedade de terrenos de lazer através da compra de condomínios.

[24] A proporção de agregados familiares nos Estados Unidos que possuem uma segunda casa foi estimada em 4,6% em 1970, contra 2,9% em 1967; a taxa média anual de construção de segundas casas aumentou de 20 mil na década de 1940 para 55 mil na década de 1960. A percentagem de agregados familiares que possuíam uma segunda casa em 1970 aumentou regularmente de 3% para as famílias e indivíduos com rendimentos inferiores a 2 mil dólares para 19% no grupo com rendimentos mais elevados, acima dos 50 mil dólares. Departamento do Comércio dos EUA, Gabinete dos Censos, *Characteristics of Second Home Owners for the United States,* 1970, Census of Housing, HC 51 (13) and *Current Housing Reports*, Série H-121, nr. 16). Uma pesquisa dos diretores executivos das principais empresas da *Fortune* 500, em que mais de metade facultou dados, mostrou que 60% tinham locais de «fuga», embora alguns fossem arrendados. Robert S. Diamond, «A Self Portrait of the Chief Executive», *Fortune* (maio de 1970). Em Inglaterra e no País de Gales, estima-se que o número de segundas casas tenha quadruplicado entre 1955 e 1970: neste último ano, 2% das famílias possuíam uma segunda casa. Três quartos dos utilizadores de segundas casas (que incluem um pequeno número de centros) estão em ocupações profissionais ou de

propriedades atuais inclua terreno significativo, a própria procura destas casas está relacionada com o valor da terra, e um edifício adicional nas áreas envolvidas é restringido por controlo administrativo. Os controlos de urbanismo ou planeamento restritivo podem servir uma variedade de propósitos, entre os quais, a proteção de paisagens naturais. Uma vez que a oferta de cenários naturais é fixa, um aumento da procura efetiva da sua posse exclusiva irá, em primeira instância, fazer subir o preço dessa

---

gestão; numa zona de classe média de Kensington, um quarto das famílias tinha segundas casas, em comparação com nenhuma numa zona de classe trabalhadora de Hackney. C. L. Bielckus e outros, *Second Homes in England and Wales* (Ashford, Eng.: Wye College School of Rural Economics and Related Studies, 1972), p. xi, 43, 46. Um estudo a 190 diretores de empresas com gabinetes de chefia na região de Londres constatou que a proporção com segundas casas aumentou de 19% para o grupo com salários abaixo das £10 mil para 25% para aqueles entre as £10 mil e as 15 mil e 35% para aqueles com rendimentos acima das £15 mil. Michael Young e Peter Willmott, *The Symmetrical Family* (Londres: Routledge and Kegan Paul, 1973), p. 239–246.

Em França, a proporção alta de moradores urbanos em apartamentos e a relativamente recente redução da mão-de-obra agrícola, e consequente abandono das terras rurais em conjunto, aumentaram a propriedade de uma segunda casa para uns estimados 18% em 1967. Ligeiramente mais de dois quintos dos proprietários de segundas casas eram profissionais de topo e industriais; 12% herdaram quintas ou casas de campo da família. H. D. Clout, «Second Homes in France», *Journal of the Town Planners Institute* (Dezembro 1969), p. 440–443. Na Suécia, estima-se que mais de um quinto dos proprietários tenham segundas casas; 30% dos proprietários são descritos como «trabalhadores manuais», que representam 45% do emprego nacional (Bielckus e outros, *Second Homes*, p. 45). Assim, a propriedade da casa própria parece ser consistentemente tendenciosa para os grupos de rendimento superior e profissionais, mas a tendência é menor nos países onde a propriedade da segunda casa própria é mais generalizada. Ver também Peter Downing e Michael Dower, *Second Homes in England and Wales* (Londres: Countryside Commission, 1973), p. 20.

propriedade. Em qualquer momento, a procura efetiva de acesso exclusivo à paisagem é representada pelo diferencial no preço da terra em questão, em comparação com o seu valor para a produção agrícola ou alguma outra utilização de carácter não ambiental. O prémio em terrenos pitorescos irá naturalmente variar com a facilidade de ligação com as principais cidades em que a procura tem origem. A melhoria dos transportes pode aumentar consideravelmente a oferta de terrenos pitorescos para os quais existe uma procura efetiva. Este avanço nos transportes manterá o preço dos terrenos de lazer durante o período em que novos terrenos ainda estão disponíveis para serem utilizados como terrenos de lazer. Mas esta influência será apenas temporária; assim que essa terra for absorvida, as características de uma oferta fixa voltam a entrar em ação.

Nas primeiras fases da industrialização, e até de riqueza, o prémio do lazer na terra era, em algumas zonas, perto de zero; só na década passada as colinas do País de Gales e da Virgínia Ocidental adquiriram um valor acima do seu baixo valor agrícola. O valor de terra pitoresca, e de casas situadas nessa terra protegidas em termos de acesso e de vistas, aumentou relativamente a outros preços, em média.[25]

[25] Não há índices disponíveis para paisagem pitoresca, mas as provas locais desta tendência são numerosas, por exemplo, um estudo de valores da terra noa arredores de 60 lagos artificiais no Wisconsin mostrou aumentos numa média de $100 por acre em 1952 para $250 em 1962, um período em que o índice de preços ao consumidor de todos os itens aumentou em 14% e o índice de todos os preços por grosso em 7%. E. J. David, «The Exploding Demand for Recreational Property», *Land Economics* (Maio de 1969), p. 206–217.

Esses aumentos nos preços da terra vão ter vários efeitos. Imaginemos, primeiro, que o terreno é propriedade privada e que não existem impostos diferenciais sobre a apreciação do valor do terreno. Os atuais proprietários do terreno irão desfrutar de ganhos extraordinários sobre o seu valor capitalizado. Nas primeiras fases em que as terras pitorescas ou de lazer se tornam economicamente escassas, ou seja, em que um prémio no seu preço emerge acima do valor agrícola, o ganho de capital reverterá a favor dos proprietários das terras na sua utilização agrícola. Mas uma vez adquirido pelo seu valor de lazer, o terreno tenderá a chegar às mãos de grupos de rendimento médio superior e de riqueza, porque só eles estarão preparados para pagar o prémio desse lazer. Ou seja, porque o preço dos acres pitorescos no Sul de Inglaterra ou em Maryland foi licitado por cavalheiros agricultores, só eles, ou outros que partilham tanto os seus gostos como a capacidade financeira para os satisfazer, encontrarão na sua compra uma proposta económica (independentemente das vantagens fiscais envolvidas). Estes grupos beneficiarão então de uma maior valorização dos valores na próxima ronda, uma vez que a expansão no sector da produção material empurra a procura efetiva de terrenos de lazer um pouco mais para baixo na escada do rendimento e da riqueza.

Esta sequência envolverá um processo cumulativo de valorização do capital que reverterá em benefício dos ricos mais antigos e dos seus herdeiros. A concentração desses ganhos de capital nas suas mãos será verificada na medida em que outros possam adquirir terras deste tipo para fins de investimento e não para o seu próprio «consumo». Mas é pouco provável que esta tendência seja muito marcada na prática. Aqueles que estão em posição de dedicar recursos a direitos exclusivos sobre a paisagem natural, muitas vezes, atribuirão também um valor especial à posse em si. Por esta razão, e pela dificuldade de assegurar uma manutenção adequada, o mercado de arrendamento de «mansões rurais» é pobre, e em grandes propriedades rurais não existe.

Assim, o resultado do processo de leilão de fazer corresponder a procura crescente à oferta estática, tal como aplicada a terra pitoresca, é um aumento do *preço relativo* e uma capitalização associada do ativo subjacente, que previsivelmente reverte a favor da riqueza antiga e, assim, aumenta, por si só, a concentração da posse de riqueza.

Este processo fornece uma ilustração particularmente clara da falácia da agregação na avaliação das oportunidades de avanço económico. Um indivíduo pode melhorar a sua capacidade de adquirir propriedade pitoresca, melhorando a sua posição na distribuição do rendimento e da riqueza, ou seja, enriquecendo-se em relação aos seus pares. O mesmo resultado não será alcançado se enriquecer com os pares, ou seja, se o seu rendimento e riqueza aumentarem em linha com o aumento geral do rendimento médio e riqueza da comunidade. De facto, à medida que o nível geral de rendimento aumenta, a aquisição de uma propriedade pitoresca ou de lazer, ao preço relativo ascendente, implica um sacrifício progressivo de outros bens. Assim, para os ricos mais antigos, que adquiriram uma procura efetiva para tal propriedade quando economicamente era um bem livre, o sacrifício foi zero.[26]

---

[26] É de salientar que isto envolve não a terra livre, mas meramente a falta de um prémio pitoresco ou de «lazer» sobre o valor da terra em uso agrícola.

Os bens posicionais chegam primeiro às mãos dos ricos mais antigos, numa altura em que o rendimento dos demais continua a ser absorvido pela sua ainda insaciável procura de bens materiais. Nas situações em que, como é o caso de terra pitoresca, os bens posicionais são de forma durável e, portanto, se tornam capitalizáveis, esta prioridade no acesso da sequência histórica faculta uma vantagem cumulativa.[27] Os ricos antigos têm ganhos capitais com os bens posicionais que adquiriram antes, e esses ganhos dificultam a ascensão dos novos-ricos na escala de riqueza relativa.

Por outras palavras, o que importa na aquisição de propriedade pitoresca é menos os rendimentos do presente do que os rendimentos presentes e passados de outras pessoas. Para garantir os objetos do catálogo de leilões, é o rendimento relativo, e não a riqueza absoluta que conta. Uma vantagem neste concurso de ascendência relativa é para aqueles que adquiriram esses bens em leilões anteriores, menos dispendiosos. No limite, as únicas pessoas que podem agora comprar no leilão serão aquelas que têm bens semelhantes para vender.

(2) *Aglomeração: o caso da suburbanização*

Um subúrbio — o perímetro de terra em redor de uma grande cidade *(Dicionário American Heritage)* — obtém a sua característica distintiva da relação com outras formas

[27] Posições de liderança, que são exemplos importantes de bens posicionais, também contêm um elemento capitalizado, no sentido em que o acesso a essas posições é facilitado por um contexto passado educativo e cultural que é transmitido pelos detentores dessas posições aos seus filhos.

sociogeográficas, a cidade e o campo. Obtém alimento de ambos. A proximidade da cidade permite a quem vive nos subúrbios desfrutar de certos benefícios da vida urbana — acesso a trabalhos, entretenimento e ambiente cultural que dependem de populações grandes e concentradas — enquanto escapam a outros aspectos da vida da cidade. (Estes benefícios estarão disponíveis mesmo que os que vivem nos subúrbios paguem os custos totais dos serviços da cidade que utilizam; na medida em que não o façam, o equilíbrio das vantagens na vida suburbana será agravado.) A proximidade ao campo oferece benefícios como ar mais puro, terra mais barata e acesso mais fácil ao espaço aberto. Como um economista formulou, os indivíduos do mundo industrial padronizaram as suas exigências de espaço vital de acordo com a regra: «Vou tentar viver o mais perto possível da cidade, desde que, a fim de satisfazer os instintos desenvolvidos num período anterior, e mais rural, da história da minha sociedade, devo ter pelo menos um quarto de um acre de jardim concreto ou potencial.»[28]

Estas vantagens da vida suburbana oferecem incentivos, tanto aos habitantes das cidades como aos do campo, para se mudarem para os subúrbios. Este processo de movimentação irá, por sua vez, alterar as características da vida suburbana, no início para seu benefício útil, mas, passado algum tempo, em seu detrimento. Com uma cidade em declínio no centro e outro subúrbio em vez de um campo aberto no exterior, o carácter essencial de um subúrbio

[28] Robin Marris, «First Commentary», em Robin Marris, ed., *The Corporate Society* (Londres: Macmillan, 1974), p. 110.

será alterado e, em parte, destruído. Na prática, a própria relação externa alterada desencadeará mudanças internas, nomeadamente o aumento dos preços da terra e consequentes aumentos na densidade habitacional e expansão do desenvolvimento comercial e industrial. As escolhas individuais, cada uma feita separadamente, e, portanto, necessariamente sem ter em conta a interação entre elas, combinam-se para ter consequências sociais destrutivas. Estas consequências são destrutivas no sentido em que produzem um resultado pior para os indivíduos em causa do que poderia ter sido obtido através da coordenação das escolhas individuais por algum método que tivesse em conta a interação mútua. Esta classe geral de problemas de interação social foi analisada de forma brilhante por Thomas Schelling na rubrica «On the Ecology of Micromotives».[29] As ações individuais que provocaram as oportunidades que se apresentam a cada indivíduo não se consubstanciam num todo consistente.

O subúrbio, criado para ser um refúgio da cidade, é transformado pelos refugiados que atrai.[30] Pode notar-se de passagem que essencialmente o mesmo processo, em que a participação numa atividade muda a sua forma, ocorre no turismo. «O turista, na sua busca por algo diferente, inevitavelmente desgasta e destrói essa diferença através

[29] «On the Ecology of Micromotives», em Marris, ed., *Corporate Society*, p. 19–64.

[30] «Muitas pessoas pensaram que estavam a mudar-se para a paz e sossego da Beleza do campo — mas a cidade foi atrás delas, com todos os seus problemas de trânsito, habitação e congestionamento.» Departamento de Habitação e Desenvolvimento Urbano dos EUA, *Terceiro Relatório Anual* (1967).

do lazer que retira dela.»[31] Esta anormalidade económica incorporada no turismo foi trazida à discussão pela primeira vez por E. J. Mishan na sua recensão desafiadora em *The Costs of Economic Growth*.[32] O facto de alguns turistas não estarem à procura de algo diferente não retira a anormalidade, como foi insinuado numa resposta à polémica de Wilfred Beckerman.[33] Se o aumento da atividade dos turistas em geral priva apenas uma das suas satisfações anteriormente disponíveis, a análise económica ortodoxa não fornece nenhuma base para considerar que o aumento do turismo tenha benefício líquido. A vítima não tem forma de indicar a sua avaliação da oportunidade que perdeu — nenhuma agência de viagens pode oferecer-lhe um voo *charter* para o passado. A ambiguidade em si não justifica as restrições generalizadas ao turismo propostas por Mishan, que, como Beckerman salienta, implicaria um grande ganho distributivo para os ricos e os meticulosos. O ponto-chave é que envolve mais do que uma questão de distribuição. Uma participação mais alargada afeta não só o número de participantes diferentes que saem do jogo, mas também muda o próprio jogo. Muda o conjunto de escolhas disponíveis para todos. Assim, a escolha feita por cada indivíduo de uma forma fragmentada deixa de ser um guia válido daquilo que os indivíduos escolheriam, se pudessem ver os resultados das suas escolhas,

---

[31] Isobel Cosgrove e Richard Jackson, *The Geography of Recreation and Leisure* (Londres: Hutchinson, 1972), como citado por George Young, *Tourism, Blessing or Blight!* (Harmondsworth, Eng.: Penguin, 1973), p. 178.

[32] E. J. Mishan, *The Costs of Economic Growth* (Londres: Staples Press, 1967).

[33] Beckerman, *In Defence of Economic Growth*, p. 51–52.

juntamente com as escolhas de outros habitantes. Suponha que todos prejudicam um pouco a situação para todos os outros. Sem coordenação mútua, a melhor tática para cada pessoa isoladamente será apressar-se, antes que outras a prejudiquem ainda mais. Cada um poderá, no entanto, preferir um regime em que todos estejam de acordo com a contenção, e em que ninguém tenha a «liberdade» de renegar esse acordo.

Voltando ao processo de suburbanização, os habitantes que desejam recuperar as atrações originais que os recém-chegados degradaram (no sentido literal) migram agora num novo movimento para o exterior, o que, por sua vez, vai desencadear um novo ciclo de atração e repulsa. (Ocorreram ondas similares no turismo: depois da Cote d'Azur, a Costa Brava, seguida da Tunísia.) Na prática, esses processos costumam ser qualificados ou verificados através de restrições de planeamento de vários tipos (referidos mais adiante neste capítulo).

A característica distintiva do subúrbio é que a sua atratividade como área de residência é bastante forte e talvez predominantemente influenciada pela sua posição em relação às áreas vizinhas — cidade e campo —, e não pelo seu tamanho absoluto ou outras características. As suas próprias características relevantes são, em grande medida, derivadas. Neste sentido, a vida suburbana com determinadas características de qualidade é um bem posicional, limitado em disponibilidade absoluta pelo contexto das condições e influências circundantes.

A vida suburbana proporciona um meio de partilhar certas vantagens da cidade e do campo, ao mesmo tempo que evita certas desvantagens. Oferece um meio de selecionar e escolher entre o que era anteriormente — antes de a melhoria das comunicações viabilizar a vida suburbana — um pacote indivisível. Entre os elementos agora disponíveis está a combinação de impostos e serviços municipais prevalecentes nos distritos da administração local que contêm uma série de grupos de rendimento.

Uma localidade de rendimento misto oferecerá normalmente serviços públicos de menor qualidade e possivelmente de menor quantidade do que os grupos com rendimento mais elevado escolheriam por si próprios, porque as pessoas com rendimentos mais elevados tendem a exigir mais de todos os bens, incluindo os bens públicos. Alternativamente, se os serviços públicos forem oferecidos para satisfazer os gostos dos mais favorecidos, eles tenderão a pagar mais do que a sua parte dos custos, uma vez que normalmente contribuirão mais do que os seus vizinhos mais pobres para os impostos locais.[34] Assim, os ricos podem conseguir uma compra com mais benefício fiscal num distrito com poucos residentes de baixos rendimentos. Um estímulo fiscal deste tipo tem sido um elemento importante para o crescimento de subúrbios homogéneos. O processo torna-se autorreforçado, uma vez que a saída dos residentes de alto rendimento das cidades coloca mais encargos fiscais sobre aqueles que permanecem. Juntamente com uma redução na qualidade dos serviços da cidade, esta situação provoca mais saídas, aumentando o número de partidas

---

[34] William J. Baumol, «Environmental Protection and Income Distribution», em Harold M. Hochman and George E. Peterson, eds., *Redistribution Through Public* Choice (Nova Iorque: Columbia University Press, 1974).

acumuladas.[35] Na medida em que a prosperidade do subúrbio homogéneo depende do contacto económico com a cidade, incluindo o fornecimento de trabalhadores mais mal pagos nas proximidades, as próprias vantagens fiscais do subúrbio têm a característica de um bem posicional, disponível para uma minoria, mas não para todos.

Se o processo de suburbanização não for impedido por planificação ou outras restrições, o excesso da procura para este bem posicional envolve, na primeira instância, um processo de *aglomeração* que modifica — e além de determinado ponto, piora — a qualidade das características suburbanas. Por sua vez, este desenvolvimento leva à criação de novos subúrbios com características imaculadas, mas como estas atempadamente tendem a atrair procura excessiva para que se consiga manter a qualidade máxima, o processo de *leapfrogging* irá tender a continuar. O congestionamento é estabilizado no ponto em que a deterioração reduz a atratividade do equipamento para o nível da melhor alternativa seguinte; metaforicamente, a incrível autoestrada é reduzida à capacidade

[35] Este processo é descrito de forma concisa por William J. Baumol, «The Dynamics of Urban Problems and Its Policy Implications», em Maurice Peston e Bernard Corry, eds., *Essays in Honour of Lord Robbins* (Londres: Weidenfeld e Nicolson, 1972), p. 380–393. Para os resultados do estudo econométrico que faculta provas da hipótese que se autoperpetua de fuga da cidade, em parte influenciado por questões fiscais descritas em cima, ver D. F. Bradford e H. H. Kelejian, «An Econometric Model of the Hight to the Suburbs», *Journal of Political Economy* (maio/junho 1973). Ver também J. Richard Aronson, «Voting with Your Feet», New *Society* (29 de agosto de 1974).

transportadora de uma estrada antiga. Visualmente, temos Long Island.[36]

Este processo de *leapfrogging* envolve potencial desperdício social, na medida em que o resultado combinado de uma série de ações individuais deixa todos os envolvidos numa situação pior do que aquela em que estariam, se concertassem as suas ações com conhecimento das respostas prováveis dos outros. Os envolvidos no processo são vítimas da «tirania das pequenas decisões», ou seja, são obrigados a fazer escolhas que cobrem um leque ou um período demasiado pequeno para levar em consideração todos os fatores relevantes.

As escolhas são frequentemente feitas nesta base parcelada. Por exemplo, a compra de livros em lojas de desconto acaba por eliminar a livraria local. No entanto, os compradores de livros nunca podem exercer uma escolha entre livros mais baratos sem livraria e livros mais caros com uma livraria. A escolha que lhes é oferecida é entre livros a preço reduzido e livros a preço total; naturalmente, escolhem os primeiros. A escolha efetiva de continuar com a livraria à custa de livros mais queridos nunca

[36] «Em cidade após cidade, percebe-se que as suburbanidades daquela estratégia de urbanização exclusiva já não funcionam, e podem até promover a mesma utilização espalhada e desordenada de terra e caos urbano que as mesmas estratégias tinham por objetivo prevenir [...] E o crescimento sem centro continua. Em Long Island, Nova Iorque, a linha de urbanização é imediatamente visível do ar. Movimentam-se, segundo os planificadores, duas milhas por ano. Em Middlesex County, Nova Jérsia, não é tão facilmente visível segundo um planificador: «Não há uma frente. É como o Vietname. Está a acontecer por todo o lado». Kathleen Vilander, «Outer-City: Suburbia Seeks New Solutions», *Real Estate Review* (verão de 1973).

é questionada.[37] Todos têm a escolha de viver na cidade como é ou nos subúrbios como são, mas não entre viver numa cidade e nos subúrbios como eles *irão ser*, quando as consequências dessas escolhas forem compreendidas. A casa nos subúrbios parece desejável em si mesma (tal como o preço mais baixo no caso do livro). Se as suas vantagens compensam a deterioração subsequente das infraestruturas suburbanas e talvez a destruição efetiva da cidade, esta escolha, em conjunto com as escolhas de outras pessoas, nunca é posta à prova. Sendo que a única escolha disponível para os indivíduos a agir isoladamente é a metade atrativa da sequência, a questão é antecipada.

Na prática, os efeitos destrutivos dentro do subúrbio propriamente dito podem ser verificados de várias maneiras, notavelmente através de restrições de planeamento e ordenamento, tanto na expansão para o exterior dos subúrbios como no desenvolvimento no seu interior. Na medida em que essas restrições preservam a qualidade da vida suburbana, limitando o número de recém-chegados, as localizações suburbanas existentes irão capitalizar os ganhos, e o excesso da procura será contido pelo preço.[38]

---

[37] Para uma discussão sobre externalidades deste tipo (mas não especificamente o caso dos subúrbios), ver Alfred E. Kahn, «The Tyranny of Small Decisions: Market Failures, Imperfections, and the Limits of Economics», *Kyklos* (1966), p. 23–46; e Burton A. Weisbrod, «Collective-Consumption Services of Individual-Consumption Goods», *Quarterly Journal of Economics* (agosto de 1964), que salienta a incapacidade de o mercado servir a procura opcional — a quantidade de indivíduos disposta a pagar para ter algum equipamento disponível para o seu uso contingente.

[38] Restrições em novos desenvolvimentos deprimem o preço de qualquer propriedade individual ou unidade de terra, mas facultam efeitos

Este é o processo de leilão correspondente aos bens posicionais para aumentar a procura, discutido anteriormente no contexto de disponibilidade limitada da propriedade pitoresca.

Como o crescimento da produtividade material aumenta a procura efetiva de um estilo de vida em ambientes social ou fisicamente escassos, o excesso de pressão da procura destes equipamentos leva ou a uma deterioração da sua qualidade ou a protecionismo através da exclusão, incluindo a exclusão pelo preço. O primeiro curso — deterioração da qualidade, através da tirania das pequenas decisões — envolve desperdício social. O segundo — proteção através da exclusão — envolve uma redistribuição ocultada de bem-estar económico a favor das estabelecidas nas áreas à custa daqueles que estão a tentar mudar-se para lá (incluindo residentes existentes que procuram mais espaço). As pessoas que vivem nas zonas protegidas ganham e as pessoas excluídas perdem. Estas transferências vão muitas vezes ser regressivas, acumulando-se para os ricos às custas dos pobres. Serão necessárias medidas explícitas de redistribuição na direção contrária para contrabalançar esta última influência.

A incidência desigual dos benefícios implícitos do ordenamento ou controlo de planeamento em diferentes indivíduos e grupos, relacionada, em parte, com o seu rendimento passado, tornou-se um elemento importante e largamente dissimulado na desigualdade económica nas sociedades modernas. O foco do presente capítulo

---

externos favoráveis às unidades em redor. A soma dos efeitos internos (ou seja, diretos) e efeitos externos pode presumir-se positiva, desde que tenha apoio da localidade no seu todo.

é o efeito da alocação de recursos e dos padrões sociais relacionados. O resultado principal é uma tendência para tornar o excesso de recursos em oportunidades atrativas em si mesmos, mas que perdem qualidade, à medida que mais pessoas as açambarcam.

(3) *Seleção, o caso de trabalhos de liderança*

Os eletricistas têm ajudantes, os gestores têm secretárias, os professores titulares têm professores auxiliares, os supervisores supervisionam. Em muitos, ou mesmo na maioria dos empregos, há uma relação hierárquica: embora a natureza e amplitude dessa relação dependa, em parte, de formatos institucionais particulares, é em dado grau inerente às tarefas a serem desempenhadas e nos requisitos da comunicação e controlo. Um emprego no topo de uma hierarquia particular costuma ser o preferido; em termos de satisfação no emprego, quase invariavelmente acarreta maior estatuto. Uma vez que, por razões de administração eficiente, as hierarquias organizacionais são em forma de pirâmide, os supervisores de cada nível têm um número de subordinados, e eles próprios prestam contas a um único supervisor mais acima, o número de posições disponíveis aos níveis mais elevados é limitado em algum rácio fracionado pelo número de posições inferiores. A altura da pirâmide, ou qualquer secção dela, depende da largura da base.[39]

[39] H. Simon, «The Compensation of Executives», *Sociometry* (1957), em A. B. Atkinson, ed., *Wealth, Income and Inequality* (Harmondsworth, Eng.: Penguin Education, 1973), p. 199–202; Robin Marris, *The Economic Theory of Managerial Capitalism* (Londres: Macmillan, 1964).

Neste sentido, os trabalhos acima do nível da base da hierarquia podem ser vistos como estruturas posicionais, limitadas na sua disponibilidade absoluta por influências estruturais. As duas principais influências são a dimensão da mão-de-obra e a duração média do controlo, ou seja, o número de funcionários que reportam ao mesmo supervisor imediatamente acima deles, o que estabelece o ângulo da pirâmide. As posições na metade acima da pirâmide, e aquelas que oferecem independência profissional, podem ser consideradas empregos superiores e com maior probabilidade de conferirem satisfação positiva. Uma expansão na capacidade da economia para facultar bens, quer resulte do melhoramento tecnológico, um aumento do capital social ou um aumento de oferta de trabalho, não tem tendência obrigatória de expandir a proporção de empregos superiores — nem essa expansão resulta da mudança estrutural comum a todas as economias avançadas no sentido do emprego no sector dos serviços à custa da manufatura assim como da agricultura. O crescimento do emprego nos serviços tem sido acompanhado de burocratização mais generalizada, e foi expressa uma preocupação crescente em relação à natureza rotineira nos escalões mais baixos de emprego e a falta de oportunidades de promoção.[40]

Dado que a expansão económica aumenta os recursos que podem ser disponibilizados para a educação e formação, e na prática também aumenta a sua quota de recursos, a força de trabalho como um todo torna-se mais bem equipada para ocupar empregos superiores. Será então

[40] Este ponto é mais desenvolvido no Capítulo 12.

o aumento da procura para a realização de empregos de nível mais elevado compatível com a disponibilidade limitada desses postos de trabalho?

Uma forma indireta de ajustamento é uma mudança no carácter de empregos superiores; eles podem tornar-se menos superiores. Num mundo em que mais pessoas se sentem iguais em termos intelectuais e/ou técnicos aos superiores, os patrões tornam-se menos autoritários. As dores de estatuto subordinado e os prazeres de estatuto superior podem assim ser um pouco reduzidos, com a correspondente diminuição do excesso de procura de posições superiores. A afirmação pelos sindicatos, administrativos e braçais, de pequenas funções de gestão deve ser vista a esta luz. Embora essas práticas sejam geralmente consideradas ineficientes, podem representar uma troca racional de alguma produção e rendimento material para um certo grau de controlo sobre a situação de trabalho. Uma compensação similar pode ser escolhida de forma diferente quando os profissionais e os artesãos preferem trabalhar como consultores ou empreiteiros, por conta própria. Esses canais podem ser vistos como substitutos parciais para a oferta limitada de empregos superiores do tipo mais tradicional.

Mais genericamente, o método clássico de ajuste a uma oferta excessiva de mão-de-obra capaz de desempenhar trabalhos superiores é dado no modelo de mercado através da redução do salário e dos benefícios adicionais desses empregos. A procura de trabalhos superiores baseia-se, em parte, na satisfação laboral e no estatuto que dão. Nesta medida, os candidatos podem continuar a preferir esses empregos, mesmo que a remuneração financeira fique abaixo do nível necessário para fazer face aos custos da formação pelo próprio. Os empregos superiores podem então ser atribuídos por antileilão, com os níveis salariais a serem reduzidos ao ponto em que as posições disponíveis seriam apenas preenchidas por candidatos com qualidade adequada. Neste modelo de mercado simples, a remuneração poderia, portanto, ser reduzida pela concorrência de candidatos competentes a níveis abaixo daqueles dos empregos mais baixos na hierarquia de emprego. Essa concorrência iria intensificar de forma expectável, à medida que a satisfação de necessidades mais primárias aumenta o apetite por esses empregos do escalão de topo e a formação mais extensiva torna mais pessoas competentes para as desempenhar. No modelo de mercado, os empregos de topo podem eventualmente render menos, se números suficientes se tornarem competentes e motivados para os desempenhar.

Existe, sem dúvida, alguma recetividade nos níveis salariais relativos a mudanças na oferta e procura potenciais. A grande expansão da oferta de licenciados nos Estados Unidos nas décadas de 1950 e 1960 acabou por conduzir a um excedente, e entre 1969 e 1973 o excesso de rendimento em média dos licenciados masculinos em relação aos licenciados do ensino secundário foi reduzido de 50% para 41%.[41]

Contudo, a flexibilidade na remuneração relativa em diferentes profissões é inibida por uma série de fatores. Estes incluem (1) os diferenciais ou normas salariais convencionais; (2) os elevados custos de «transações» no preenchimento de cargos superiores fora da empresa ou organização ou

[41] Richard B. Freeman, «Overinvestment in College Training?» *Journal of Human Resources,* 10 (verão de 1975), 290.

departamento, resultantes tanto da necessária formação no trabalho como do custo de aquisição de informação sobre a capacidade dos potenciais candidatos; e (3) a capacidade dos atuais titulares de cargos superiores de influenciar as suas próprias tabelas salariais, quer através do exercício do poder económico sobre a sua contribuição para a produtividade da «equipa», quer mais simplesmente através do seu acesso a informação relevante e escassa.[42]

As mudanças estruturais no mercado laboral das economias avançadas, referidas acima, aumentaram a importância das influências do tipo agora mencionado. Cada vez menos pessoas cultivam ou fazem coisas: mais pessoas oferecem serviços, entretêm, consultam, supervisionam. O efeito é na redução da área de economia em que a atividade pessoal pode ser identificada e para aumentar a influência das normas aceites ou impostas na determinação do pagamento relativo. Essa pode ser a característica mais significativa da transformação moderna na estrutura da força laboral como entre manufactura e indústrias de serviços. Na economia de serviços, a produtividade pessoal é avaliada subjetivamente, ao invés de objetivamente.[43]

---

[42] Lester C. Thurow, *Investment in Human Capital* (Belmont, Calif.: Wadsworth Publishing Co., 1970), e do mesmo autor *Generating Inequality* (Nova Iorque: Basic Books, 1975).

[43] As tendências no emprego de serviços e uma interpretação otimista das mudanças que sofrem são discutidas em Daniel Bell, *The Coming of Post-Industrial Society* (Londres: Heinemann, 1974). Para uma avaliação mais crítica, ver Anthony Giddens, *The Class Structure of the Advanced Societies* (Londres: Hutchinson University Library, 1973). Sobre o tema de proletarização das categorias clericais mais baixas nos Estados Unidos, ver também Gavin Mackenzie, *The Aristocracy of Labor* (Cambridge, Eng.: Cambridge University Press, 1973). Ver também Capítulo 12, mais adiante.

O crescimento económico moderno tem sido marcado por mudanças sucessivas no emprego para as indústrias primárias (agricultura e minas) para as indústrias secundárias (manufactura) e destes para o sector terciário (serviços); este último sector foi subdividido e alargado por Daniel Bell para o sector quaternário (troca e informação) e sector quinário (investigação e governo). As mudanças recentes da produção de coisas para a elaboração de coisas podem ser interpretadas de várias maneiras. Para Bell, Herman Kahn, e outros entusiastas da cornucópia pós-industrial, são a fonte do aumento de excedente em relação ao que estaria disponível apenas da produção do sector primário e secundário. Para os neomarxistas, a principal importância da expansão do sector terciário reside na absorção do excedente.[44] Outra interpretação, sugerida pela análise presente e retirando alguma inspiração de Simon Kuznets,[45] é que a grande expansão do emprego nos sectores dos serviços, como os transportes, governo, educação, lazer e finanças, refletiu novas necessidades diretamente associadas com as mudanças na estrutura económica envolvidas pelo crescimento. Uma parte do que é convencionalmente registado como consumo e serviços governamentais deveria, portanto, ser reclassificada como produção intermédia.[46] Finalmente, uma interpretação

---

[44] Bell, *The Coming of Post-Industrial Society;* Paul A. Baran e Paul M. Sweezy, *Monopoly Capital* (Nova Iorque: Montly Review Press, 1966; Penguin, 1968).

[45] Simon Kuznets, *Modem Economic Growth* (New Haven: Yale University Press, 1966), p. 225, e «The Share and Structure of Consumption», *Economic Development and Cultural Change,* 10 (janeiro de 1962), 41–42.

[46] O conceito das necessidades enquanto resultados intermédios é desenvolvido no Capítulo 4.

engraçada apresentada por Bertrand Russell, antes do seu tempo, em 1935, merece ponderação:

> O trabalho é de dois tipos: o primeiro, alterar a posição da matéria na superfície da Terra relativamente a outra matéria semelhante; o segundo, dizer aos outros para o fazerem. O primeiro é desagradável e mal pago; o segundo é agradável e bem pago. O segundo tipo tem potencial indefinido de extensão: não há só aqueles que dão ordens, mas aqueles que dão conselhos em relação a que ordens devem ser dadas.[47]

Há, portanto, uma variedade de razões fortes para os empregos cobiçados não serem atribuídos predominantemente pelo preço. Neste campo, há limites rigorosos ao processo de mercado de leilão, que aqui assumiria a forma de antileilão, de licitar os níveis de salário de forma descendente. O processo alternativo de regulação é aliviar a aglomeração destes empregos escassos recorrendo à seleção.

O desempenho demonstrado nos empregos superiores vai variar de acordo com as qualidades pessoais de quem os desempenha. Isto aplica-se a todos os empregos; sendo que a responsabilidade de supervisionar o trabalho dos

---

[47] Bertrand Russell, «In Praise of Idleness», em Eric Larrabee e Rolf Meyersohn, eds., *Mass Leisure* (Nova Iorque: Free Press, 1958). A construção do império e a dissimulação por burocratas em empresas privadas, com vista a maximizar não os lucros da empresa, mas o seu próprio registo de pessoal e segurança, pode levar a extensões artificiais ao estilo de Russell. A proteção é fornecida por informações imperfeitas dentro das empresas e por economias de escala que limitam a concorrência de rivais não burocráticos.

outros, ou de desfrutar de liberdade de supervisão nas suas próprias tarefas, dificulta que a remuneração seja proximamente ajustada ao nível do desempenho (nem que seja porque o desempenho fraco pode implicar grandes contributos negativos para a produção),[48] é sempre provável que a seleção de atributos seja mais importante nos trabalhos superiores.

Essa seleção implica uma decisão dupla: sobre os atributos dos candidatos e sobre os atributos necessários para o emprego. Desde que o desempenho da função seja melhorado por atributos superiores, um melhoramento na qualidade dos candidatos irá abrir caminho para um aumento de produtividade. Este resultado pode ser alcançado aumentando o limiar de entrada exigido: a seleção será numa malha mais fina. Quanto mais elevadas forem as qualificações da equipa, melhor será o seu desempenho. Em ocupações menos burocratizadas, o aumento de produtividade oferecido pela formação académica irá surgir automaticamente no aumento de produção e de lucros. O próprio processo educativo torna aqueles que passaram por ele mais produtivos, tanto a nível individual como social, ou seja, para a economia como um todo.

Esta visão do impacto económico da educação formou a hipótese básica do desenvolvimento do conceito

---

[48] Como testemunhado pelas grandes somas em indemnização por despedimento (apertos de mão de ouro) que as empresas consideram que vale a pena incorrer para se verem livres de executivos de topo cujo desempenho é considerado obsoleto. A impossibilidade total de ajustar a remuneração ao valor real do desempenho de tarefas complexas é também ilustrada pelo reconhecimento geral de que alguma forma de licenciamento de profissionais é para benefício público, embora não necessariamente sob o controlo exclusivo da profissão envolvida.

de capital humano, que floresceu nos finais dos anos 50 e ascendeu ao que parece ter sido o seu apogeu nos anos 60. A hipótese ajudou a explicar uma grande descoberta da análise económica neoclássica, nomeadamente, que o crescimento da produção nos Estados Unidos e noutros países industriais no século XX excedeu em muito o crescimento que poderia ser atribuído à entrada sob a forma de trabalho e capital. A qualidade de ambos foi melhorada pela educação, em conjunto com pesquisa, através do melhoramento das competências humanas e da qualidade da tecnologia. O produto da educação não se limitava à cultura e ao humanismo. Nesta abordagem, a educação produz investimento nos seres humanos com retorno económico direto equivalente ao investido em bens materiais.

A análise foi importante por vários motivos. Na prática política, facultou uma razão económica para a grande expansão da educação, sobretudo, educação superior, que ocorreu nos anos 60, em todos os países grandes e pequenos, avançados e subdesenvolvidos.[49] Na ideologia económica, a análise alargou o conceito de acumulação de capital a uma forma usufruída pela maioria da população em maior ou menor grau; com cada homem um capitalista (humano), a antiga distinção socialista entre os ganhos do trabalho e os ganhos do capital dissolveu-se. No desenvolvimento académico, a análise do capital

---

[49] A distância entre a teoria económica e a ação governamental provavelmente nunca foi tão próxima como na formulação da teoria do capital humano para a explosão de despesas com educação, o que ajuda a explicar porque é que a desilusão que se seguiu com os resultados práticos trouxe uma rápida reação *boomerang* também sobre a teoria.

humano representou um passo importante na intrépida tentativa, centrada na Universidade de Chicago, mas que se espalhou para muito longe dali, de unificar as ciências sociais sobre a base do indivíduo que otimiza o seu comportamento, em áreas que vão além da esfera tradicional do consumo de mercado, para incluir a educação e a saúde, e mais recentemente o crime, a fertilidade, o casamento, a religião e o suicídio.[50] Em cada uma destas esferas, a ação individual é analisada por referência a uma busca racionalista de objetivos privados.

As limitações da otimização individual em vastas áreas da vida económica e social são um tema recorrente deste livro. (Os resultados não intencionais da competição pessoal por instalações sujeitas a limites físicos ou sociais são discutidos neste capítulo, e a dependência da organização do mercado de valores morais, que são, em última análise, inconsistentes com a otimização individual,

---

[50] Sobre os conceitos e métodos principais para o cálculo do retorno sobre a educação na abordagem do capital humano, ver os contributos de T. W. Schultz, W. G. Bowen e M. Blaug, em M. Blaug, ed. *Economics of Education,* vol. I (Harinondsworth, Eng.: Penguin, 1968), a resumir bastante literatura. Um desenvolvimento sucinto das implicações mais gerais da abordagem de Chicago foi apresentado por Harry G. Johnson na sua palestra inaugural na London School of Economics, «The Economic Approach to Social Questions», *Economics* (fevereiro de 1968): para um tratamento mais formal, ver, do mesmo autor, *The Theory of Income Distribution* (Londres: Gray-Mills, 1973). As ampliações inovadoras para as áreas do crime, casamento, religião e suicídio foram lideradas por Gary S. Becker. Ver em particular a sua «A Theory of Marriage», *Journal of Political Economy* (julho/agosto de 1973 e março/abril de 1974). A última publicação contém os trabalhos de uma conferência especial sobre casamento, família, capital humano e fertilidade, incluindo críticas perspicazes da abordagem economizadora de Becker por William J. Goode e Marc Nerlove.

é discutida na Parte III). A preocupação imediata aqui é com a ligação, que é central à abordagem do capital humano e parcialmente implícita nela, entre o retorno privado e o retorno social da educação.

O ponto de partida da abordagem é o diferencial adicionado pela educação aos ganhos ao longo da vida de um indivíduo, um diferencial que é observado essencialmente a partir das diferenças nos ganhos atuais de indivíduos com uma educação diferente. A adição aos ganhos ao longo da vida, devidamente descontados por uma taxa de juro selecionada (uma seleção que tem de ser feita a partir de um intervalo relevante bastante abrangente e que faz uma diferença crucial para o resultado), é então ajustada para o custo real de aquisição dessa educação, da qual a componente principal é a perda de ganhos durante o período de aprendizagem.

Este procedimento suscita várias questões. Há o problema de separar o efeito da educação do efeito da capacidade inata e do contexto familiar. A educação também facilita aos empregados detetarem capacidades existentes e características inerentes como motivação e disciplina. O facto de os empregadores pagarem para testar o sucesso educativo — pelo certificado ou credencial — não indica o que estão a comprar. Podem estar a pagar pela contribuição da educação para uma potencial produtividade elevada ou apenas pela sinalização da educação de onde se encontra o elevado potencial de produtividade.

Nesta última função, a educação serve como um mero dispositivo de seleção ou filtro, através do qual os empregadores identificam indivíduos com determinadas qualidades que o próprio processo educativo testa e certifica, mas não produz por si só. Essas qualidades incluem tipicamente uma combinação de inteligência, motivação e disciplina necessárias para absorver a aprendizagem do trabalho.[51]

Uma vez que a informação direta sobre estes atributos seria extremamente dispendiosa para os empregadores adquirirem, obtém-se um indicador informativo, nomeadamente algum tipo de credenciais, como prova da passagem dos candidatos pelo sistema educativo.

Agora, os cálculos económicos do rendimento da educação tentam geralmente isolar o efeito da capacidade, bem como do contexto familiar. Assim, em duas estimativas amplamente utilizadas, E. F. Denison e Gary S. Becker verificaram que, ao considerar essas influências, aproximadamente dois terços do efeito «bruto» calculado para a educação ainda permaneciam.[52] Mas o significado dessas estimativas é limitado pela falta de qualquer medida real da capacidade. Em relação ao QI, o indicador que tem de ser usado, foi demonstrada — por exemplo, por estudos na Marinha dos EUA — apenas uma fraca relação com a capacidade de desempenhar tarefas produtivas. Kenneth Arrow, numa forte crítica à abordagem do capital humano, fez a pergunta demolidora: se os empregadores não conseguem medir diretamente a capacidade, porque se espera que os economistas o consigam fazer?[53]

---

[51] S. Becker. Ver em particular a sua «A Theory of Marriage», *Journal of Political Economy* (julho/agosto de 1973 e março/abril de 1974). A última publicação contém os trabalhos de uma conferência especial sobre casamento, família, capital humano e fertilidade, incluindo críticas perspicazes da abordagem economizadora de Becker por William J. Goode e Marc Nerlove.

[52] Citado em Blaug, ed., *Economics of Education,* 1, 225.

[53] Kenneth J. Arrow, «Higher Education as a Filter», *Journal of Public Economics* (julho de 1973).

Num teste empírico das hipóteses de seleção, Paul Taubman e Terence Wales calcularam que, na ausência de seleção, o retorno do investimento na educação universitária poderia ser reduzido em 50%, sem permitir maiores rendimentos perdidos a níveis educacionais mais baixos.[54]

Assim, a educação na sua função económica é simultaneamente um filtro e uma fábrica. Este papel duplo tem várias implicações importantes para os efeitos da expansão da educação. Uma expansão na «produção» de credenciais educacionais vai reduzir, por si só, a informação transmitida pelas credenciais específicas.[55] Nos Estados Unidos, no início da década de 1970, quando 70% das pessoas que abandonavam a escola eram diplomados do ensino secundário, os certificados de habilitações eram uma marca de identificação menos distintiva do que na geração anterior, quando apenas 40% se formava. Nos anos 70, a credencial que indica que o titular está entre os 25% melhores sobreviventes do percurso de obstáculos educativos tinha-se tornado o grau universitário; e para os 8% melhores sobreviventes, indicados pelos titulares do grau universitário nos anos 30, os empregadores teriam agora de exigir um mestrado.

A expansão das credenciais educativas também aumentou provavelmente a atenção prestada às presumíveis diferenças

---

[54] Paul Taubman e Terence Wales, *Higher Education and Earnings* (Nova Iorque: McGraw-Hill, 1974), p. 23 e 171.

[55] Esta tendência tem um historial longo: «A indiscriminada colação de graus tirou-lhes justamente o respeito que reivindicavam originalmente como selos, pelo qual o valor literário dos homens tão distintos era reconhecido de forma autoritária». Samuel Johnson, *A Journey to the Western Islands of Scotland* (New Haven: Yale University Press, 1971), p. 17.

na sua qualidade. A expansão de novas universidades em Inglaterra não enfraqueceu o domínio que os licenciados de Oxford e Cambridge têm em determinadas profissões e, em vez disso, pode ter aumentado o valor fixado pelos empregadores no diploma de Oxbridge.[56] Não só transmite informações em que os empregadores podem confiar, também lhes permite comprar os contactos de elite do funcionário. A importância desses contactos é sistematicamente subestimada no modelo simples da economia em que as empresas respondem a informações e oportunidades igualmente conhecidas e disponíveis para todos.

Como mencionado anteriormente, um aumento na procura efetiva de empregos superiores pode ser esperado para acompanhar o crescimento do sector material, porque com os desejos materiais mais satisfeitos, as pessoas estão mais dispostas a dedicar mais recursos para melhorar a sua situação laboral. O resultado, através dos processos agora descritos, é provável que seja o aumento dos recursos dedicados à educação formal, mas também a redução da eficácia de uma dada unidade educativa para assegurar o acesso aos empregos de mais alto nível. Quando a educação se expande mais depressa do que o número de empregos que exigem credenciais educativas,

---

[56] «A expansão da educação universitária traz mais homens com licenciaturas para o mercado de trabalho. Em resultado, são estabelecidos mecanismos de diferenciação; quantos mais forem os licenciados, mais seletivo é o mecanismo.» David Boyd, *Elites and Their Education* (Windsor, Eng.: NFER Publishing, 1973), p. 143. Boyd chegou a esta conclusão a partir de estudos empíricos sobre recrutamento para o Serviço Civil Britânico, judiciário, forças armadas, Igreja de Inglaterra e bancos de compensação.

os empregadores intensificam o processo de seleção.[57] A este respeito, a formação académica de um indivíduo acarreta alguns custos externos para a restante sociedade.

A educação tem sido mais associada a benefícios externos, de acordo com o pressuposto de que pessoas com formação académica são melhores cidadãs, são mais produtivas, e os benefícios resultantes não são todos captados nos seus próprios rendimentos mais altos — por exemplo, pagam mais impostos e aumentam a produtividade daqueles com quem trabalham.[58] As influências discutidas acima — centradas no papel da educação como dispositivo de sinalização — qualificam e podem negar estes benefícios externos. A sua presença significa que o aumento da produtividade pessoal, medida pelos ganhos do mercado, não é igualado por um aumento da produtividade social. A educação contribui para os ganhos pessoais, mas não é proporcional ao produto social.

Na medida em que a educação faculta informações sobre a capacidade inata ou aculturada *relativa* do indivíduo que a frequentou, mais educação para todos deixa toda a gente no mesmo sítio. O teste de capacidade relativa poderia,

---

[57] No seu estudo rigoroso da literatura da economia da educação em 1962, William G. Bowen reconheceu a influência, mas limitou-a a uma nota de rodapé. «Pode muito bem dar-se o caso de, à medida que uma maior percentagem das pessoas de um país receber educação universitária, os empregadores, para recrutarem pessoas que possuem um certo nível de capacidade, terão de se ver forçados a recrutar licenciados universitários — mesmo que formação universitária não seja necessária para o emprego». «Assessing the Economic Contribution of Education» (1963), em Blaug, ed., *Economics of Education.* I, 81.

[58] Para uma discussão sucinta da amplitude das influências envolvidas, ver Thurow, *Investment in Human Capital.*

em princípio, ter sido realizado também a um nível geral inferior: adicionar camadas ao nível a que o concurso de credenciais é empurrado apenas absorve recursos educativos sem aumentar a produtividade dos vencedores do concurso. Neste modelo, a qualificação superior de uma pessoa desvaloriza o conteúdo de informação de outra. Mais uma vez, é um caso de toda a gente na multidão em pé em bicos dos pés, e ninguém conseguir uma vista melhor. No entanto, no início do processo, algumas pessoas obtêm uma vista melhor ao ficar em pé em bicos dos pés, e outras são forçadas a seguir, se quiserem manter a sua posição. Se todos seguirem, seja na multidão de turistas seja entre os estudantes à procura de emprego, todos gastam mais recursos e acabam por ficar com a mesma posição.

No entanto, na prática, nem todos vão seguir; só aqueles que avaliam que o benefício individual de se manterem na luta vale o custo adicional ou esforço é que o farão. O benefício individual deriva de três elementos: o pagamento adicional relativo ao emprego superior a que a educação dá acesso; a experiência educativa em si mesma (os benefícios de «consumo» que ninguém encontrou forma de medir); e a satisfação relativa derivada do desempenho e titularidade do cargo propriamente dito.

Pode esperar-se que a valorização colocada nos últimos dois benefícios aumente pelo menos com os níveis de rendimento, ou seja, que sejam bens normais, ao invés de inferiores, e provavelmente que aumentem mais depressa, isto é, para serem bens «superiores» ou de luxo com uma elasticidade de rendimento da procura acima da unidade.

Uma expansão geral dos níveis educativos, se acrescenta à quantidade ou qualidade da educação e formação que os indivíduos precisam de adquirir para ter acesso a empregos superiores, não tem um efeito claro na atribuição de indivíduos para estes empregos escassos e cobiçados. A expansão dos recursos educativos, desde que acumulada aos selecionados pela capacidade cognitiva, ajudará, por si só, aqueles que podem fazer o melhor uso da sua educação. Dito de outra forma, são os chamados dignos de mérito.[59] Mas o resultante excesso de candidatos aparentemente qualificados induz uma intensificação da seleção de empregos que tem o efeito de prolongar o percurso de obstáculos da educação e favorecer aqueles mais capazes de aguentar uma corrida mais longa ou mais cara. Esses são os abastados e com boas relações.

Mas esta é a situação *ex post*, alcançada no final do processo envolvido. As previsões que constituem a base da procura de educação e formação são mais propensas a serem moldadas pelas qualificações educacionais dos atuais titulares de diferentes postos de trabalho.[60] Estas são as provas disponíveis para novos candidatos, que pouco provavelmente vão permitir que o efeito das suas próprias decisões erga a última barreira para a seleção. Se os teóricos do capital humano caíram nesta armadilha, porque

---

[59] «O mérito é um pouco acidental, não só na sua origem, mas também no facto de ser tratado como mérito.» Amartya Sen, *On Economic Inequality* (Oxford: Clarendon Press, 1973), p. 105.

[60] Um estudo empírico de como os alunos no Canadá tomavam as suas decisões concluiu que as estimativas dos seus retornos ao longo da vida eram «determinadas pelos estudantes, em grande parte, na base de observação casual e impressionista do padrão de vida das pessoas de diferentes idades e concretizações educativas». John F. Crean, «Foregone Earnings and the Demand for Education: Some Empirical Evidence», *Canadian Journal of Economics* (fevereiro de 1973).

esperar que os adquirentes do capital humano a evitem? As expectativas de emprego serão então frequentemente frustradas, uma vez que a expansão da oferta de candidatos qualificados aumenta o limiar das credenciais necessárias. Quando a frustração das expectativas é particularmente acentuada, o efeito pode ser o de dissuadir os novos candidatos a fazerem cursos de formação comparáveis, o que acabará por conduzir a uma escassez de pessoal qualificado, a concursos competitivos para candidatos e a uma reestruturação dos candidatos à formação. Um ciclo deste tipo de carência e excedente é claramente visível entre os físicos nos Estados Unidos.[61] No entanto, nos contextos em que a expansão educativa se sobrepõe às posições superiores no geral, em vez de um campo específico, o efeito será empurrar a concorrência por candidatos qualificados até ao momento para baixo da hierarquia dos empregos: a seleção será intensificada a todos os níveis.

Os empregos para os quais um diploma de liceu era anteriormente suficiente, exigirão agora alguma formação universitária. Os indivíduos que se recusarem a aderir à requalificação educativa, ou que simplesmente assumam que a educação que adquirem irá admiti-los no tipo de empregos abertos a quem tenha este nível de educação no momento em que é adquirido, irão sofrer uma desvalorização das suas credenciais em termos de acesso ao emprego. Assim, no início da década de 1970, mais de 20% dos homens diplomados da classe de 1970–71 estavam

---

[61] Richard B. Freeman, «Supply and Salary Adjustments to the Science Manpower Market: Physics, 1948–1973», Instituto de Pesquisa Económica de Harvard, Texto para Discussão 318, setembro de 1973.

empregados em empregos não profissionais e não gerenciáveis, em comparação com menos de 14% da classe de 1958, num período semelhante da sua vida profissional.[62] Pode ainda haver desilusões com os benefícios da educação universitária, como ficou patente na diminuição da pressão nos pedidos de admissão universitária que se acentuou na Grã-Bretanha e nos Estados Unidos em meados da década de 70. Mas à medida que o nível médio de qualificações educacionais na força laboral aumenta, é aplicada uma espécie de imposto aos que não possuem essas qualificações, enquanto a recompensa oriunda da posse de uma determinada qualificação é diminuída. A melhoria geral da educação desvaloriza a moeda das credenciais de modo que aqueles que não a possuam perdem o poder de escolha no emprego. Este processo, que é verificado por ajustamentos na remuneração relativa, funciona na medida em que a concorrência por empregos mais aliciantes prolonga a fila de espera para adquirir esses empregos, aumentando assim as barreiras que têm de ser ultrapassadas para a admissão.

Nesse caso, a educação pode «tornar-se uma necessidade defensiva para os indivíduos privados, mesmo sem retorno social líquido para a educação [...] A educação torna-se um bom investimento, não por aumentar o rendimento do indivíduo acima do que seria, se ninguém tivesse alargado a sua formação académica, mas porque aumenta o rendimento acima do que seria, se outros obtiverem uma formação académica e eles não o fizerem».[63]

---

[62] Freeman, «Overinvestment in College Training?», p. 294.

[63] Thurow e Lucas, «The American Distribution of Income», p. 38.

Uma «inflação» de credenciais educativas deste tipo envolve desperdício social em duas dimensões. A primeira absorve recursos reais em excesso do processo de seleção: o longo percurso de obstáculos dificilmente será a forma mais rentável de testar as qualidades desejadas, porque os seus custos não são suportados pelos empregadores cujas exigências dão às credenciais o seu valor monetário. Em segundo lugar, o desperdício social irá resultar de expectativas defraudadas de indivíduos, e dessa frustração que experienciam têm de se contentar com empregos em que não conseguem fazer um uso total das competências que adquiriram. O professor Jan Tinbergen, o primeiro covencedor do Prémio Nobel de Economia, foi ao ponto de incorporar num modelo formal quaisquer percalços entre as exigências educativas de um emprego e a educação detida pelos candidatos como um elemento negativo do bem-estar individual.[64]

III

Agora, podemos fazer uma pausa para avaliar os efeitos gerais comuns a esperar do impacto do crescimento no sector material em expansão da economia sobre o sector posicional estático nas três principais facetas analisadas — terra de lazer, localização suburbana e hierarquia de

[64] Jan Tinbergen, *An Interdisciplinary Approach to the Measurement of Utility or Welfare* (Dublin: Economic and Social Research Institute, 5.ª Conferência Geary, 1972).

empregos, representando respetivamente os processos de leilão, aglomeração e seleção.

Em cada um dos casos, o crescimento material intensifica a que pode ser chamada de concorrência posicional. Por concorrência posicional pretende-se caracterizar concorrência fundamentalmente por um lugar mais alto dentro de qualquer hierarquia explícita ou implícita e que, dessa forma, traz ganhos a alguns, só quando acarreta perdas para outros. A concorrência posicional, na linguagem da teoria de jogo, é um jogo de soma zero: o que os vencedores ganham os perdedores perdem. O contraste é com a concorrência que melhora o desempenho ou diversão generalizada, de forma que os vencedores ganham mais do que os perdedores perdem, e todos podem sair vencedores — o jogo da soma positiva.

No sector material, a concorrência produz benefícios líquidos no sentido de soma positiva ao estimular o desempenho eficiente de tarefas e ao direcionar o esforço individual para usos mais produtivos. No sector posicional — que compreende bens, serviços, empregos e outras posições sociais que são escassas em algum sentido absoluto ou socialmente imposto ou estão sujeitas a congestionamento ou aglomeração através do uso extenso —, a concorrência também vai melhorar tanto o desempenho individual como a alocação do esforço individual. Este resultado é o aspecto positivo da seleção competitiva dos equipamentos posicionais. Para além disso, a concorrência no sector posicional serve de aparelho geral de filtragem através do qual a procura excessiva tem de ser correspondida à oferta disponível. Este aspecto — que pretendo isolar através do termo «concorrência posicional» —, na melhor das hipóteses, não traz benefício líquido e normalmente envolve custos adicionais de recursos, de forma que a concorrência posicional em si seja responsável por ser um jogo de soma negativa. No entanto, a concorrência no sector posicional pode ainda produzir benefícios líquidos se as suas contribuições para a eficiência individual e a alocação de recursos superarem os acréscimos aos custos dos recursos e a má alocação. Isto não pode ser julgado a partir das medidas convencionais de produção económica, uma vez que estas medidas encobrem os elementos negativos ou de peso morto da concorrência posicional.

O resultado é uma tendência sistemática nos sinais das escolhas disponíveis e oportunidades para serem veiculadas a nível individual. *A escolha que um indivíduo enfrenta num mercado ou numa transação típica de mercado no sector posicional, num contexto de crescimento material, parece sempre mais atrativa do que acaba por se revelar, depois de os outros terem exercido a escolha deles.* Uma disjunção entre os termos da escolha individual e social oferecidos pelas oportunidades de mercado representa, numa análise padrão, um caso de fracasso de mercado. Este fracasso exige correção ao internalizar, ou seja, incorporar na situação de mercado, perante o indivíduo, o custo externo imposto aos outros. A existência do sector posicional no contexto de crescimento no sector material pode, portanto, ser vista como uma espécie de «externalidade ao sistema». Ou seja, o custo externo não registado está ligado às transações no seu todo neste sector. As distorções envolvidas na concorrência posicional são tão vastas que não são facilmente recetivas aos corretivos convencionais, sobretudo, impostos indiretos e subsídios.[65]

O preconceito consistente é apresentar o indivíduo que espera um aumento de rendimento em linha com o rendimento nacional com uma visão demasiado favorável das oportunidades com que ele ou ela — e a comunidade no seu todo — serão confrontados. A justaposição de crescimento no sector material e de fixação (estagnação sem a sua conotação pejorativa) no sector posicional induz uma tendência crescente no preço relativo dos bens posicionais. Também pode absorver recursos reais no processo de atribuição dos bens posicionais escassos. O aumento de preços pode não ser refletido em bens e serviços específicos — os preços das casas, em particular nos subúrbios, podem cair, as credenciais educacionais específicas podem ser alcançadas a custos mais baixos. O aumento efetivo do preço pode então refletir-se antes na depreciação da qualidade ou do valor destes instrumentos como meio para o objetivo que a pessoa procura atingir. Assim, um determinado subúrbio torna-se menos eficaz na realização do objetivo de uma vida calma, combinada com um fácil acesso à cidade e ao campo; uma credencial educativa particular torna-se menos eficaz na realização de trabalhos particulares e, mais genericamente, uma designação

---

[65] Mishan refere que estes corretivos tradicionais foram concebidos para lidar com as exceções à benevolência geral do funcionamento do sistema de preços. «Quando são vistos efeitos externos, como é cada vez mais o caso hoje em dia, como serem disseminados e generalizados, a solução de Pigou implica um labirinto ingerível de impostos e subsídios.» E. J. Mishan, «On the Economics of Disamenity», in Marris, ed., *The Corporate Society*, p. 340.

implícita do titular como um dos mais inteligentes ou mais diligentes do grupo etário em que se enquadra.

Existe um défice de desempenho não porque o desempenho piora, mas porque as exigências de desempenho se tornam maiores. É como se uma lareira a carvão queimasse com eficiência contínua, mas a temperatura exterior diminuísse ou o isolamento se deteriorasse. Seria então necessário mais carvão para produzir o mesmo grau de calor e para compensar uma deterioração do ambiente físico. Para o indivíduo, o aumento da concorrência posicional envolve uma deterioração do ambiente social. Mais esforço e recursos individuais têm de ser despendidos para se alcançar o mesmo resultado.

Esta condição ainda não significa, contudo, que os recursos sejam mal atribuídos pela comunidade no seu todo. A má atribuição só pode ser significativamente apontada se meios alternativos que sejam socialmente menos perdulários puderem ser especificados para lidar com as exigências dos indivíduos. O ponto a ser salientado nesta fase é o enviesamento dos sinais. A procura individual no sector posicional é um guia enganador do que os indivíduos iriam exigir se pudessem ver e agir sobre os resultados das suas escolhas combinadas. Quer expressa em transações de mercado quer traduzida numa exigência política daquilo que o governo deve fazer para satisfazer os desejos individuais considerados isoladamente, a procura individual de bens posicionais procura o impossível de entregar. O produto económico que evoca tem falhas.

4

A ambiguidade da produção económica

As falhas do produto económico que resultam da concorrência posicional não são reveladas nas contas públicas. Não há nenhuma forma prática óbvia para o fazer. Mas as limitações das medidas estatísticas do produto nacional bruto e das suas componentes têm sido cada vez mais discutidas nos últimos anos. Muitos economistas reconheceram esses limites e encetaram trabalhos pioneiros para os estender ao refinamento dos critérios existentes. Houve também muito trabalho desenvolvido na exploração de novas medidas, especificamente na construção de indicadores sociais que tentem balizar um número restrito de produções-chave do sistema na forma de representantes de felicidade ou bem-estar. Entretanto, os comentadores públicos e os políticos têm andado mais fartos de equacionar o PNB com o desempenho económico no seu todo, sem uma noção clara de algo para colocar nesse lugar — o que não é surpreendente, considerando o debate pendente no seio da fraternidade dos economistas.

O debate gira em torno de uma questão fundamental que já existe há muito tempo — a natureza precisa da produção económica. Houve sempre uma profunda ambiguidade no conceito de produção económica; a ambiguidade cresceu à medida que as economias se tornaram mais ricas e mais complexas.

O cerne do problema pode ser sumariado da seguinte maneira: o elemento «económico» na atividade humana compreende a satisfação de desejos (fins) com meios que são, de alguma forma, escassos. Consequentemente, uma ação racional implica seleção e escolha: se há mais disto para isto, há menos disto para aquilo. Mas qual é exatamente a distinção entre meios e fins? Em dados pontos, a distinção parece suficientemente óbvia. Assim, a terra, a mão-de-obra e o equipamento de capital utilizado para a produção de trigo e a sua transformação em farinha e pão são os meios para a produção de pão. O pão, portanto, representa a produção final, e o trigo, a farinha, os tratores, os moinhos de farinha, etc., representam uma produção intermédia, uma etapa no sentido do produto final do pão. O desejo principal do consumidor é o pão; portanto, o pão é o produto final do sistema. Mas será mesmo? O desejo principal do consumidor também pode não ser o pão propriamente dito, mas um alimento com sabor a pão; e o pão pode ser visto meramente como um intermediário da verdadeira produção final económica, a de aliviar a fome de uma determinada maneira.

Neste exemplo, a distinção é essencialmente metafísica: seja qual for a visão, é o pão produzido que constitui a produção económica. Na satisfação de desejos mais complexos, porém, a distinção é mais substancial. Grande parte das viagens, e sobretudo a viagem de e para o trabalho, não é feita por si mesma, mas enquanto meio para satisfazer desejos de outros bens e serviços. O mesmo acontece com muitos itens comprados pelos consumidores finais:

o equipamento de jardim é comprado para criar jardins mais agradáveis, uma conta no banco e um cartão de crédito para facilitar as tarefas administrativas de comprar outros bens e serviços, uma calculadora de bolso para ajudar a preencher as declarações de impostos. (Em cada caso, pode também haver alguma satisfação do uso do serviço ou bem nele mesmo.)

Esses bens de consumo e serviços «intermédios» não são, em nenhum sentido, menos produtivos ou prementes dos que os bens «finais». Uma vez que são um meio para a satisfação de desejos de bens finais, essa comparação é insignificante — um erro de categoria, uma confusão de fins alternativos com meios para um único fim.[66] Ninguém sugere que a empresa que produz chapa de aço é menos produtiva que a empresa que transforma a chapa de aço em automóveis. No sector empresarial, os bens intermédios têm um lugar considerado. Na prática, os consumidores também desempenham um papel de processamento. Algumas das compras são de facto suprimentos, que só depois de tratamento e processamento irão emergir como a produção final que procuram. São meramente convenções e exigências práticas das contas públicas que criam a simulação conveniente de que, assim

---

[66] O conceito soviético de rendimento nacional está confinado à produção material e exclui a maioria dos serviços. O resultado estatístico (por oposição à lógica) desta exclusão tem certas afinidades com a exclusão dos bens de consumo intermédio; um resultado prático importante e irracional parece encorajar uma negligência geral dos serviços em relação à produção material. Os economistas visitantes à espera do seu almoço em restaurantes de Moscovo têm muito tempo para refletir sobre esta distorção e talvez para tirar conclusões excessivas da mesma.

que os consumidores compram bens ou serviços, eles atingem a fase do consumo final.

O que escapa por negligência a esta função de processamento, quando se relaciona com os consumidores, é o efeito de mudanças na eficiência de conversão do insumo, ou seja, o bem intermédio que o consumidor compra, na produção final desejada. Imagine-se que o processo se torna menos eficiente no sentido técnico de exigir uma maior entrada para produzir uma determinada produção — porque, por exemplo, é necessário aquecimento adicional para manter uma determinada temperatura num inverno frio, ou porque são necessários anos adicionais de educação a tempo inteiro para atingir a credencial necessária para a entrada num determinado emprego. Nesses casos, o aumento de despesa no bem intermédio que serve de insumo aparece no cálculo convencional das contas públicas como acrescento ao consumo, mas, na verdade, não vão deixar o consumidor melhor em termos do objeto do seu consumo. Um aumento na concorrência posicional, como será discutido seguidamente, pode ser visto como um alargamento da cadeia do consumo intermédio necessário.

I

Outra forma de ver os bens intermédios de consumo é vê-los como bens «defensivos» (por vezes, denominadas «necessidades insatisfatórias»). Este fenómeno é então visto como uma espécie de oposto do «mau», no sentido de um bem negativo, que deriva o seu valor apenas da existência do fator negativo que está a ser contrabalançado.

Visto nesta perspetiva, mais não é necessariamente melhor do que menos: quartéis de bombeiros em zonas livres de risco de incêndio não têm valor económico e podem simplesmente estragar a vista. A questão é que o valor destes bens intermédios deriva inteiramente da produção final para que contribuem. Se o risco de incêndio aumentar, os postos de bombeiros adicionais tornarão a produção económica mais elevada do que seria sem eles, mas a produção, no sentido líquido ou produto final, não será mais elevada do que no período em que o perigo de incêndio era menor.[67] Este exemplo serve de paralelo a um alongamento na cadeia do produto intermédio necessário.

Esta categorização geral foi desenvolvida como parte da recente crítica às práticas contabilísticas nacionais. É normalmente aplicada a certas despesas públicas, por exemplo, defesa, polícia, proteção contra incêndios, etc., que não podem ser vistas, em si mesmas, como um acréscimo ao bem-estar individual, mas que deixam os indivíduos em melhor situação do que se as despesas não tivessem sido realizadas. O conceito aplica-se igualmente à despesa privada incorrida como resposta a alguma deterioração da posição individual, por exemplo, a despesa em serviços extra de lavandaria necessários por causa do ar com mais fumo.[68] A formação adicional adquirida para assegurar

---

[67] Para uma discussão aprofundada sobre esta e outras questões relacionadas, ver Thomas Juster, «A Framework for the Measurement of Economic and Social Performance», in Milton Moss, ed., *The Measurement of Economic and Social Performance* (Nova Iorque: Gabinete Nacional de Investigação Económica, 1973).

[68] Ver Wilfred Beckerman, «"Environment, "Needs" and Real Income Comparisons», Review of Income and Wealth (dezembro de 1972).

o acesso a um trabalho em particular numa altura em que a educação no geral se expande e aumenta o nível de credenciais exigidas pode ser considerada na mesma categoria, *exceto* no sentido em que é agradável em si e/ou acrescente à produtividade social e privada.

Se a fronteira entre a produção intermédia e final não é clara, sugere-se uma hierarquia qualitativa da produção, com necessidades insatisfatórias na base e objetivos finais no topo. Esta abordagem representa uma importante brecha na análise económica; na ausência de uma formulação estatística adequada ou mesmo conceptual, permanece essencialmente uma crítica aos conceitos e medidas existentes. Mas a própria crítica tem implicações importantes para a interpretação e a política. É um instrumento fundamental para compreender e explicar a concorrência posicional.

As contas nacionais da atualidade concentram-se predominantemente na produção bruta. A produção bruta é uma versão ampliada do produto, medindo os escassos recursos que são utilizados no processo de produção; representa a contribuição económica para o bem-estar, seja ele qual for. A «atividade económica» descreve precisamente este conceito geral, insistindo gentilmente na questão da funcionalidade da atividade. A produção líquida ou final é um conceito mais ambicioso, tentando medir o bem-estar em si, ou pelo menos o bem-estar económico (bem-estar resultante da utilização de recursos escassos, por oposição aos recursos economicamente livres, como a luz solar e a contemplação interior). As contas nacionais medem a atividade económica, em termos gerais, mas não exclusivamente delineada pelas transações de mercado, qualquer que seja a sua finalidade. Os consumidores e o governo são considerados consumidores finais, funcionando o sector empresarial, nas suas despesas correntes, como intermediário. O conceito líquido de produção é representado num ponto do tratamento da formação de capital por uma dedução imputada ao consumo de capital (depreciação do equipamento). A dedução, quando descontada do investimento bruto, produz investimento líquido e rendimento nacional líquido.

Tem-se observado que a orientação das contas nacionais para o conceito bruto reflete a preocupação da década de 1930 com o desemprego cíclico e da década de 1940 com o perigo de guerra. Deixa o enquadramento menos satisfatório no tratamento dos problemas contemporâneos de crescimento e bem-estar do que a orientação mais «líquida» encontrada na obra de Kuznets, um pai fundador da medição do rendimento nacional na sua fase moderna.[69] O facto de não ser tida em conta a falta de utilidade do trabalho — nem a sua utilização positiva ocasional — é uma indicação flagrante da natureza «bruta» da medida da produção económica. Kuznets reconheceu que mudanças de fundo na estrutura que acompanha o processo do crescimento económico, como a urbanização, necessitam de despesa adicional de consumo, por exemplo, para as viagens de casa para o trabalho; e reconheceu que essas talvez devessem ser classificadas como custos adicionais

---

[69] Juster, «A Framework for the Measurement of Economic and Social Performance»; Kuznets, «The Share and Structure of Consumption».

à produção, ou seja, produto intermédio, em vez de produto líquido adicional real.[70]

Os bens defensivos, argumentou-se, são uma faceta de alguns desejos serem um meio para a satisfação de outros desejos. O conceito admite uma hierarquia de desejos. Embora a preocupação seja com a base da hierarquia, por implicação, tem de haver uma extremidade no topo: de certa forma, os desejos mais queridos. Esta admissão é crucial e serve para retomar um problema filosófico antigo acerca do propósito da atividade económica. (O problema é discutido mais abaixo.) Mas há também uma implicação mais prática, central à nossa preocupação imediata, que envolve a distinção entre aquilo que os consumidores realmente querem e aquilo que fazem para o conseguir. Esta distinção assenta numa divisão em dois implícita nas preferências do consumidor. A divisão implícita é entre bens e serviços que produzem satisfação primária direta em si mesmos e aqueles que produzem satisfação zero ou satisfação negativa (consumo defensivo). Mas conceptualmente não há nada de único em relação à linha zero neste contexto. As despesas de consumo que são realizadas principalmente como meio de satisfação de outras formas de consumo, mas que não deixam de produzir uma ligeira satisfação em si — viagens de férias, digamos, ou, para muitas pessoas, despesas com educação —, têm mais em comum com o consumo totalmente dirigido a fins intermédios do que com uma atividade que reside, ela própria, em despesas intermédias anteriores — atividades na praia de férias ou desfrutar do agradável trabalho

[70] Kuznets, Modern *Economic Growth,* p. 225.

a que a educação intensiva conduz. Por outras palavras, as distinções na procura que separam a satisfação dos consumidores de ambos os lados da linha zero também separam as satisfações a diferentes distâncias dessa linha.

II

Uma vez admitida, a hierarquia de desejos é um contínuo. Se assim é, regressam perguntas há muito banidas da discussão económica. O problema relevante não é só quanto é que o indivíduo está disposto a gastar nesta ou naquela atividade ou compra, mas para quê. Esta última pergunta não pode ser respondida da forma precisa e objetiva de um valor monetário e tem, até aqui, provado ser impermeável a qualquer quantificação alternativa. Então, para o propósito de medição económica, a questão permanece não operacional. Mas pode ser usada como ferramenta na avaliação da importância das magnitudes económicas calculadas de forma convencional. A vasta gama de atividades e despesas relacionadas com a competição posicional é um excelente exemplo da relevância de perguntar «para quê». A educação desfrutada por direito próprio tem capacidade de extensão indefinida; como instrumento para entrar em empregos de topo, não é. No primeiro caso, o benefício privado é igualmente um benefício social. No segundo caso, o único benefício social é o contributo para uma escolha melhorada de pessoas no geral para os empregos que mais se adequam a elas, um benefício que normalmente estará bem abaixo do benefício privado para melhorar a própria seleção de oportunidades. A procura individual de bens puramente privados pode ser satisfeita pela oferta adicional através do processo de mercado. Mas a procura individual de bens posicionais não pode ser satisfeita da mesma maneira. Em vez disso, tende a evocar necessidades defensivas adicionais — necessidades no sentido de necessidades insatisfatórias ou consumo defensivo.

A relevância desta condição para as políticas públicas é que as tentativas de satisfazer uma expansão da procura individual no sector posicional serão frustradas por um aumento *pari passu* das necessidades individuais. Na área da economia representada pelos bens posicionais, o crescimento das disponibilidades agregadas é inalcançável, uma vez que está sujeito aos limites da escassez social. O crescimento aqui demonstrado nas medidas convencionais de produção económica reflete não mais do que a incapacidade de distinguir as despesas defensivas ou intermédias por indivíduos das despesas e atividades que contribuem para a satisfação primária. Quanto maior for o papel proporcional que a concorrência posicional atinge na atividade individual, mais grave é a distorção. O dólar do consumidor revela-se então um guia menos seguro para a atribuição da atividade económica em resposta às preferências dos próprios consumidores. Para ver isto em perspetiva, é útil considerar o problema no seu contexto filosófico histórico.

O problema filosófico da natureza do objetivo económico, ou maximização, foi abrangido pela normalização da economia no seu moderno desenvolvimento neoclássico como ciência de escolha na utilização de meios limitados para determinados fins. O problema surge da fronteira em expansão dos desejos propriamente ditos, uma fronteira que é alargada pelos mesmos meios para satisfazer os desejos existentes. Em consequência da satisfação de desejos num sentido proporcionado, ou seja, o ponto em que as exigências são satisfeitas, pode nunca aumentar. Se o objetivo da atividade económica for definido mais estritamente como a satisfação máxima dos desejos individuais dentro do constrangimento dos recursos limitados, isto parece convidar à conclusão de que os aumentos nos recursos (e, consequentemente, na disponibilização de bens) não fazem nada para aumentar o bem-estar, uma vez que os desejos aumentam de forma correspondente. O grau de satisfação das exigências existentes pode nunca aumentar, porque os desejos aumentam proporcionalmente aos recursos. Assim, o avanço económico aparece como uma daquelas corridas fictícias que deixam os participantes no mesmo lugar.

O ponto fraco desta linha de pensamento, uma linha recorrente em várias críticas do crescimento material ao longo dos séculos, é que aplica um critério desenhado para usar em situações estáticas a situações dinâmicas em que os parâmetros fixados anteriormente — neste caso, desejos — mudam. E os desejos, pelo menos na cultura ocidental, são objetos procurados suscetíveis de desenvolver e «melhorar». O que mais, afinal, são gostos cultivados do que desejos adicionais, especialmente refinados?

III

Este objetivo mais amplo foi sem dúvida obscurecido no início da economia clássica, baseada no simples cálculo felicífico, em que os desejos são inteiramente subjetivos e, portanto, de igual valor, entre si. (Os pionés são tão bons como a poesia.) Então, não foi só Marx, mas Alfred Marshall, o herdeiro da tradição clássica na economia inglesa, que se distanciou de Ricardo e dos seus seguidores, ao salientar que o Homem não devia ser considerado uma quantidade constante. Deve esperar-se que os desejos e os gostos evoluam com o desenvolvimento dos meios de produção, distribuição e consumo, e a confiança vitoriana de Marshall não deixou dúvidas de que a evolução era no sentido ascendente para planos cada vez mais elevados.[71]

Mas a noção de que o bem-estar diz respeito à qualidade dos desejos, e não apenas à diferença algébrica entre os desejos subjetivos e a sua satisfação, não depende de nenhuma lei de progresso histórico. Foi um tema central para Frank Knight, que, na geração seguinte a Marshall, combinou a antipatia por medidas deliberadas de reforma social com um profundo pessimismo filosófico sobre a capacidade de o liberalismo satisfazer as necessidades éticas e morais do Homem. Knight afirmou:

> Acima de tudo, o que o indivíduo de bom senso realmente quer não é satisfação dos seus desejos, mas mais e melhores desejos [...] No fundo, a vida não é um esforço

---

[71] Alfred Marshall, *Principles of Economics* (1920), 8.ª ed. (Londres: Macmillan, 1969), p. 73–74 e Apêndice B, p. 630.

> para cumprir os fins, para a satisfação, mas para as bases de um maior esforço [...] a verdadeira realização é o refinamento e a elevação do plano do desejo, o cultivo do gosto.[72]

Knight concluiu culpando «o pressuposto económico» de que os homens produzem para consumir; o contrário estava mais próximo da verdade. Marshall e Knight fizeram parte da corrente dominante do liberalismo económico. No entanto, as suas reflexões filosóficas foram essencialmente secundárias, afastadas da sua exposição económica sistemática e frequentemente consideradas pelos contemporâneos e seguidores como indulgências pessoais.[73] A barreira e o obstáculo eram a avaliação do mercado, a base da economia clássica e neoclássica até aos dias de hoje. A avaliação do mercado baseia-se nos interesses existentes; reflete as prioridades subjetivas dos consumidores contemporâneos, ponderadas pelo poder de compra à sua disposição. Mantém a subjetividade de Bentham que era cega a qualquer gradação de desejos ou reconhecimento de necessidades. Em suma, assume «a soberania dos consumidores», ou, mais propriamente, a soberania dos dólares dos consumidores [...] Neste populismo mercantil, o cultivo de gostos é uma intrusão elitista. Mais: qualquer mudança nos gostos, mesmo que inteiramente espontânea, retira a base estabelecida para julgar se aconteceu progresso económico. O teste estabelecido é se um determinado conjunto de gostos foi mais bem satisfeito.

---

[72] Frank H. Knight, «Ethics and the Economic Interpretation», in *The Ethics of Competition* (1935) (Londres: Allen and Unwin, 1951), p. 22–23.

[73] Assim, atualmente, Marshall é criticado de tempos a tempos pelo seu lapso sentimental em relação ao ambientalismo biológico.

O conceito dinâmico, em que a satisfação de determinados desejos gera novos desejos e de maior ordem, foi captado com mais facilidade na análise marxista. Uma passagem de *Grundrisse* toca no cerne da disputa contemporânea sobre o objetivo do crescimento económico:

> Assim que o consumo emerge do seu estado inicial de rudeza natural e imediatismo — e, se permanecesse nessa fase, seria porque a própria produção tinha ficado retida —, torna-se mediado como um impulso pelo objeto. A necessidade que o consumo sente pelo objeto é criada pela perceção do mesmo. O objeto de arte — como qualquer outro produto — cria um público sensível à arte e que aprecia a beleza. Assim, a produção não só cria um objeto para o sujeito, mas também um sujeito para o objeto.[74]

Os desejos da classe mais alta aumentaram o bem-estar. Este ponto é agora amplamente aceite como uma questão de julgamento prático e filosófico, mesmo que ainda não tenha sido encontrada uma base sistemática para o acomodar na análise económica. Um aumento de desejos ou necessidades não satisfeitas não pode, portanto, ser considerado, por si só, prejudicial ao bem-estar.[75] Este ponto tornou-se um contraste padrão contra a frase provocadora de Galbraith da «sequência revista», na qual a produção conduz a desejos, em vez de os desejos levarem à produção[76]

---

[74] Karl Marx, *Grundrisse* (Londres: Pelican Marx Library, 1973), p. 92.

[75] Para uma boa discussão deste ponto, ver Beckerman, *In Defence of Economic Growth,* p. 87–93.

[76] John Kenneth Galbraith, *The New Industrial State* (Boston: Houghton Mifflin, 1967).

— uma linha de pensamento que anteriormente tinha sido resumida na formulação elegante de Jouvenel: *la civilisation de toujours plus*.[77]

Que o bem-estar é aumentado por desejos adicionais, bem como pelo seu cumprimento, é uma réplica convincente, em termos de filosofia económica, para a posição de Galbraith e Jouvenel. Há elasticidade na maximização económica. Mas a reflexão filosófica rompe os estreitos limites do quadro económico neoclássico. A admissão da elasticidade na maximização económica quebra a ligação entre o bem-estar e a satisfação de um determinado conjunto de desejos com base na escolha do mercado. Se o conjunto de desejos muda graças a uma mudança nos gostos (por oposição a uma mudança na procura com base em determinados gostos), a medida padrão do economista deixa de ser válida. Não pode ser feita nenhuma comparação de bem-estar se os gostos variam; o instinto de que a mudança tem de ser para melhor não passa disso mesmo, de instinto, nada mais.

Uma dificuldade prática maior é que, uma vez admitido o consumo defensivo na arena, as mudanças na produção que parecem ser em resposta a uma mudança nos gostos dos consumidores podem então, em alternativa, ser uma resposta a uma mudança no ambiente físico ou social. Se o ambiente se degradar, por exemplo, devido a ar mais poluído ou estradas mais congestionadas, então uma mudança nos recursos para combater estes «malvados» não representa uma mudança nos gostos dos consumidores,

---

[77] Bertrand de Jouvenel, «Organisation du travail et l'amenagement de l'existence», *Free University Quarterly,* VII (agosto de1959).

mas uma resposta, com base nos gostos existentes, a uma redução do bem-estar líquido que as contas nacionais convencionais escondem.[78]

Da mesma maneira, a concorrência mais intensa por empregos posicionais também vai disfarçar a redução de bem-estar líquido, que, neste caso, acontece através da absorção de recursos adicionais em atividades educativas que produzem credenciais. Assim, uma vez reconhecido o consumo defensivo, os sinais da procura do mercado perdem fiabilidade como guias para o bem-estar económico.

A chegada a uma verdadeira avaliação do produto nacional como medida de bem-estar económico, distinta da atividade económica, é, portanto, prejudicada na prática por dificuldades tanto estatísticas como conceituais. O único esforço quantitativo sério até agora feito para medir o bem-estar económico foi essencialmente uma modificação das contas nacionais.[79] Tentativas mais ambiciosas

---

[78] Este ponto é abordado com perspicácia por Beckerman em «Environment, "Needs" and Real Income Comparisons», mas é praticamente ignorado no seu livro *In Defense of Economic Growth*. Para uma discussão pioneira dos problemas conceituais de comparação do rendimento nacional entre países ou períodos em que as condições e/ou gostos (incluindo hábitos) diferem, ver Dan Usher, *The Price Mechanism and the Meaning of National Income Statistics* (Oxford: Clarendon Press, 1968). Um interessante artigo anterior sobre aspectos deste tema é de S. Herbert Frankel, «"Psychic" and "Accounting" Concepts of Income and Welfare» (1953), de R. H. Parker e G. C. Harcourt, eds., *Readings in the Concept and Measurement of Income* (Cambridge, Eng.: Cambridge University Press, 1969), p. 83–104.

[79] William D. Nordhaus e James Tobin, «Is Growth Obsolete?», em *Economic Growth* (Nova Iorque: Gabinete Nacional de Investigação Económica, 1972). O ajustamento mais importante foi, de longe, o ajustamento do valor das atividades de lazer e não-mercado. Por outro lado, foram feitas deduções de despesas instrumentais por parte das

de indicar a produção líquida ou final, ou o bem-estar produzido pelo sistema económico, tiveram de recorrer às medidas declaradamente não-sistemáticas produzidas pelos «indicadores sociais». Estes incluem uma coleção híbrida de indicadores de várias facetas do bem-estar económico e social — por exemplo, a saúde indicada pelas taxas de mortalidade (em vez de dinheiro gasto em médicos e hospitais); contentamento e segurança indicada pelo inverso das taxas de suicídio e acidentes (por oposição aos gastos em serviços de prevenção e dispositivos de segurança); qualidade do ar indicada pelo teor de poluição (por oposição aos gastos em dispositivos contra a poluição).[80]

O significado destes indicadores sociais é limitado, em primeiro lugar, pela dificuldade estatística de encontrar

---

famílias em deslocações diárias e do governo na defesa, polícia, serviços de saneamento, manutenção de estradas, etc.; foram feitas outras deduções para «incómodos da urbanização», medidas a partir de estimativas dos diferenciais de rendimento necessários para manter as pessoas em localidades com maiores densidades populacionais (uma base que omite qualquer deterioração comum a todas as áreas). O resultado líquido, dominado pelo ajustamento por tempo não comercial, foi uma medida de bem-estar económico (MEW) para 1965 de bastante mais do dobro do produto nacional líquido equivalente, mas com uma taxa de crescimento provavelmente mais lenta. Assim, em 1947–1965, o produto nacional líquido *per capita* aumentou 2,0%; a taxa de crescimento do MEW, com base em três medidas alternativas que pressupunham diferentes variações no valor real do tempo não-mercado, foi de -0,1, 0,4, ou 1,6; em 1929–1965, o crescimento com base no PNN de 1,7% compara com 0,5, 1,0 ou 2,3 com base no MEW (Nordhaus and Tobin, *Economic Growth,* p. 56). A conveniência, em teoria, de ajustamentos muito mais ambiciosos foi discutida por Robin Matthews no seu «Comment» da Nordhaus and Tobin, *Economic Growth,* p. 87–92. Ver também Juster, «A Framework for the Measurement of Economic and Social Performance».

[80] Os parênteses indicam em cada caso o conceito bruto comparável nas contas nacionais.

substitutos mensuráveis para a «produção» a ser atribuída; e, em segundo lugar, pela ausência de qualquer unidade de medida comum para ligar e agregar as medidas separadamente, comparáveis às do dinheiro no PNB. Esta falta de um sistema de ponderação de indicadores sociais é uma limitação conceptual para a qual ainda não se vislumbra uma solução.

No entanto, o interesse público e profissional pelos indicadores sociais não diminuiu devido às suas evidentes limitações. Uma medida de produção alternativa e mais orientada para o bem-estar do que o PNB continua, evidentemente, a ter uma forte procura por parte dos utilizadores destas estatísticas. Esta procura pode ser considerada uma indicação *prima facie* da inadequação das contas do PNB. A insatisfação não indica, por si só, que os números estejam a piorar com o tempo, ou seja, que o fosso entre o PNB e uma verdadeira medida de bem-estar económico esteja a aumentar, mas é claramente consistente com essa divergência. Não é difícil encontrar razões dedutivas para que isso possa ter acontecido. Um conjunto dessas razões relaciona-se com a ecologia e o ambiente físico; estas têm sido amplamente discutidas. A questão principal não é se a poluição real aumenta mais rapidamente do que a produção material. Há poucas dúvidas de que essa tendência existe em potencial, ou seja, qual seria a poluição se nada fosse feito para a controlar. Uma vez que as medidas preventivas ou defensivas que a indústria, o governo e os consumidores tomam para contrariar a poluição se refletem principalmente no PNB, existe uma tendência ascendente na produção nacional registada, quando comparada com outros países ou períodos passados, em que o nível de poluição é ou foi inferior.[81]

A preocupação na nossa análise é com uma família diferente de despesas defensivas, aquelas motivadas para proteger a posição do indivíduo no ambiente social. As medidas estatísticas de consumo e de produto económico são exageradas pela incapacidade de considerar o aumento do consumo intermédio que os indivíduos experimentam na sua tentativa de assegurar as satisfações que procuram no sector posicional.

A concorrência posicional, como tem sido salientado, alarga o elemento negativo ou de peso morto na concorrência de mercado e no intercâmbio voluntário. É um processo que pode ser visto como uma continuação de uma ampla tendência histórica. O seu efeito cumulativo é uma profunda mudança qualitativa no impacto do sistema de mercado e, de uma forma mais geral, na prossecução de objetivos económicos individualistas.

[81] Este será o caso quando a poluição não for corrigida e quando os corretivos forem aplicados pelos consumidores ou pelo governo, e contados como produto final. Não existe qualquer distorção em que os corretivos assumam a forma de despesas correntes das empresas comerciais, que são contadas como acréscimo de custos, desde que os aumentos associados dos preços na produção sejam avaliados como tal. Esta condição nem sempre é cumprida: as características de segurança e «ambientais» que aumentaram os preços dos automóveis novos nos Estados Unidos no início da década de 1970 foram classificadas, após muita introspeção dos estatísticos das contas nacionais, como melhorias na qualidade.

IV

Na fase inicial do crescimento económico da Grã--Bretanha, quando apenas uma pequena minoria de pessoas ricas tinha reivindicado um excedente para além das necessidades de subsistência, Adam Smith via o homem rico como sendo obrigado, pela capacidade inadequada do seu estômago, a vender o seu excedente para comprar «aqueles bolos e bugigangas que são usados na economia da grandeza» e, como resultado desta troca, a fornecer os meios de apoio a outros que abasteciam as suas necessidades. Este é o processo através do qual Smith, em *Teoria dos Sentimentos Morais*,[82] vê o funcionamento de uma mão invisível que guia indivíduos que procuram resultados socialmente benéficos. Os ricos são, desta forma, «levados por uma mão invisível [...] e, assim, sem o pretenderem, sem saberem, avançam no interesse da sociedade».[83] Era apenas porque o indivíduo podia ser levado a acreditar que o «lugar» e a «riqueza» e «o esforço individual necessário para o progresso da sociedade e dos padrões morais» podiam ser sustentados. Portanto, o homem rico

---

[82] Adam Smith, *Teoria dos Sentimentos Morais* (1759) (Londres: Bell, 1907).

[83] Citado em A. L. Macfie, «A Mão Invisível na Teoria dos Sentimentos Morais», em *The Individual in Society* (Londres: Allen and Unwin, 1967), p. 124. Esta é uma visão mais limitada da mão invisível do que na famosa referência em *A Riqueza das Nações,* embora Macfie, seguindo Keynes e Sidgwick, considere que os pressupostos teístas e otimistas de *Sentimentos Morais* facultam a base psicológica e teológica para o aparelho mais geral equilibrador exaltado no volume posterior. Ver também Samuel Hollander, *The Economics of Adam Smith* (Londres: Heinemann, 1973), p. 246–256, e o Capítulo 10, abaixo.

poderia ser encorajado a caçar «bugigangas», desde que isso contribuísse para o fim mais vasto. Para o homem pobre e para a sociedade, a troca foi claramente um bom negócio — os pobres colheram grandes excedentes de consumidores. Este foi um elemento-chave na réplica de Smith a Hobbes; mostrou porque é que ir atrás de interesses individuais não precisava de resultar no destrutivo conflito de Hobbes.

O problema moderno é que já não são as bugigangas o principal objeto da caça, mas carências desejadas por elas mesmas. Os estômagos não cresceram, mas outras necessidades humanas — sobretudo as da mente e da psique — expandiram-se de uma forma que Smith não previu. Mais precisamente, colmatar necessidades biológicas primárias facultou um maior âmbito para o desenvolvimento e satisfação de outras necessidades.

No século XVIII, os bens e serviços fornecidos aos ricos — os serviços domésticos, as raridades, as posições favorecidas — eram bugigangas e quinquilharias para Adam Smith, precisamente porque a sua procura efetiva era muito reduzida por parte daqueles cujas necessidades muito mais urgentes ficavam por satisfazer. Para quem tem a barriga vazia, trocar diamantes — ou respeito pessoal — por água e pão envolve um custo mínimo em termos de alternativas disponíveis. O preço dos luxos oferecidos e consumidos predominantemente pelos ricos, nesta fase da história, excede em muito o seu custo de oportunidade para a restante sociedade.

Se essas exigências fossem retiradas, os valores de luxo — e o rendimento nacional medido — colapsariam. Na medida em que os serviços prestados pelos bens de luxo são essencialmente simbólicos, demonstrando a capacidade superior do comprador para o pagar (a função de bugiganga derivada da pura escassez social na terminologia do Capítulo 2), o declínio dos valores absolutos não indicaria uma perda equivalente de satisfação.

Numa sociedade pobre, o consumo da massa da população está concentrado em bens materiais básicos. O sector posicional é correspondentemente desocupado: em muitos dos seus aspectos, a fronteira dos desejos ainda está aberta. A concorrência posicional está, portanto, em grande parte, confinada ao puramente representativo, a indicações de superioridade relativa. Estes podem ter ressentimentos sociais, mas são economicamente benignos, promovendo a harmonia de interesses da forma como Smith descreveu.

Pelo contrário, à medida que os padrões gerais de vida aumentam, a procura de luxos torna-se mais amplamente difundida por toda a população. Quando a procura cai sobre bens posicionais cuja disponibilidade é limitada em algum sentido absoluto, o seu preço relativo aumentará; e na medida em que determinados bens posicionais são ativamente procurados para o desempenho de uma função específica para além da «representação», este aumento de preço induzirá as tentativas dos indivíduos de encontrar substitutos nas formas que foram descritas. Essas tentativas absorvem recursos reais. Proporcionam um benefício aos indivíduos em causa, mas, para a sociedade, são, na melhor das hipóteses, um impasse. Em vez de bugigangas, as apetências distintivas dos ricos tornam-se frustrantes para os que estão abaixo: objetos de desejo que o esforço mais intenso não pode alcançar. A competição passa, cada vez mais, do sector material para o sector posicional, onde o que um ganha o outro perde num jogo de soma nula. À medida que a fronteira se fecha, a competição posicional intensifica-se.

Os valores incorporados em luxos de bugigangas, como indicado, entrariam em colapso com uma redistribuição de rendimentos, e os opositores dessa redistribuição há muito que colocam grande ênfase nesse facto, retirando daí inferências incorrectas.[84] De forma correspondente, um crescimento do nível geral de rendimento é incapaz de aumentar a soma dos serviços produzidos pelos bens posicionais.

Aparece então o contraste que se segue.

Na medida em que o grosso da procura não satisfeita é para os bens materiais que requerem contribuições adicionais de mão-de-obra, capital ou tecnologia, a redistribuição do rendimento que os ricos gastam presentemente para

[84] Wicksteed foi dos primeiros economistas a avisar que o rendimento nacional médio dava uma indicação enganosa dos recursos que estariam disponíveis para todos, se os rendimentos fossem divididos igualmente, uma vez que os valores criados pelos homens ricos que licitavam os preços dos recursos em oferta escassa ou inelástica (os serviços dos melhores cirurgiões, bem como a terra) não podiam ser convertidos, a preços relativos prevalecentes, nos bens que seriam procurados com igual distribuição. *(The Common Sense of Political Economy,* II, 649–656.) As bugigangas não podem ser transformadas em pão. Esta limitação tem sido frequentemente vista e apresentada como implicando que a redistribuição destrói a riqueza. Mas esta interpretação não tem em conta a ambiguidade incorporada na questão. O que constitui «riqueza» é governado pela forma como as reivindicações sobre ela são distribuídas. Cem dólares de diamantes não podem ser transformados em 100 dólares de pão, mas, digamos, os 10 dólares do valor do pão que podem ser substituídos podem ser mais valorizados, depois da redistribuição do rendimento, do que a quantidade de diamantes avaliados em 100 dólares antes da redistribuição.

se impressionarem uns aos outros é um fraco substituto do crescimento económico geral nos seus efeitos sobre os pobres. Na medida em que a procura latente é de bens, serviços ou equipamentos com um elemento posicional, o crescimento generalizado não substituirá a redistribuição. As exigências deste último tipo tendem a crescer à medida que os padrões gerais aumentam. Tal como havia uma tendência em tempos de pobreza material para exagerar o que a redistribuição do rendimento poderia fazer para difundir o que era então a prerrogativa mais procurada dos ricos contemporâneos, o seu conforto material, também há uma tendência em tempos de afluência material para exagerar o que o crescimento pode fazer para difundir a nova reserva distintiva dos ricos, as suas prerrogativas posicionais.

Aquilo que os ricos têm atualmente já não pode ser entregue a quem resta de nós no futuro;[85] no entanto, à medida que vamos enriquecendo a nível individual, é isso que esperamos. A interação dinâmica entre os sectores material e posicional torna-se perversa. Em vez de aliviar as exigências não satisfeitas do sistema económico, o crescimento material exacerba-as nesta altura. O local de instabilidade é a divergência entre o que é possível para o indivíduo e o que é possível para todos os indivíduos. O aumento dos recursos materiais aumenta a procura de bens posicionais, uma procura que só pode ser satisfeita por uns frustrando a procura de outros. A intensificação da concorrência posicional envolve um aumento das necessidades do indivíduo, no sentido em que são necessários

[85] Este tema é discutido em maior detalhe no Capítulo 12.

recursos adicionais para atingir um determinado nível de bem-estar. No sector posicional, os indivíduos perseguem a cauda uns dos outros. A corrida pelo mesmo prémio torna-se mais longa.

PARTE II

O PRECONCEITO DA COMERCIALIZAÇÃO

5

A economia da má vizinhança

A luta para adquirir quotas maiores de disponibilidades fixas envolve uma distorção a que frequentemente se alude em conversas casuais. Torna as pessoas demasiado gananciosas. Este julgamento está geralmente associado a critérios para além do cálculo económico ou diretamente opostos a ele. No entanto, uma fundamentação pode ser fornecida em termos económicos diretos com base na escolha convencionalmente fundamentada em desejos individuais. A preocupação excessiva com o ganho monetário pode refletir a mudança qualitativa no impacto da atividade do mercado que ocorre quando a acumulação de necessidades individuais produz efeitos colaterais involuntários e perdulários numa área generalizada.

Anteriormente, a concorrência posicional foi analisada enquanto um exemplo importante e expressão de uma possível interferência que surge das transações de mercado autónomas. Essa concorrência não só retira recursos da produção ou bens e serviços de consumo final no sector comercial; também retira recursos ao sector não comercial, de atividades que permanecem em parte ou completamente fora do mercado e do nexo monetário. Estas atividades incluem a produção de subsistência (produção para uso próprio e não para venda), subvenções formais ou informais em bens ou géneros, e lazer. A realização de trabalho com uma remuneração inferior à que seria exigida noutros locais também contém um elemento de produção de subsistência, uma vez que a pessoa obtém satisfação não comercializável em fazer um trabalho que prefere. As pessoas que gostam dos seus empregos, com efeito, vendem parte da sua atividade profissional a si próprias em troca de satisfação direta. O produto não está disponível para comercialização por dinheiro; se for necessário dinheiro, deve ser realizado um trabalho diferente com salários mais elevados e menor ou pior satisfação. Menos óbvias, as atividades exteriores ao mercado incluem uma grande variedade de ações motivadas consciente ou inconscientemente pelo hábito social ou por um sentimento de obrigação social.

Todas estas práticas têm algum custo em termos de tempo, e a concorrência posicional aumenta esse custo. Isto ajudou a perturbar uma expectativa há muito existente acerca dos frutos potenciais do crescimento económico — nomeadamente, que vão ser recebidos cada vez mais na forma de alívio de buscas materiais.

I

O custo subjetivo de tempo para o indivíduo depende do valor que ele ou ela atribuam a utilizações alternativas dele. O tempo dedicado ao lazer e a outras atividades que não implicam rendimento irá aumentar ou diminuir com (1) a taxa de pagamento na atividade laboral para arranjar espaço para o tempo de lazer adicional, e (2) o valor subjetivo ligado ao pagamento efetuado. O efeito de um aumento geral da produtividade e a taxa de pagamento será aumentar o custo «sentido» no primeiro cálculo (mais pagamento e, portanto, mais bens sacrificados por cada hora em que não trabalhou) e para o reduzir no segundo cálculo (a utilidade marginal do rendimento cai e a de lazer aumenta, à medida que o rendimento é mais abundante para o lazer). Pode esperar-se que o segundo efeito predomine à medida que os indivíduos aumentam o consumo em todas as formas, incluindo o lazer, com a exceção de bens «inferiores» cujo consumo diminui, enquanto o padrão de vida aumenta. Isto não supõe complicações das necessidades alargadas no sentido definido anteriormente nem nenhuma mudança na valorização não monetária (diversão positiva ou negativa) em relação ao trabalho. Este mundo simples tem sido o modelo implícito subjacente às expectativas tradicionais que o aumento de produtividade iria gradualmente levar ao declínio das preocupações económicas e a uma sociedade de maior lazer e cultura.[86]

[86] Esta expectativa foi talvez o legado que mais tempo sobreviveu do otimismo vitoriano. Foi um tema importante do famoso ensaio de Keynes de 1930 «Economic Possibilities for our Grandchildren», p. 328, e de C. A. R. Crosland's *The Future of Socialism* (Londres: Cape, 1956. rey. ed., 1964). Reapareceu mais ponderada nas respostas do economista «anti-anticrescimento» no início dos anos 70. Beckerman, em *Defence of Economic Growth,* Samuel Brittan, «The Economics of the Alternative Society», no seu *Capitalism and the Pemissive Society* (Londres: Macmillan, 1973).

Está demonstrado que o mundo real não é assim.[87] Porquê? Tem sido salientada uma razão com humor e discernimento por Staffan Linder no seu lamento pela *The Harried Leisure Class.*[88] A explicação central de Linder deste fenómeno — a tendência de maior afluência tornar o homem moderno mais preocupado — é o tempo cada vez maior absorvido pelo processo de consumo propriamente dito. A produção de bens materiais aumenta, mas o tempo para os utilizar permanece constante, o tempo torna-se mais escasso em relação aos bens (a intensidade de tempo dos bens aumenta). Para o indivíduo, isto reflete-se de duas formas. Fica sob maior pressão para economizar a sua utilização de tempo de forma que possa alargar ao âmbito de consumo, que em si consome tempo em maior ou menor grau. Também enfrenta um aumento paralelo no custo associado à compra de tempo através

---

[87] Várias medidas estatísticas de lazer mostraram um aumento substancial, nomeadamente a cobertura e a duração das férias pagas: também se verificou uma redução contínua, mas em desaceleração, da duração da semana de trabalho nos postos de trabalho industriais e de escriturários, mas não nos postos de trabalho profissionais e altamente assalariados, refletindo provavelmente o grau consistentemente mais elevado de satisfação no trabalho nestes últimos. Estima-se que, no conjunto da força de trabalho dos EUA, os trabalhadores tiveram apenas 8% do aumento da produtividade na década de 1960 sob a forma de lazer; essa percentagem foi um pouco menor do que durante as décadas anteriores. Geoffrey H. Moore e Janice Neipert Hedges, «Trends in Labor and Leisure», *Monthly Labor Review* (Fevereiro 1971), p. 11. Ver também George Katona, Burkhard Strumpel e Ernest Zahn, *Aspirations and Affluence* (Nova Iorque: McGraw-Hill, 1971), Capítulo 9; John D. Owen, *The Price of Leisure* (Roterdão: Rotterdam University Press, 1969); Scitovsky, «What Price Economic Progress?» Young and Willmott, *The Symmetrical Family,* Capítulos 4, 5, 6, 9.

[88] Linder, *The Harried Leisure Class.*

da contratação de serviços pessoais. Este custo tende a aumentar à medida que a produtividade aumenta nos outros campos da economia. O resultado é que estes ganhos tornam mais dispendioso, em termos de produção perdida, dedicar mão-de-obra a serviços puros para os quais não é possível aumentar a produtividade. Uma vez que o aumento do nível de vida também induz e permite aos fornecedores de serviços seguir as suas preferências por um trabalho mais agradável ou menos humilhante, a remuneração desses serviços deve ser aumentada ainda mais para compensar as perturbações que agora têm um preço. O aumento acentuado do custo do serviço doméstico nos países ricos é o exemplo mais relevante.

Consequentemente, a pressão para fazer mais coisas e ao mesmo tempo: a imagem de Linder do homem moderno «a beber café brasileiro, a fumar um charuto holandês, a bebericar conhaque francês, a ler o *The New Work Times,* a ouvir um Concerto de Brandemburgo e a entreter a sua mulher sueca — em simultâneo, com níveis variados de sucesso».[89]

O aumento da pressão do tempo induz a substituição de bens de consumo intensivo de tempo por bens de consumo intensivo de tempo. Gary Becker, pioneiro na aplicação moderna da análise económica à utilização do tempo do consumidor, aponta para o tempo poupado ao barbear-se em casa, em vez de ir à barbearia. Becker cita este exemplo como fonte ignorada de aumento da produtividade — produtividade do tempo — nos serviços.[90]

---

[89] *Ibid.*, p. 79.

[90] Gary S. Becker, «A Theory of the Allocation of Time», *Economic Journal* (setembro de 1965), p. 508.

Embora a negligência dos próprios custos de tempo do consumidor nas contas nacionais convencionais possa, desta forma, subestimar o aumento relativo da produtividade dos serviços em relação aos bens, a dedução total destes custos de tempo tenderia a sobreavaliar, através de uma espécie de duplo cálculo, o aumento agregado da produtividade. Quando o consumidor sente que o seu tempo é suficientemente escasso para ajustar o consumo, a fim de economizar tempo, já não se pode assumir que as novas formas de consumo, que poupam tempo, acrescentam satisfação em si mesmas. Em vez disso, podem servir, efetivamente, como bens intermédios, fornecendo recursos adicionais sob a forma de tempo que permite usufruir de alguma outra forma de consumo, medida separadamente. Assim, o consumidor de Becker pode perder satisfação ao ter de se barbear, mas pode fazê-lo para usar o tempo extra para jogar ténis.

O benefício do seu tempo passado no ténis deve então ser avaliado sem depreciação da sua perda de satisfação com os mexericos do barbeiro.

Este exemplo ilustra uma faceta importante e negligenciada do ajustamento nos padrões de vida modernos sob o impulso do aumento da produtividade no sector material. Vale a pena salientar com uma ilustração aritmética. Imaginemos que a satisfação do consumidor pelo tempo passado a jogar ténis e no barbeiro é a indicada na tabela abaixo; para simplificar, vamos partir do princípio de que o custo de ambas as atividades por hora é o mesmo, e que barbear-se a si próprio absorve tempo e custo insignificantes.

	Unidades de satisfação de hora extra de		Total de horas disponíveis	Disposição de tempo (horas) dando o máximo de satisfação
	Ténis	Barbeiro		
1.ª hora	3	1	1	Ténis 1 (3 unidades)
2.ª hora	2	0	2	Ténis 2 (5 unidades)
3.ª hora	0	0	3	Ténis 2 Barbeiro 1 (6 unidades)

Com três horas disponíveis, o consumidor faz o seu melhor para jogar ténis durante duas horas e passar a terceira hora no barbeiro. Se o tempo disponível for reduzido para duas horas, fará o seu melhor para abandonar o barbeiro, fazer ele a barba e preservar a segunda hora de ténis.

Assim, enquanto o «produto» de se barbear fica escondido no tempo libertado para a atividade preferida e, portanto, mais produtiva do ténis, seria incorreto tratar este tempo como puro ganho: contra a satisfação do ténis deve ser definida a perda de satisfação das idas ao barbeiro. Em termos do exemplo, o ganho líquido, em comparação com uma hora imposta na barbearia, são as duas unidades da segunda hora de ténis *menos* uma unidade da hora no barbeiro.

Alternativamente, imagine-se que o consumidor não obtém satisfação positiva do tempo passado no barbeiro e deixa de se barbear demoradamente para se barbear mais depressa com equipamento mais caro. O equipamento extra é comprado para permitir atividades de consumo que, de outro modo, estariam excluídas pela falta de tempo — digamos, jogar ténis de manhã cedo. As contas públicas vão registar uma adição dupla ao consumo — a máquina de barbear elétrica adaptada ao carro e os pagamentos extra pelos serviços de ténis —, embora a adição à satisfação de consumo seja limitada ao ténis.

Assim sendo, quando o tempo do consumidor é escasso, qualquer atividade que leve tempo é executada às custas de outra e torna-se económico para o consumidor dedicar-se a certas transações como meio para comprar tempo. Com efeito, a falta de tempo leva a que mais atividades do consumidor entrem na categoria de atividades instrumentais ou intermédias, e como não há maneira de as introduzir nas contas nacionais, a solução é introduzir um elemento extra de duplo cálculo nas despesas do consumidor.

Neste sentido, as despesas não só com uma variedade de serviços, como táxis ou cartões de crédito, mas também com bens e serviços para poupar tempo, podem ser consideradas defensivas, realizadas de modo a permitir outras formas de consumo. O facto de as despesas serem realizadas indica que o novo pacote ainda constitui um ganho em relação ao antigo, para o comprador: o ténis extra vale o custo adicional da máquina de barbear elétrica. Mas o ganho é exagerado nas contas nacionais ao adicionar tanto as despesas que consomem o tempo disponível como outras despesas consequentes feitas para o economizar. Se um aumento do rendimento permitir uma viagem de compras extra e isto, por sua vez, exigir ir de táxi para casa para compensar o tempo gasto na compra, então, é razoável considerar o aumento do bem-estar confinado aos bens extra adquiridos. O preço do táxi é uma indicação do aumento do bem-estar, e não uma parte do mesmo. O aumento da pressão do tempo leva a uma nova vertente de consumo a ser empreendida, ao hábito do século XX, não para o seu próprio bem, mas para o bem de outra coisa. Quanto mais intensivo for o padrão de consumo, maior é o número de níveis, sendo mais provável que estes representem os economizadores de tempo, em vez do objetivo final da atividade de consumo. A pressão sobre o tempo, tal como a pressão sobre o espaço geográfico ou social, aumenta as atividades de consumo que têm de ser realizadas como meio para outras formas de consumo.

Uma razão adicional pela qual a pressão do tempo aumenta com a afluência é sugerida pela análise anterior da estrutura desigual do crescimento na economia avançada. Esta influência corresponde à incursão de Linder ao tempo de consumo disponível com um aumento paralelo da pressão para que se gaste mais tempo na produção (ou, mais estritamente, na atividade de mercado). A concentração do crescimento da produtividade no sector dos materiais leva, nas formas descritas, a aumentos na procura efetiva de bens posicionais. Os processos de aglomeração e seleção absorvem recursos reais suplementares na distribuição da disponibilidade limitada de tais bens e equipamentos. Nesta medida, parte da adição ao produto nacional é absorvida pelo aumento da entrada e não produz nenhum ganho líquido em termos de bem-estar. A aglomeração pode acrescentar diretamente ao custo de tempo do bem posicional, por exemplo, na propagação da suburbanização para o exterior, o que aumenta o tempo gasto em deslocações.[91] Numa perspetiva mais geral, o aumento das «necessidades» dos indivíduos criado pela competição posicional tem um custo em tempo representado pelo dinheiro extra que tem de ser ganho para pagar as necessidades adicionais.

Esta é a corrida destrutiva a nível societal. Deve esperar-se que aumente o valor que os indivíduos atribuem ao rendimento adicional obtido com o sacrifício do lazer ou de outra forma, através da substituição de uma atividade preferida por outra menos preferida, por exemplo, um turno de trabalho a partir de casa para trabalhar no mercado, ou de trabalho que traz satisfação positiva para um menos agradável, mas financeiramente mais atrativo. As maiores «necessidades» de ganhos de mercado intensificam a escassez de tempo, ao aumentar a pressão para o seu uso na maximização dos rendimentos do trabalho.

Esta distorção contraria diretamente o efeito que o imposto sobre o rendimento pode ter no desencorajamento da atividade de mercado em relação aos requisitos de lazer e trabalho não tributável. Uma vez que os impostos sobre o rendimento reduzem os rendimentos totais, bem como a recompensa pelo trabalho em comparação com a recompensa pelo lazer por não trabalhar, o seu efeito líquido no esforço de trabalho não pode ser estabelecido *a priori*. (Existe, evidentemente, um efeito claro no desvio de esforços para atividades de evasão fiscal.) A necessidade de trabalhar mais para se conseguir manter o poder de compra (o «efeito rendimento» do imposto) lutará com

[91] Devo este exemplo a Tibor Scitovsky.

o empobrecimento do lazer em termos de consumo perdido (o efeito de substituição). Várias investigações empíricas limitadas não produziram qualquer tendência clara e geral a este respeito. Pelo contrário, a tendência oposta decorrente da concorrência posicional, que, para as atividades de mercado serem excessivamente estimuladas, muitas vezes não envolverá esse conflito de forças. A adição às necessidades, ou a deterioração do ambiente social com que o indivíduo é confrontado, representará em muitos casos não um agravamento das condições em que o esforço exercido nas atividades de mercado pode ser trocado por bens, mas o equivalente a uma deterioração de «montante fixo» — comum a todos — independentemente da provisão de esforço. É a contrapartida de uma queda da temperatura no inverno que atinge tanto os trabalhadores como os ociosos. Para o indivíduo, não há então qualquer redução nos termos em que se pode obter lazer adicional para uma dada redução no rendimento ganho — ou seja, sem efeito de substituição — para contrariar o efeito negativo no rendimento. Então, o consumidor vai tentar repor o equilíbrio sacrificando algum lazer, bem como alguns bens de consumo final; a redução do bem-estar aumenta o incentivo para trabalhar, e para trabalhar por dinheiro, em vez de satisfação. É certo que nem toda a competição posicional será deste tipo. O aumento da concorrência para empregos de topo deixará as oportunidades de lazer inalteradas, pelo menos na medida em que o lazer pode ser desfrutado sem o rendimento que estes empregos proporcionam; a intensificação da concorrência no emprego pode assim aumentar a tentação de «desistir». Mas muitas formas de competição posicional têm um impacto direto no bem-estar, devido ao tempo de não trabalho, nomeadamente, os efeitos da aglomeração e da propagação suburbana.

As mesmas influências também esclarecem a tendência moderna generalizada dos trabalhadores para abandonarem a agricultura, muitas vezes a agricultura por conta própria, e passarem à indústria. Esta tendência foi identificada como uma importante fonte de aumento da produtividade e do crescimento nas economias avançadas, bem como nas economias em desenvolvimento;[92] assenta nos ganhos mais elevados na indústria, que os trabalhadores que abandonaram a agricultura viram evidentemente como uma recompensa por qualquer perda de satisfação e independência no trabalho. A análise acima sugere que o incentivo aos indivíduos para procederem à mudança não refletirá necessariamente uma vantagem social comparável sob a forma de aumento da produtividade na economia. Em parte, pode refletir o excesso de estímulos aos ganhos monetários, em detrimento da satisfação no trabalho, que resulta da concorrência posicional através dos processos que foram discutidos.[93] São necessários mais rendimentos em dinheiro para manter o acesso a certas instalações desejadas; por exemplo, à medida que as comunidades rurais diminuem, as viagens para a cidade tornam-se necessárias para certas comodidades e acomodações que anteriormente estavam disponíveis localmente. No limite, apenas os banqueiros de investimento ou advogados de

---

[92] Por exemplo, no estudo importante de E. F. Denison, *Why Growth Rates Differ* (Washington, D.C.: The Brookings Institution, 1967).

[93] Devo este ponto a Mr. J. C. R. Lecomber.

empresas podem ter acesso a propriedades agrícolas em áreas dentro de uma conveniente distância de viagem de grandes cidades e subúrbios ricos.

II

Ambas as fontes de maior pressão de tempo identificadas na última secção — o tempo adicional necessário para o consumo e o rendimento adicional necessário para manter a posição no seu sentido amplo — ajudam a explicar outro fenómeno que alguns têm observado nas economias modernas, e para o qual uma solução económica não é normalmente oferecida: um declínio da sociabilidade e, especificamente, da simpatia. A simpatia demora tempo e, portanto, é passível de ser economizada devido à sua absorção extravagante deste contributo cada vez mais escasso — o efeito Linder direto. Tem sido amplamente observado, tanto em comentários casuais como em alguns dados de estudos,[94] que a preocupação pela família alargada é maior entre os grupos de rendimento mais baixo do que os de rendimento mais alto. A diminuição de dependência dos abastados da entreajuda, tanto de consumo como tempo de trabalho.[95] Ambos os elementos podem tender

[94] Potomac Associates, *Suruey of National Concerns* (1970).

[95] Ver P. Kropotkin, *Mutual Aid* (Londres: Heinemann, 1904), p. 286, em que Kropotkin cita «uma senhora amiga que trabalhou muitos anos em Whitechapel» como se segue: «Conheço famílias que se ajudam mutuamente — com dinheiro, comida, combustível, para criar os filhos pequenos, em casos de doença, em casos de morte. O "meu" e "teu" observa-se muito menos do que entre os ricos». Ver também Michael Young e Peter Willmott, *Family and Kinship in East London* (Londres: Routledge e Kegan Paul, 1957).

a reduzir a simpatia e preocupação mútua na sociedade no geral, à medida que se torna mais rica em bens materiais e ainda mais pressionada por tempo.

O impacto de pressões de tempo na sociabilização — no sentido de simpatia, contacto social e preocupação mútua — torna-se particularmente acentuado pelo facto de que estas relações sociais não terem, graças à sua natureza, o carácter de bens económicos privados: que é o mesmo que dizer que os custos e benefícios de ações específicas não recaem em primeiro lugar naqueles que as executam. Também há fatores externos, ou custos e benefícios externos, que os indivíduos que procuram maximizar a vantagem de cada transação não vão levar em conta.

A amizade contém um elemento de troca mútua direta, sendo semelhante a um bem económico privado. Mas frequentemente é muito mais do que isso. Ao longo do tempo, a «transação» da amizade pode ser vista, pela sua persistência, como um benefício líquido para ambas as partes. A qualquer momento no tempo, porém, é muito improvável que essa troca seja reciprocamente equilibrada. Uma das partes sua as estopinhas. Numa amizade profunda ou amor entre duas pessoas, o benefício mútuo é pensar no longo prazo e não assumir que o curto prazo esteja suficientemente enraizado para que a base da troca surja implicitamente. Haverá confiança suficiente para

---

Simon Kuznets, da perspetiva de um economista de crescimento que analisa o processo do desenvolvimento económico, sublinha o fardo da entreajuda na família alargada: «do ponto de vista dos indivíduos bem-sucedidos ou do potencial de crescimento potencial da economia no seu todo implicam um custo grande». «The Share and Structure of Consumption», p.40.

que o contrato implícito de dar e receber seja honrado e fielmente interpretado ao longo do tempo. Mas uma profunda amizade e amor são, evidentemente, mais do que contratos implícitos de troca a longo prazo. Envolvem um nível maior ou menor de altruísmo. Por outras palavras, o bem-estar do outro parceiro acrescenta diretamente (embora não necessariamente da mesma forma) ao seu próprio, ou de forma mais radical, pode ser fundido integralmente com o seu próprio bem-estar.[96] Contudo, mesmo aqui, o comportamento é suscetível de ser influenciado pela norma ou padrão dessa reciprocidade prevalecente na sociedade na época.

Esta norma comportamental — como as outras pessoas esperam que eu me comporte e como é que eu posso esperar que os outros se comportem — tem o carácter de bem público para o economista, no sentido em que afeta todos e ninguém o pode excluir ou apropriar-se dele. Em amizades mais casuais e relações sociais do dia-a-dia, o bem público da norma da sociabilidade vai ser crucial, sobrepondo-se ao benefício direto ou aspecto do bem privado das relações em particular. A natureza casual desses contactos significa que raramente «compensam» enquanto transações individuais parcelares. O exemplo mais óbvio será talvez a troca mútua de um cumprimento

---

[96] Para uma discussão concisa formal ver Robert H. Scott, «Avarice, Altruism, and Second Party Preferences», *Quarterly Journal Economics* (fevereiro de 1972), p. 1–18. Ver também Kenneth E. Boulding, «Notes on a Theory of Philanthropy», e William S. Vickrey, «One Economist's View of Philanthropy», em Frank G. Dickinson, ed., *Philanthropy and Public* Policy (Nova Iorque: Gabinete Nacional de Investigação Económica, 1962).

entre transeuntes. Uma vez que a sua essência é a troca recíproca e qualquer contrato biliteral específico para o enunciar seria virtualmente impossível de estabelecer, a convenção social é a sua única base: como é evidente no seu declínio atual, mesmo nas zonas rurais.

Este é um exemplo periférico de um fenómeno social importante: as pessoas sentem a obrigação de agir de certas formas de apoio mútuo em determinadas circunstâncias, formalmente indefinidas, mas baseadas nas convenções prevalentes do bom comportamento social. Geralmente, essas obrigações são consideradas área dos sociólogos e são estimadas pelos economistas como equipamentos — o que, na prática, quer dizer que são ignoradas. Mas as normas sociais deste tipo têm um conteúdo económico definitivo, enquanto bens públicos. *O facto de os* economistas as excluírem do conjunto de interações com que se preocupam irá trazer uma tendência ao cálculo económico comparável à tendência que resulta da exclusão anterior dos efeitos económicos da poluição ou do congestionamento.

III

O aspecto económico destas normas comportamentais pode ser ilustrado de uma forma simples no contexto do apoio mútuo. Suponhamos que a ação sob esta alçada tem sempre um fim discernível de dar e receber. As pessoas alternam nestas posições. Se as rotações forem frequentes, e ocorrerem entre as mesmas pessoas, a troca estará próxima de um bem privado, mesmo sem altruísmo. É provável que o meu gesto para convosco hoje seja retribuído por vós amanhã, e isso é suficiente para o encorajar. Agora imagine-se que as rotações são menos frequentes e ligadas por longas cadeias, em vez de pares recorrentes. Suponhamos que alguma ação social me custa uma pequena quantidade muito frequentemente e que a sua reciprocidade ocorrerá raramente, a intervalos desconhecidos, e virá de indivíduos desconhecidos, mas será de grande benefício. A simpatia para com um estranho é um exemplo; a prontidão mútua para ajudar alguém atacado na rua é outro. Uma vez que a grande maioria das transações específicas deste tipo realizadas por todos envolverá um custo líquido (embora pequeno), nenhuma dessas transações ocorrerá apenas com base na vantagem imediata.

No entanto, como todos os indivíduos ganham mais com a minoria das transações em que beneficiam do que com a maioria em que perdem de forma parcelar, há claramente um fracasso na organização. A base parcelar da motivação é ineficiente: há uma tirania de pequenas decisões.[97] A lacuna tem sido tradicionalmente colmatada por convenções sociais. A norma social de que se deve ser amigável com estranhos ou vir em auxílio das vítimas de ataques é necessária para levar à simpatia ou à proteção mútua numa escala que vale a pena para todos. O Bom Samaritano corrige uma falha do mercado.

A extensão deste fracasso é passível de aumentar com a crescente escassez de tempo, o que torna mais premente ignorar do outro lado. À medida que o mercado se torna mais extensivo e cobre um sector mais amplo da vida, são precisos mais Bons Samaritanos. No entanto, à medida

---

[97] Ver Capítulo 3, nota 22.

que o custo subjetivo do tempo aumenta, a pressão para um equilíbrio específico das vantagens pessoais nas relações sociais aumentará.[98] Enquanto o custo do tempo for relativamente baixo, quer devido a menos alternativas de utilização do lazer, quer devido a menos oportunidades ou pressões para um esforço de trabalho adicional, o custo líquido de cada atividade específica de absorção de tempo ligada à amizade ou a outras relações sociais será também relativamente baixo. De facto, pode nem sequer ser visto como um custo. A perceção do tempo gasto nas relações sociais como um custo é, em si, um produto da riqueza privatizada. O efeito é uma redução da quantidade de amizade e contacto social a um nível que deixa toda a gente a querer ter mais à custa de menos bens materiais. Este efeito é duplamente perverso, uma vez que o valor relativo atribuído à amizade e outras relações humanas deve aumentar à medida que as necessidades materiais prementes são cada vez mais satisfeitas.

O enorme aumento da mobilidade pessoal nas economias modernas aumenta o problema ao tornar a sociabilidade um bem mais público e menos privado. Quanto mais

---

[98] Consegui encontrar apenas duas alusões a este assunto na literatura económica, ambas breves: Trygve Haavelmo, «Some Observations on Welfare and Economic Growth», em W. A. Eltis e outros, eds., *Induction, Growth and Trade* (Oxford: Clarendon, 1970); e Roland N. McKean, «Growth vs. No Growth: An Evaluation», em Olson and Landsberg, eds., *The No-Growth Society* (1975). A posição de McKean é próxima da assumida aqui. «Riqueza material a aumentar, especialização e população tornam mais dispendioso e menos compensador para cada indivíduo considerar os outros e aderir aos costumes ou regras éticas». Ver também o simpósio sobre «Time in Economic Life» (Tempo na Vida Económica) *Quarterly Journal of Economics* (novembro de 1973).

pessoas se deslocam, menores são as hipóteses de os contactos sociais serem recíprocos diretamente, numa base bilateral. Um favor ou gesto casual é menos passível de ser devolvido. Também há então menos espaço para uma visão a longo prazo de uma troca de amizade bilateral: até o meu gesto para convosco hoje ter sido retribuído por vós amanhã, podem, entretanto, ter-se mudado. Na linguagem do mercado, compensa menos investir na amizade quando o leitor ou a outra pessoa podem em breve negar o retorno específico em perspetiva, ao desaparecerem. Esta influência é mais forte na mobilidade geográfica, mas o aumento da mobilidade social — deslocação da própria classe — tem o mesmo efeito geral.

A inadequação do cálculo individualista nesta esfera é salientada por Tibor Scitovsky da seguinte forma: são precisos dois para se ser sociável.[99] Portanto, uma vez que a sociabilidade não se compra nem se vende, é envolvida uma economia externa, as decisões individuais vão levar a subotimização, ou seja, muito pouca sociabilidade. O ótimo exige aquilo a que Scitovsky chama comportamento socialmente racional, em que a racionalidade individual se modifica pela adesão a regras morais, convenções, maneiras cavalheirescas ou algo nestas linhas.

Para ser mais específico, quando as externalidades são negativas, existe a necessidade de restrição ou proibição imposta por leis e regulamentos. O que é menos amplamente reconhecido é que quando existem economias

---

[99] No seu livro The *Joyless Economy* (Nova Iorque: Oxford University Press, 1976), p. 173–174. O Professor Scitovsky sumaria gentilmente esta abordagem ao comentar uma versão anterior desta secção.

externas, como acontece com a amizade, o ótimo requer mais iniciativa individual. A lei não pode concretizar isto; tem de contar com as convenções morais ou sociais. No exemplo da amizade, isto significaria ser hospitaleiro, em parte, porque não se quer ir contra a longa tradição de hospitalidade; esse comportamento tradicional deveria aproximar-se mais do ótimo social do que o comportamento ditado unicamente pela racionalidade individual de um orçamento de tempo rigoroso.

O aumento das pressões sobre o tempo decorrentes das tendências discutidas neste capítulo — em resumo, consumo que absorve o tempo e concorrência posicional — ajuda a explicar a razão pela qual estas convenções sociais têm estado sob maior pressão. A influência adicional na mesma direção é exercida por outras características das economias avançadas, nomeadamente, pelo grande aumento da mobilidade. Também não se pode esperar que estas influências adversas sejam compensadas por um reforço da procura de amizade e outros aspectos da sociabilidade, tal como acontecerá se a sociabilidade for um bem de luxo para o qual a procura aumente mais do que o rendimento em proporção, pois se a sociabilidade desenvolver progressivamente mais as características de um bem público cujos benefícios são difusos — e o aumento da produtividade juntamente com o aumento da mobilidade tendem a fazê-lo —, então, a sociabilidade tornar-se-á menos recetiva à procura individualista. Podemos querer a sociabilidade mais do que nunca; no entanto, não podemos, individual e separadamente, expressar essa vontade de uma forma que a garanta. Esta análise ajuda a explicar uma observação casual frequente, que, de outra forma, parece economicamente intrigante: que o contacto humano nas economias avançadas é cada vez mais procurado, mas cada vez menos obtido.

É importante esclarecer que a distorção com a qual estamos agora a debruçar-nos surge da essência do próprio processo de mercado. O enquadramento do mercado, como tem sido bem estabelecido em resposta ao equívoco popular generalizado, permite, em princípio, que objetivos altruístas ou dirigidos à comunidade sejam perseguidos, desde que sejam realizados por indivíduos e possam ser afetados pelas suas próprias ações. É a ação individual para otimizar os objetivos individuais que constitui o ponto crucial. Mas há um objetivo que o mecanismo do mercado não consegue otimizar. Esse objetivo é a preocupação altruísta pelo parceiro na transação de mercado — o que Wicksteed chamou de «tu-ismo». A alocação eficiente de recursos através das exigências do mercado em que os indivíduos tentam sempre conseguir o melhor negócio, e depois usar os recursos para qualquer objetivo que possam ter, contanto que este não seja o objetivo de *não* obter o melhor negócio na transação em causa. A maximização individualista é crucial para o processo de mercado. No entanto, como já foi visto, é precisamente esta maximização que faz com que os indivíduos subproduzam a quantidade de sociabilidade que desejam. A convenção social pode, evidentemente, produzi-la em excesso, em camaradagem enjoativa e castigo repressivo ou desfavor dos desvios da norma social. A escolha entre os dois deve depender da existência e da situação de uma falha de consideração social, em vez de um excesso, e das maiores desvantagens que pode acarretar.

O que está principalmente em causa na presente discussão não é quão sociáveis ou altruístas os indivíduos, no seu conjunto, são nos seus objetivos, ou se deviam tornar-se mais assim, mas qual a melhor forma de alcançar os objetivos prevalecentes de sociabilidade ou altruísmo.

IV

Como questão secundária, uma economia de mercado provavelmente encoraja o reforço dos objetivos para proveito individual e torna mais difícil a aplicação de objetivos socialmente orientados. A razão é que os interesses de autoconfiança e autoestima podem ser elencados muito mais eficazmente para apoiar os esforços de vendas comerciais. É certo que as empresas não têm qualquer interesse direto nos motivos dos seus clientes. Então, porque não deveriam incitar os potenciais compradores do seu produto a comprar também para outros, ou para uso comum, e não para si próprios?

O problema é: quais outros? Quem merece e precisa da Marca X?

Trata-se de informação normalmente desconhecida, precisamente pelo próprio altruísta que consome, que delega a decisão à caridade, em particular a quem passa um cheque. O poder de compra e a escolha de compra passam a estar divididos e a força de uma mensagem de vendas torna-se difusa. Portanto, para um esforço de vendas com impacto, a identidade da pessoa que merece e precisa da Marca X escolhe-se a si mesma. A empresa que vai fazer a venda é levada a convencer aqueles que têm poder de compra a gastarem neles mesmos.

A publicidade ao consumidor compreende uma série persistente de convites e imperativos ao individual para cuidar de si e da sua família imediata; o interesse pelo próprio torna-se a norma social, até o dever. O mesmo *éthos*, embora propagado por motivos diferentes, penetra naquele que, em alguns pontos, é o antimercado — o movimento do consumidor de Ralph Nader e dos seus seguidores nos Estados Unidos e noutros países. O indivíduo é incentivado a assegurar para si próprio o máximo valor pelo dinheiro. A abordagem é para o indivíduo como consumidor maximizador, e não como cidadão cooperante.

Isto não é para questionar os benefícios particulares que resultam da abordagem do consumidor. A publicidade pode — e os serviços aos consumidores fazem-nos normalmente — transmitir informação pertinente que aumenta a satisfação do consumo e melhora, assim, a eficiência da produção. O que é salientado aqui é que este aumento da eficiência «local» terá efeitos adversos compensatórios para a economia como um todo, na medida em que uma acentuação do cálculo individualista enfraquece as convenções de responsabilidade e obrigação social. Essas convenções, como indicado em cima, são necessárias para contrariar a tendência de cálculo individualista de deixar a comunidade com menos sociabilidade do que os indivíduos escolheriam se sentissem as consequências totais das suas ações.

Considerando que o cálculo individualista é inerentemente antipático à sociabilidade, a ligação com objetivos de autoestima e autoconfiança é, em princípio, mais fraca. Os consumidores podem simplesmente tornar-se mais hábeis nos seus cálculos, sem se tornarem mais egoístas. Mas parece improvável que esta separação possa ser conseguida sem um esforço consciente.[100] A dupla concentração de informação ao consumidor dos vendedores e dos seus supervisores mostrou poucos sinais de qualquer efeito desses, revelando alguns indicadores do contrário. Assim, os periódicos de consumo, e a imprensa no geral, prestam cada vez mais atenção à gestão das finanças pessoais, incluindo o aconselhamento sobre a isenção fiscal: totalmente racional no cálculo individualista, mas também capaz de desencorajar e diminuir os sentimentos de obrigação social. A mesma inferência pode ser deduzida a partir do apelo cada vez mais explícito ao egoísmo absoluto que pode ser observado em alguma publicidade comercial.[101] Esses contraindicadores diretos à moralidade convencional são a exceção, e podem destinar-se a ironia

---

[100] A experiência do movimento cooperativo de consumidores na Grã-Bretanha e noutros países europeus sugere que é difícil controlar os objetivos sociais e de consumo.

[101] Dois exemplos do *New Yorker* na primavera de 1974: «A tua sogra merece o uísque *Peter Dawson*?» (resposta implícita: sim, se vier com presentes para ti e não carregada de malas para se instalar em tua casa) [...] «pensa antes de o partilhares.» E do *Johnnie Walker Black Label*: «Honra-te a ti mesmo». Assim, a religião substituta inverte a mensagem da variante original. A inversão pode ser explicada em termos de maximização individual tão prontamente como em termos de mudança de moralidade. Os fornecedores de uísque encontrarão os seus serviços com maior procura, se os seus clientes se entregarem à autoindulgência. Os provedores de valores espirituais do outro tipo encontrarão os seus próprios serviços com maior procura, se os seus clientes sentirem a necessidade de superar os instintos naturais.

— uma espécie de desafio. Contudo, refletem, de forma extrema, o conflito entre a moralidade tradicional, com a sua ênfase no dever e na obrigação social, e a maximização individual do consumo como um objetivo em si.

6

O fetichismo da nova mercadoria

A forma como o crescimento da produtividade no sector material puxa o padrão das atividades individuais para tentativas vãs, mas dispendiosas, para alcançar um crescimento paralelo no sector posicional, já foi discutida (Parte I). O capítulo anterior sugeriu que esta tendência contribuiu para a perceção da falta de tempo, o que, por sua vez, exacerbou a pressão da concorrência posicional, de modo que estas duas tendências se reforçam mutuamente. O aumento do valor que as pessoas têm vindo a atribuir ao seu tempo tem intensificado uma série de problemas de organização económica e social, e, mais importante, tem diminuído a sociabilidade. Esta diminuição foi agravada pela influência da publicidade e do egoísmo do mercado, incluindo o *éthos* antimercado do consumismo. O presente capítulo sugere que a relação destas influências resultou num enviesamento face às mercadorias materiais.

Este preconceito é um fetichismo de mercadorias no sentido fundamental da criação e absorção excessiva de mercadorias e não apenas uma preocupação conceptual indevida com elas no sentido original de Marx — um encobrimento das relações sociais à luz do capitalismo pela sua mediação através da troca de mercadorias.[102] Por «mercadoria» quero dizer bens, e também serviços, transacionados numa base comercial através do mercado ou seu equivalente. O conceito de enviesamento de uma mercadoria implica, portanto, que uma proporção excessiva da atividade individual é canalizada através do mercado, de modo que o sector comercializado das nossas vidas se torna demasiado grande. Um conceito relacionado que é sugerido por esta abordagem é um «efeito de comercialização» — que significa o efeito na satisfação de qualquer atividade ou transação realizada numa base comercial, através de troca de mercado ou seu equivalente, em comparação com a sua realização de qualquer outra forma.

A crescente comercialização da vida nos países avançados é um fenómeno complexo. A sua discussão no presente contexto não implica mais do que essa concorrência posicional, e o aumento da produtividade material subjacente fortaleceu esta tendência. Outros fatores como o desgaste dos laços sociais tradicionais e o grande aumento de mobilidade geográfica obviamente também deram um contributo importante. O fenómeno só pôde ser analisado na sua totalidade em termos da interação destas e de outras influências no processo geral daquilo a que os cientistas sociais durante os anos 50 e início dos anos 60 gostavam de se referir como «modernização». O foco aqui está na influência específica e contributiva da concorrência posicional e no que lhe está associado.

---

[102] Karl Marx, *Capital,* vol. I, cap. 1, «The Mystery of the Fetishistic Character of Commodities» (Londres: Dent, 1951).

O enviesamento de mercadorias influencia não só o desenvolvimento do sector não material, através da sua influência na sociabilidade e nos meios instrumentais para os bens posicionais que criam novas necessidades, mas também a satisfação derivada dos próprios bens materiais.

I

Os consumidores obtêm satisfação não dos bens em si, mas do conjunto de propriedades ou características que estes encerram. Este conceito de senso comum foi formalizado num estudo da teoria do consumidor por Kelvin Lancaster, sob a rubrica elucidativa «Goods Aren't Goods»/«Bens não são bens».[103] Nesta conceção, «o consumo é uma atividade em que os bens, singularmente ou em combinação, são insumos e em que o resultado da produção é um conjunto de características». Bens em particular podem originar características adicionais ou alteradas quando se usam em combinação com outros bens.[104]

Por uma simples extensão deste conceito, a utilidade derivada dos bens pode ser vista como proveniente não só das suas características incorporadas, mas também das condições ambientais em que são utilizados. As condições

[103] Em A. S. C. Ehrenberg e F. G. Pyatt, eds., *Consumer Behavior* (Harmondsworth, Eng.: Penguin, 1971), p. 340–360. O artigo original, «A New Approach to Consumer Theory», está no *Journal of Political Economy*, 74 (1966), 132–157.

[104] Isto dá a base formal da complementaridade entre bens, em que mais de um bem melhora a utilidade derivada de outro.

mais óbvias estão associadas à interação direta entre a utilização de bens ou serviços por diferentes indivíduos — convencionalmente analisadas pelos economistas como custos externos ou benefícios. Como foi visto, a disseminação de proprietários de automóveis, através da aglomeração, afeta o serviço de transporte de um carro em particular; e a disseminação da educação universitária, através do impacto no conteúdo informativo das credenciais atribuídas, afeta a função de um diploma como um bilhete de entrada na carreira. Outras condições ambientais que podem afetar as características dos bens são a amizade social e a entreajuda. Essas convenções respondem ao longo do tempo às mudanças nas ações individuais, mas, a qualquer altura, têm um impacto igual em tudo, independentemente do comportamento individual específico.

As normas sociais que derivam de convenções e padrões gerais das relações humanas ao longo do tempo podem ser associadas a serviços específicos. Os serviços de um médico podem produzir, além de uma melhoria direta na saúde, características adicionais resultantes da confiança do paciente no seu julgamento, da avaliação do empenho demonstrado e da sua garantia ou ansiedade sobre as possibilidades de assegurar serviços semelhantes no futuro. Estas últimas características são suscetíveis de ser influenciadas pela base social sob a qual os serviços médicos são prestados — seja em transações à unidade, seguros privados, ou seguros públicos abrangentes — e talvez também pela ética social subjacente, uma vez que afeta as obrigações e os direitos à entreajuda na sociedade. O efeito do enfraquecimento da relação médico-paciente na transação de serviços médicos, nos Estados Unidos da América, é de experiência comum e de comentário generalizado. Um exemplo notório da diminuição da confiança que está contido num inquérito da Associação Médica Americana em 1969, mostrando que um em cada cinco médicos nos Estados Unidos tinha sido ou estava a ser processado por má prática.[105] Isto, por sua vez, estimulou a procura de uma prática profissional «juridicamente defensiva», marcando uma nova reviravolta na diminuição da confiança entre médico e paciente.

As características resultantes da prestação de outros serviços, tais como formação académica, liderança política ou administrativa, ou companheirismo, também podem ser afetadas pela base em que esses serviços são prestados. O produto ou serviço que é fornecido unicamente com a intenção de satisfazer desejos privados — quer estes desejos sejam de dinheiro, poder ou uma vida tranquila — pode ser visto como diferente do produto ou serviço fornecido, pelo menos em parte, com a intenção de satisfazer os desejos ou necessidades de outros, incluindo a sociedade como um todo.[106]

---

[105] Citado em Richard M. Titmuss, *The Gift Relationship* (Londres: Allen and Unwin, 1970), p. 166. O número e o custo dos processos por negligência aumentaram acentuadamente desde então, e é agora reconhecido como um grande problema na prática médica dos EUA. O efeito perverso dos incentivos de mercado nas transações que dependem da confiança mútua foi reconhecido na análise económica ortodoxa como resultado de uma diferença na informação relevante disponível para as duas partes na transação.

[106] Ao alargar a visão do bem-estar económico do consumo no seu sentido restrito e direto ao consumo no seu contexto social, esta abordagem responde à crítica marxista moderna de que a teoria neoclássica do bem-estar «considera os objetos como fins em si mesmos». (Herbert Gintis, «A Radical Analysis of Welfare Economics and Individual Development»,

Esta desatenção do contexto social em que ocorre a aquisição individual de bens e serviços compreende um ponto central do fetichismo moderno com mercadoria. Envolve uma preocupação excessiva com mercadorias — incluindo, para este propósito específico, serviços profissionais — enquanto instrumentos de satisfação. A análise económica ortodoxa preocupa-se com as mercadorias que as pessoas têm, não com a forma como as obtêm. No entanto, a relevância desta dimensão é incontroversa quando aplicada a pelo menos uma atividade — o sexo. «Sexo pago não é a mesma coisa». E isto tem um significado mais abrangente.

O efeito nas características de um produto ou atividade de o fornecer exclusiva ou predominantemente em termos comerciais e não noutra base — tal como troca informal, obrigação mútua, altruísmo ou amor, ou sentimentos de serviço ou obrigação — foi aqui denominado efeito de comercialização. Os economistas reconheceram, embora com relutância, que algo como este efeito de comercialização se aplica à atividade sexual. Alguns explicariam esta influência através de tabus sociais irracionais ou convenções que barram esta atividade ao mercado; outros através de uma avaliação racional,

---

Quarterly Journal of Economics, novembro de 1972). A crítica aplica-se particularmente à crescente utilização da análise económica ortodoxa a uma série de questões sociais (ver Capítulo 3 acima). Embora as condições ambientais relevantes também possam ser tratadas de forma mais convencional como externalidades ou bens públicos que produzem utilidades ou inutilidades adicionais às utilidades derivadas do consumo individual, esse tratamento obscurece a associação que pode existir entre estas externalidades e certas formas estruturais de consumo; especificamente, obscurece certas características distintivas do fornecimento do mercado como tal, ou o «efeito de comercialização».

mas única, do «consumidor» de que a natureza ou qualidade do produto ou relação aqui depende da base sobre a qual é fornecido: um efeito de comercialização especificamente reconhecido no conceito de prostituição.

No entanto, a prostituição sexual pode ser vista apenas como o polo extremo de um contínuo no efeito de comercialização mais geral. Assim, na própria relação sexual, uma base de troca mais explícita envolve uma diminuição da obrigação mútua não especificada, o que, por sua vez, reduz a qualidade do produto. A mudança para uma base de troca pode assumir uma variedade de formas, exceto a comercialização aberta — desde a transação única de troca de um jantar por um favor sexual, até ao longo trato conjugal recomendado pela revista *Ms.*, em que as obrigações mútuas de ambas as partes sobre as tarefas domésticas, tolerância sexual e uma série de outros assuntos são redigidas e especificadas nos detalhes explícitos de um contrato comercial. Essas operações de troca ou compromissos contratuais centram-se, com efeito, no aspecto restrito da relação — os favores sexuais e outros a serem trocados — e na negligência das condições externas associadas, como o espírito em que a troca é realizada.[107]

---

[107] Foi-me sugerida uma explicação alternativa da «qualidade» inferior do sexo quando é a pagar, acredito que com seriedade. Para alguns homens, as parceiras sexuais podem ser, nos meus termos, «bens posicionais». De acordo com isto, as mulheres fornecedoras desses bens têm de manter com cautela o valor do seu estatuto, que precede ao *marketing* geral: só mulheres inferiores, portanto, vão estar disponíveis no mercado. Esta hábil combinação da nova abordagem económica de Chicago às questões sociais com a tradicional abordagem masculina às questões sexuais não explica porque é que muitos homens consideram (para qualquer parceira sexual) o sexo pago inferior.

Se os acordos mais comerciais diminuem ou não a totalidade das obrigações mútuas e a confiança na relação específica envolvida, irão quase inevitavelmente diminuir as expectativas sociais de que a obrigação mútua e confiança estarão disponíveis sem essa especificação similar noutras relações futuras da mesma espécie. Quanto mais estiver nos contratos, menos se pode esperar sem eles; quanto mais se escreve, menos se assume — ou se espera — na confiança.[108]

II

Ao influenciar desta forma as normas e expectativas sociais, a comercialização ou o seu equivalente constitui a sua própria dinâmica. Mais especificamente, a dinâmica é de privatização,[109] ou internalização, de benefícios que anteriormente se assumia estarem disponíveis através da influência das normas convencionais de dar e receber. Uma função social chave de normas tão simples, mas fulcrais, é impedir que as pessoas maximizem a sua satisfação individual em cada transação específica, sempre que isso entre em conflito com o seu interesse próprio a longo prazo.

As normas sociais nem sempre são necessárias para induzir as pessoas a ter uma visão de longo prazo, em vez de uma visão de curto prazo, do seu interesse próprio. Boa vontade acumulada por uma empresa estabelecida;

---

[108] O efeito da comercialização na sua ilustração sexual é discutido em maior pormenor no apêndice deste capítulo.

[109] Ver nota de rodapé 16, abaixo.

a reputação de um indivíduo pela verdade e honestidade entre os conhecimentos permanentes; uma amizade que se espera para a vida inteira — estes são todos casos em que o incitamento para assumir uma visão de longo prazo do interesse próprio, em resultado de ser internalizado, está incorporado. Estes são casos em que qualidades como confiança, apoio mútuo e reciprocidade têm as características de bens privados de forma que os benefícios e custos de um padrão de comportamento em particular recaem sobre o indivíduo a quem dizem respeito. O problema surge, como referido no capítulo anterior, quando os efeitos do comportamento individual são difusos e incertos na sua incidência.[110] É então que as normas sociais, ou incitamentos alternativos ou coação, são exigidos para evocar uma ação socialmente dirigida. E só o interesse próprio, mesmo que seja interesse próprio no longo prazo, não é suficiente para garantir o cumprimento, uma vez que o indivíduo pode ir à boleia do cumprimento de outros, e os outros podem apanhar uma boleia do seu cumprimento.

---

[110] O problema foi, portanto, sublinhado com o aumento da mobilidade geográfica, que tem efeitos gerais similares aos notados no contexto da sociabilidade. O facto de os empreiteiros da propriedade moderna não viverem nos bairros que renovam, muitas vezes nem vivem lá perto, foi amplamente citado como explicação do peso reduzido que deram às considerações estética e social em comparação com os seus predecessores, pelo menos nas cidades europeias. Similarmente, a mobilidade de executivos de empresas levou a tornar as decisões empresariais menos sensíveis ao impacto que têm nas comunidades locais, pelo menos até ser verificada por uma reação política. O Professor Kenneth Boulding sugeriu Pittsburgh como exemplo dos bons efeitos de ter pessoas a viver nas casas que estragam.

Este problema dos «bens públicos» é mais desenvolvido no Capítulo 9.

No enfraquecimento das normas sociais, quando servem para preservar bens públicos, têm a probabilidade de se tornarem agravantes por si próprias. Assim que essas convenções deixem de poder ser incluídas como base de comportamento típica — ou seja, assim que o comportamento típico que se espera dos parceiros seja uma tentativa para captar o benefício máximo privado das transações em específico —, a mudança das normas comportamentais vai alimentar-se a si mesma.

Vai haver um efeito de «superação» do tipo analisado por Schelling no contexto de abandonos do bairro no mercado imobiliário. Neste processo, o comportamento individual na base de determinadas preferências produz uma cadeia de reações que só se resolve depois de culminar num padrão que nenhum indivíduo singular iria escolher.[111] No exemplo de Schelling, uma vontade moderada entre os residentes de evitar estar numa pequena minoria de raça pode causar o surgimento de um padrão de habitação quase integrado e levar à formação de bairros altamente segregados, embora a única preferência racial que existia fosse evitar ser uma minoria de um terço ou menos. No presente exemplo, a diminuição das normas para as obrigações mútuas pode prolongar uma certa distância dentro da sociedade sem desencadear efeitos dinâmicos — pessoas preparadas para correr alguns riscos em relação à reciprocidade que esperam através dos seus comportamentos

---

[111] Thomas Schelling, «On the Ecology of Micromotives», em Marris, ed., *The Corporate Society*, p. 43–55.

socializados acontecer por defeito. Além do ponto em que o risco parece demasiado alto, o comportamento «vira» para garantir uma troca justa dentro da transação individual. A comercialização, no sentido de assegurar uma troca justa em cada transação específica, torna-se então geral. É a essência dessas situações, baseada nos seus aspectos de bens públicos, com que os indivíduos nunca se defrontam com o efeito do seu próprio comportamento a influenciar a norma social. O impacto neles próprios é normalmente infinitesimal e, em qualquer dos casos, dominado pelo resultado direto ou privado das suas ações.

Geralmente, as instituições de mercado são deficientes em qualquer provisão coletiva e podem falhar completamente na provisão de normas sociais. De forma correspondente, têm a tendência de sobreproduzir mercadorias específicas ou serviços nos quais são eficientes. O resultado é um enviesamento da mercadoria. Os bares são para beber cerveja e não para conversar; repare-se na disposição indicadora do bar americano, em que os clientes se sentam virados para as garrafas e para o *barman*, em vez de uns para os outros, e a técnica de engate natural é dizer ao *barman*: «diga à senhora que a bebida está paga». No *pub* inglês modernizado, o grelhador de infravermelhos substitui o alvo de dardos.

Mais precisamente, o mercado é ineficiente a facultar esses bens coletivos para os quais a limitação ou exclusão é impraticável ou dispensiosa.[112] Quando o torniquete

---

[112] Para uma discussão completa, mas limitada à visão de mercadoria «restrita», ver James M. Buchanan, *The Demand and Supply of Public Goods* (Chicago: Rand McNally, 1968).

ou o seu equivalente pode ser utilizado para limitar o acesso àqueles que estão dispostos a pagar, os bens coletivos podem ser, e são, fornecidos a título privado numa base comercial. Na abordagem assumida neste capítulo, a própria exclusão pode mudar as características dos bens coletivos facultados. O mercado pode oferecer a mesma mercadoria ou serviço restritos, mas com características diferentes no seu uso ambiental. A ilustração mais gráfica seria talvez o alvo de dardos do *pub* protegido por um torniquete — um equipamento que difere de forma tão radical da área aberta tradicional que, tanto quanto sei, nunca foi tentado. Se, nesse caso, o jogo de dardos estiver inextricavelmente ligado à socialização aberta, o incentivo do mercado e a pressão do mercado vão no sentido de oferecer alternativas.

Portanto, existem clubes de ténis; serviços de encontros comerciais; clubes de campo e meios ambientes totais ligados ao arrendamento ou à propriedade de residências particulares. Em cada caso, a procura individual é satisfeita através de um pacote indicado para *marketing*, que pode ser ou não o pacote que o indivíduo iria escolher, se lhe fossem apresentadas todas as escolhas disponíveis. Uma escolha total incluiria um parque municipal e uma praça na cidade, financiada pelos impostos locais ou nacionais; e talvez subsídios financiados por impostos para indivíduos privados, empresas ou grupos que facultam instalações confortáveis ou atrativas para socializar sem custo direto: um subsídio para um clube de acesso aberto.

Na prática, o indivíduo é confrontado com escolhas só numa base parcelar e tem de contar com as condições relevantes do uso relacionadas. Portanto, a escolha não é entre usar transporte motorizado privado e transporte público, mas entre comprar um carro e suportar o serviço dos autocarros: a escolha não depende de instalações recreativas privadas ou públicas, mas de suplementar as instalações públicas existentes ou a fazê-las subsistir. Para além disso, cada escolha inicial vira o equilíbrio na sua direção. Com uma fechadura dupla na porta, seguranças privados à porta do apartamento, e as contas privadas que tudo isto envolve, é provável que o seu entusiasmo para suportar impostos adicionais para mais polícia pública desvaneça. A segurança pessoal e o acesso aos lagos do campo são cada vez mais comprados nos Estados Unidos numa base de exclusividade; na sua forma tradicional aberta a todos os cidadãos, deixaram de estar disponíveis em muitas áreas, como resultado direto de essas instalações se tornarem mercadorias de mercado, ou seja, privatizadas.[113]

---

[113] Um típico «ambiente de segurança total» a ser desenvolvido na área da Baía de São Francisco oferece o seguinte: «Apenas os residentes com chaves especiais podem conduzir para lá dos quatro portões de entrada. Depois de lá estarem dentro, o parque subterrâneo está disponível. Há um parque de visitantes no exterior e entrada por portas na receção controladas por intercomunicadores para cada apartamento. A porta da frente de cada apartamento está equipada com duas fechaduras, incluindo um cadeado de alta segurança. No interior do complexo, os residentes e os seus convidados podem desfrutar de quase quatro acres de privacidade. Numa ilha no centro do lago fica um centro recreativo espaçoso com saunas, ginásio, banho turco, solários, bilhares, sala com lareira, cacifos, TV a cores, sistema *stereo* e uma cozinha.» *Sunday Tribune*, Oakland, Calif., 5 de agosto de 1973. Uma versão menos evidente deste fenómeno pode observar-se em cidades novas e subúrbios da Grã-Bretanha. Um funcionário público a viver em Bracknell refere: «uma coisa engraçada é que supostamente estamos no campo, mas quase não temos parques para ir. Em Londres, tínhamos o Hyde Park e Hampstead Heath ao domingo. Aqui, supostamente estamos no campo, mas é tudo privado». Citado em Young e Willmott, *The Symetrical Family*, p. 49.

Os interessados principalmente na mercadoria restrita ou atividade serão bem servidos; aqueles que atribuem um valor positivo à exclusão ou exclusividade encontrarão satisfeitas as suas preferências sociais ambientais. Por outro lado, aqueles que preferem o contacto social centrado em encontros e atividades ou relações menos especificamente orientadas para formas particulares de consumo serão negligenciados; assim como aqueles que atribuem um valor positivo ao acesso aberto, à não exclusão. O azar deles é que retiram utilidade em características ambientais que o mercado não tem capacidade para fornecer. Uma vez que as pessoas com os dois primeiros conjuntos de preferências têm o motor da internalização do seu lado — o que quer dizer que têm gostos que as empresas acham rentáveis satisfazer —, o equilíbrio das forças de mercado tenderá a oscilar cada vez mais a favor das mercadorias, da exclusão e da comercialização.

Este fenómeno é a tendência generalizada do mercado: satisfazer as exigências do consumidor em particular que são passíveis de comercializar.[114] É uma tendência que opera através de uma extensão mais abrangente de direitos de propriedade e que exclui aparelhos, ou seja, portões e fechaduras, que, para muitos gostos, são desagradáveis. A enorme falta de popularidade da introdução

---

[114] A mesma influência explica por que razão as externalidades são tendenciosas em relação aos custos e não aos benefícios e não se pode esperar que se equilibrem. Na produção de bens e serviços, as economias externas são uma peculiaridade (o exemplo padrão é a polinização das abelhas, e isso tem sido contestado) porque as forças normais do mercado fornecem um incentivo para que estas economias sejam internalizadas, e para que as deseconomias externas não sejam.

de bilhete nos museus na Grã-Bretanha pelo governo de Heath, em 1973, pode ter apontado para o símbolo do torniquete, por mais modesto que fosse o valor do bilhete. Esta taxa não só tirava 10 *pence* do bolso dos visitantes, mas também o prazer que alguns visitantes sentiam em sentirem-se parte da herança cultural como propriedade comum, disponível gratuitamente para todos.

É um paradoxo na extensão da escolha através do mecanismo de mercado que a disseminação de leis restritivas e barreiras aconteça em nome da liberdade. Este paradoxo é perdido de vista no enfoque convencional sobre o conceito restrito de uma mercadoria ou serviço. Para defender uma maior internalização dos benefícios dos bens coletivos, os acordos de propriedade mais flexíveis e os dispositivos adicionais de exclusão que são necessários apenas aumentam a eficiência da troca de mercado. «Se o proprietário de uma reserva de caça tiver permissão para acusar caçadores, os possíveis caçadores provavelmente estarão muito mais disponíveis para pagar antecipadamente as licenças de caça.»[115] Uma mercadoria específica ou serviço podem sempre ser produzidos de forma mais eficiente quando os direitos de propriedade são rigorosamente delineados. Os direitos públicos em uso, sem obrigações reais dos indivíduos de manter e proteger a instalação, conduzem à tragédia familiar dos bens comuns. (Todos beneficiam da manutenção do espaço comum, mas ninguém tem a motivação de o tratar individualmente, pelo que se desenvolve o oposto e incentivo fatal à exploração e superexploração,

---

[115] James M. Buchanan, «An Economic Theory of Clubs», *Economica* (fevereiro de 1965), p. 14.

antes que outros concluam a sua destruição.[116]) No entanto, uma instalação comum pode dar satisfação. A sua perda através da comercialização envolvendo exclusão elimina um item do círculo de escolha económica e restringe a liberdade pessoal em várias dimensões, por exemplo, de movimento. Esta restrição tem de ser comparada com o aumento da eficiência restrita, ou seja, na produção para a entrada de mercadorias na sua valoração no mercado e na escolha *no âmbito* da esfera comercial que a privatização normalmente vai envolver.[117] A privatização também afetará a distribuição do rendimento. A menos que o sistema de impostos ou outra forma de financiamento de apoio ao bem público seja extremamente regressivo, a privatização será prejudicial para os pobres, ao remover o que para eles (não para a sociedade, obviamente) era um bem gratuito.

Nas formas acima descritas, podem ocorrer grandes mudanças nos padrões sociais ou normas sociais, sem serem desejadas por qualquer indivíduo e não serem

---

[116] Ver em particular G. Hardin, «The Tragedy of the Commons», *Science* (1968).

[117] Discuti vários outros aspectos que considero serem o elo mais fraco entre a liberdade pessoal e a escolha económica em «Empty Shelves on the Market Counter», *The Banker* (junho de 1973). A privatização é aqui utilizada para denotar um afastamento do fornecimento de bens ou serviços numa base comunitária ou subsidiada para o fornecimento numa base comercial, em que as receitas são obtidas através de encargos específicos pagos pelo utilizador e não através de um sistema de financiamento fiscal ou outros meios coletivos (do qual o exemplo mais famoso era o trabalho comunitário para manter os bens comuns medievais antes da sua privatização através de um confinamento). A privatização é um exemplo de relevo de comercialização, embora este último termo seja utilizado de forma mais lata para cobrir a substituição da troca comercial por acordos de permuta implícita e convenções sobre apoio mútuo.

consistentes com qualquer soma de desejos individuais. Uma «viragem» das atividades de provisão social para o mercado é um exemplo ignorado da irracionalidade social que pode resultar de um comportamento económico individual racional.

Neste sentido, a irracionalidade e, de facto, o significado económico do efeito da comercialização são recusados, normalmente de forma implícita, na grande parte da análise económica, até nos domínios das ciências sociais vizinhas.[118] Esta extensão, caracterizada tanto por expoentes e críticos de «imperialismo económico», foi começada por Joseph Schumpeter, na sua obra clássica *Capitalismo, Socialismo e Democracia,* em 1942[119], e desenvolvida pelos seus seguidores, como Anthony Downs, Gary S. Becker, Harry G.

---

[118] No tratamento convencional, uma mudança numa atividade económica de fora para dentro do sector do mercado, ou de troca parcial para uma troca mais completa em termos de mercado, representa normalmente uma melhoria incondicional no bem-estar económico, pelo menos se deixar a distribuição de rendimentos inalterada. O melhoramento provém do ganho do comércio voluntário efetuado. Pelo menos, deixa a pessoa melhor sem prejudicar ninguém, consequentemente trazendo um «ótimo de Pareto». Este ótimo de Pareto forma a base do apoio tradicional entre os economistas neoclássicos — e alguns que iriam rejeitar esse rótulo — para uma vasta gama de questões de política e, em particular, para medidas redistributivas serem em dinheiro, em vez de géneros. O presente enfoque sobre as características ambientais de utilização e fornecimento do consumo é um lembrete de que a comercialização tem efeitos adicionais que também precisam de ser levados em conta. A limitação crucial na análise convencional é que não permite uma mudança na natureza do produto de acordo com o método de fornecimento.

[119] Joseph A. Schumpeter, *Capitalismo, Socialismo e Democracia* (Nova Iorque: Harper, 1942). A caracterização de «economia imperialista» foi introduzida por Kenneth Boulding. Ver, por exemplo, o seu «Economics as a Moral Science», *American Economic Review* (março de 1969).

Johnson, e muitos outros. O pressuposto comum, quase sempre invisível, é que o processo de comercialização não afeta o produto, de forma que o produto, independentemente do processo pelo qual é adquirido, define suficientemente o objetivo. Isto mais uma vez assenta na visão tradicional da economia, que agora começa a ser questionada, de que o consumo é a única maximização económica, sendo considerado uma coleção de produtos representados em mercadorias ou serviços específicos.

A validade da chamada visão económica da democracia tem sido questionada por alguns cientistas políticos, particularmente aqueles que salientam o papel funcional da participação.[120] No modelo Schumpeter-Downs, a democracia é essencialmente uma escolha exercida periodicamente por uma massa de pessoas entre as elites governantes alternativas e abertas, que, por sua vez, são impelidas pela força da concorrência (de elites rivais)

---

[120] É de salientar que um dos primeiros manuais a aplicar o método económico à ciência política, amplamente usado Robert A. Dahl e Charles E. Lindblom, *Politics, Economics, and Welfare* (Nova Iorque: Harper and Row, 1953), ainda reconhece uma diferença funcional entre o modo político e de mercado. «No geral, o processo das escolhas de mercado tende a estreitar as identificações com o indivíduo ou, no máximo, com a família. O processo de votação, por outro lado, com tudo o que pressupõe a discussão e técnicas de reciprocidade, tende a alargar as nossas identificações além do individual e da família». (Torchbook ed., 1963, p. 422). Na senda do desenvolvimento desta linha de análise, em Anthony Downs, *An Economic Theory of Democracy* (Nova Iorque: Harper and Row, 1957), e James M. Buchanan e Gordon Tullock, *The Calculus of Consent* (Ann Arbor: University of Michigan Press, 1962), qualquer uma dessas distinções tinha desaparecido. A arena política era meramente uma alternativa ao modo de mercado para a satisfação dos desejos privados, e o problema foi encontrar as áreas em que, e métodos através dos quais, era um modo superior a este respeito.

a oferecer políticas para cada caso particular de forma a atrair o apoio do eleitorado. A arena política nesta abordagem é parecida com o modelo de mercado da satisfação dos desejos pessoais. É uma extensão de um grande armazém — e o problema é encontrar gestores que consigam subcotar a restante rua.[121] A visão alternativa vê a participação popular como parte do processo democrático, crucial para o seu resultado. Sem ela, apoio insuficiente será motivo para manter o método democrático a salvo de uma variedade de potenciais ameaças, que vão desde a ameaça de garantias processuais por parte das elites que procuram perpetuar o seu poder, até à pressão para satisfazer as exigências populares que excedem o que o sistema pode proporcionar.[122] A abordagem «económica» à política ignora simultaneamente as condições em que os produtos finais da democracia, políticas resultantes do processo democrático, são facultados; e a influência destas condições no comportamento das pessoas. Consequentemente, define mal o objetivo do processo e omite um constrangimento que ajuda a determinar se o processo continua ativo. Portanto, podia chamar-se mais apropriadamente

---

[121] Em termos mais formais: «os partidos formulam políticas com o objetivo de vencerem eleições, e não ganham eleições com o objetivo de formular políticas» (Downs, *An Economic Theory of Democracy*, p. 28); isto decorre da primazia dada ao axioma do interesse próprio, sob o qual tanto os eleitores como os políticos procuram maximizar os seus próprios rendimentos, prestígio e poder.

[122] Ver em particular Peter Bachrach, *The Theory of Democratic Elitism* (1967) (Londres: University of London Press, 1969). Ver também T. B. Bottomore, *Elites and Society* (1964) (Harmondsworth, Eng. : Penguin, 1966), Capítulo 6; e John Plamenatz, *Democracy and Illusion* (Londres: Longman, 1973), Capítulos 4 e 6.

uma abordagem mercantil da política. Uma demonstração arrepiante do que está envolvido quando a atividade política é reduzida à maximização de objetivos pessoais foi apresentada pela Casa Branca de Nixon.

Os sociólogos lançam dúvidas essencialmente semelhantes sobre a validade de ignorar o processo pelo qual os serviços sociais são disponibilizados. Richard Titmuss, numa impressionante investigação empírica sobre o fornecimento de sangue sob diferentes regimes em diferentes países, produziu provas fortemente sugestivas, ou mesmo decisivas, de que a confiança na motivação comercial e não no altruísmo e na obrigação mútua teve efeitos negativos na qualidade do produto e na eficácia do seu fornecimento.[123]

Por estas várias razões, portanto, uma extensão do processo de comercialização na nossa economia, substituindo explicitamente o intercâmbio informal, não é, em alguns sectores, um meio eficiente de satisfazer as preferências individuais.[124] Não representa aquilo que as pessoas querem, ao escolherem entre todas as possíveis alternativas, mas simplesmente o que obtêm quando a provisão especial inadequada é concebida para satisfazer

---

[123] Titmuss, *The Gift Relationship*. Ver também a discussão de Arrow, «Gifts and Exchanges», in *Philosophy and Public Affairs* (verão de 1972), referido no capítulo seguinte. Uma resposta menos perspicaz e mais combativa a Titmuss é de Michael H. Cooper e Anthony J. Culyer, «The Economics of Giving and Selling Blood», em Armen A. Alchian e outros, *The Economics of Charity* (Londres: Instituto de Assuntos Económicos, 1973), p. 109–143.

[124] Quando a eficiência está relacionada com o conceito mais «abrangente» das características dos bens e serviços nas suas condições ambientais de uso.

exigências individuais que o mercado tecnicamente não tem capacidade de satisfazer. A comercialização alimenta-se a si mesma de uma forma que pode atrasar, em vez de avançar, o bem-estar social, significando com isto nada mais do que algum agregado das satisfações dos indivíduos.

Apêndice

O efeito da comercialização A ilustração sexual

As influências envolvidas no efeito de comercialização podem ser vistas com maior relevo no que pode ser entendido como o caso extremo, a saber, as relações sexuais. A opinião de que a comercialização da atividade sexual afeta a qualidade do produto é difundida e profundamente enraizada nos costumes de muitas sociedades. O exame da base desta posição no contexto da minha abordagem das características das mercadorias na sua utilização ambiental expõe uma lógica económica que é ocultada pelo enfoque mais restrito na atividade específica.

Até há pouco tempo, os economistas assumiam — embora tenha conhecimento de algumas discussões explícitas desta questão — que o sexo e os assuntos correlacionados de amor e casamento eram *sui generis* na atividade humana, elevados do plano dos desejos materiais. O amor, na formulação famosa e influente de D. H. Robertson, é a última escassez que os economistas economizam.[125] Esta visão

---

[125] D. H. Robertson, «What Does the Economist Economize?», no seu *Economic Commentaries* (Londres: Staples, 1956). No mesmo espírito, Arrow escreveu: «Não queremos esgotar de forma irresponsável os recursos escassos da motivação altruísta». «Gifts and Exchanges», p. 355. Esta conceção assenta na premissa questionável de que o altruísmo

é completamente consistente com o reconhecimento de um elemento comercial forte no casamento e da atividade sexual nalgumas culturas, como evidenciado pela função do mediador de casamentos e dos dotes e pagamentos monetários que frequentemente acompanham a escolha ou oferenda de noivas.

A análise económica pode ter pouco a dizer sobre a teoria de amor de Robertson, de uma maximização não operacional: o nosso objetivo final, que pouco podemos fazer para expandir, portanto, há que fazer de tudo para o preservar. Mas nos últimos anos os economistas encontraram uma forma de entrar nesta fortaleza, antes resistente às suas incursões, ao assumir uma visão mais específica e essencialmente mais restrita do que são as famílias e o que fazem. O conceito assenta na visão da família[126] de Samuelson de um reino de altruísmo; cada membro da família inclui a utilidade dos outros membros por si próprio. Esta «quasi-interdependência» dos serviços familiares — com os serviços individuais interdependentes, mas separados, em vez de realmente juntos — foi criticada como «aplicar análise económica na família através da sua destruição».

é um *stock* quase esgotado, em vez de um fluxo que se autogera, que se alimenta, em parte, de si mesmo. Contrastar com John Stuart Mill, a propósito de sentimentos altruístas: «o único modo em que qualquer princípio ativo da natureza humana pode ser cultivado com eficácia é através de exercício habitual». «Utility of Religion» (1874), *Collected Works*, X (Toronto: University of Toronto Press, 1969), p. 423. A escola de Titmuss na Grã-Bretanha um século mais tarde assumiu essencialmente a mesma perspetiva.

126 Paul A. Samuelson, «Social Indifference Curves», *Quarterly Journal of Economics* (fevereiro de 1956).

De acordo com esta crítica, as relações pessoais que envolvem elementos como o amor, a confiança e a obrigação mútua têm qualidades e características distintas das decisões sobre o consumo individual. Mas quando, na abordagem adotada neste livro, a utilidade do consumo individual é, ela própria, vista como derivada de alguma combinação das características dos próprios bens ou serviços e das condições ambientais relevantes, a distinção entre transações que envolvem relações pessoais ou sociais, por um lado, e consumo material, por outro, já não é difícil e rápida. Novas linhas divisórias existem então entre (1) bens de mercado e serviços que são puramente «privados» no sentido em que o seu uso afeta apenas o comprador e não é significativamente afetado pelas condições ambientais; (2) bens de mercado e serviços com um aspecto «público», para os quais a satisfação depende, a um certo nível, do contexto social de utilização; e (3) outros aspectos do desejo humano. Para algumas características, como o efeito de comercialização, são as últimas duas categorias que podem, de forma útil, ser analisadas em conjunto (ver figura). Isto é ilustrado na parte restante do apêndice, que tira um exemplo sexual do (3) para esclarecer influências similares que operam no (2).

Imagine, primeiro, um visitante do planeta Chicago caído numa área típica de seleção de acasalamento do jardim zoológico humano. Desde a separação da troca primitiva que o nosso visitante não tinha tanto espaço para os seus talentos. Ele observa a procura latente de acasalamento, os seus olhos mágicos a discernir diferentes utilidades (de grandes positivos a grandes negativos) que os indivíduos atribuem a diferentes parcerias. Desta forma, as possibilidades estão em conformidade com outras operações bilaterais observadas em que (a) cada parceiro tem algo que o outro deseja, levando a uma troca de bens ou (b) um parceiro é induzido a desistir de algo que valoriza através de um pagamento em dinheiro de pelo menos esse montante. Os termos reais da troca são determinados por negociação ou oportunidade de mercado dentro da gama dos preços de reserva a que o comprador e o vendedor estão dispostos a negociar. O nosso observador anotou o papel dos preços de mercado em transmitir informação de oportunidades ótimas para compradores e vendedores, e anotou o papel informativo e de mediação do dinheiro nos ganhos efetuados de uma mudança de troca bilateral para uma troca multilateral.

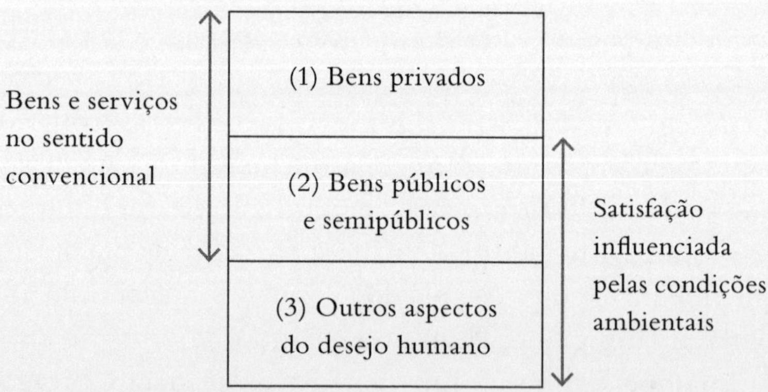

No entanto, surpreendentemente, estes sofisticados instrumentos de troca parecem esquecidos quando se trata de pares sexuais. As transações aqui são predominantemente *do mesmo tipo*. São assim impostas restrições tremendas ao casal. Exige a dupla coincidência de pura troca em que o comprador tem de encontrar um vendedor que não só tem o que quer, mas também quer o que tem; e impõe a restrição adicional de que a coincidência deve ocorrer dentro de uma categoria de procura, nomeadamente, para a união sexual. A ausência da margem habitual para compensar um desequilíbrio de satisfação através de compensação em dinheiro ou outro tipo envolve um enorme aumento dos custos de pesquisa e transação. As instituições do mercado periférico, tais como agências matrimoniais e serviços de encontros, pouco fazem para ajudar, uma vez que as informações em que negoceiam são notoriamente pouco fiáveis — as pessoas dão informações ainda menos precisas sobre as suas próprias qualidades pessoais do que sobre os seus carros usados.[127]

O resultado, com base na análise económica convencional, parece ser tanto um volume agregado subaproveitado da atividade (sendo o nível ótimo o resultante da troca multilateral compensada) como a ineficiência dos pares que são realizados. As transações perdidas incluem (1) a negação de oportunidades a todos os que não conseguiram encontrar parceiros aos quais deram satisfação positiva (os doentes não podem ser tratados apenas por bons samaritanos, o homem que precisava de uma espada não vai obtê-la apenas de alguém que goste de a fazer) e (2) uma correspondência artificial de satisfação específica: só os bonitos têm sucesso com os bonitos (como se só os fortes pudessem obter segurança pessoal e só quem tem um dedo para as plantas pudesse comprar flores).

[127] G. A. Akerlof, «The Market for "Lemons": Qualitative Uncertainty and the Market Mechanism», *Quarterly Journal of Economics* (agosto de 1970).

Perplexos por uma explicação nos seus próprios termos, os economistas locais remetem o nosso observador para influências exógenas de natureza sociológica. Citam as implicações historicamente destrutivas da livre troca sexual para a continuação da vida familiar e perpetuação da espécie. As necessidades funcionais para a sociedade tornaram-se assim internalizadas no comportamento individual, em resposta às normas sociais. Como estas necessidades funcionais mudam, por exemplo, através de métodos melhorados de controlo de natalidade, espera-se que as restrições sexuais sejam atenuadas. E, no seu próprio terreno, os economistas esperam que esta tendência seja reforçada por várias influências endógenas, uma das quais é o aumento da produtividade geral da economia, aumentando o valor do tempo. Por conseguinte, há uma perda crescente de um determinado volume de atividade de busca de sexo fora do mercado. A sedução personalizada envolve um custo de oportunidade crescente, no sentido de oportunidades alternativas perdidas,[128] tal como criar filhos.

Uma influência adicional é um aumento diferencial da produtividade das mulheres no mercado, que, ao reduzir o diferencial típico entre os ganhos potenciais dos dois parceiros no sector do mercado, reduz o «ganho matrimonial do negócio». Este ganho resulta da renúncia do parceiro com menor vantagem *comparativa* na atividade de mercado

---

[128] Comparar o lamento de Staffan Linder pelo falecimento do *cinq à sept* (Linder, *The Harried Leisure Class*, p. 85) e a explicação económica de Wilfred Beckerman sobre a procura ministerial de *call girls* («Sex and the Falling Rate of Profit», *New Statesman,* 20 de julho de 1973).

em favor do trabalho doméstico do outro parceiro.[129] Por todos estes motivos, a análise económica convencional prevê uma redução contínua da longevidade das uniões sexuais, sendo o seu termo mais adaptado à satisfação mútua atual; talvez acompanhado de um aumento da atividade sexual em termos explicitamente comerciais. Seja como for, espera-se que os cálculos parcelares desempenhem um papel crescente nas decisões sexuais dos indivíduos. A comercialização pode, por razões especiais, ser evitada de forma explícita, mas a otimização das oportunidades individuais é vista como exigindo um análogo implícito da comercialização.

A limitação nesta análise, na abordagem aqui sugerida, é que se foca apenas na mercadoria restrita ou atividade — união sexual, seja de que longevidade for — e não em características ambientais potencialmente relevantes. Assim, as uniões sexuais, seguindo as convenções sociais estabelecidas, podem oferecer duas características que as distinguem dos acordos comerciais ou uniões sujeitas à dissolução assim que a utilidade atual percecionada de qualquer dos parceiros caia para zero. Essas características adicionais são:

(1) *Romance/antimaximização.* O casamento amoroso na forma que se desenvolveu no Noroeste da Europa

[129] Becker, «A Theory of Marriage». Becker cita esta influência como explicação económica da maior instabilidade dos casamentos dos negros nos Estados Unidos, contrastando com a explicação mais familiar cultural/histórica de Moynihan. Mais do que como ressaca cultural para um grupo desfavorecido, a separação mais frequente de famílias negras aparece nesta análise como um precursor do que o avanço económico e a redução da discriminação sexual têm reservado para todos nós.

e América do Norte com a revolução comercial e industrial tem sido visto por alguns sociólogos como relacionado com as pressões da própria industrialização; a integração do amor ao casamento proporcionou «um antídoto para a insegurança produzida pelas mudanças sociais e tecnológicas» e satisfez a procura de avaliação emocional, em vez de racional, que o acompanhava.[130] Agora, um ingrediente no romance é sem dúvida um antídoto para a maximização individual — o sacrifício deliberado e cavalheiro do interesse próprio imediato por alguma causa subjetivamente superior. Neste sentido, a contingência do sacrifício em utilidade individual como resultado da própria união sexual torna-se uma atração. A máxima «na alegria e na tristeza» é considerada um benefício e não um custo.

A delícia de tal fusão romântica de utilidades reside no alívio da preocupação consigo mesmo, talvez do próprio descarte do cálculo individual. «Na riqueza e na pobreza» também acrescenta brilho ao negócio. A captura destas utilidades particularmente românticas é, contudo, claramente inconsistente com a cláusula destacada da «separação» nos termos da união. O divórcio, no casamento ocidental, continua a ser um abandono retrospetivo de um contrato em que a contingência da separação permanece formalmente não mencionada e inominável. Naturalmente, o ideal para o indivíduo ao longo do tempo é o compromisso inicial romântico imaculado, complementado por uma possibilidade de «rutura» de facto, mas suprimida.

---

[130] Hugo G. Beigel, «Romantic Love», *American Sociological Review* (junho de 1951)

O problema é que quanto mais a possibilidade é ativada na prática, em resposta à avaliação individual dos benefícios contínuos da união sexual, numa base contemporânea, mais o potencial romântico — crença idealista ou ilusão numa união permanente — é dissipado. Há uma externalidade dinâmica: o meu divórcio prejudica as ilusões dos vossos filhos ou os sonhos de vida. As expectativas e esperanças individuais são construídas com base nos padrões de comportamento que prevalecem na comunidade. Este padrão geral é um bem coletivo em que todos têm um interesse, mas que nenhum afetará de forma visível através das suas próprias ações. As pessoas que olham individualmente para as suas próprias situações tenderão, portanto, a ignorar este interesse coletivo.

(2) *Segurança/confiança.* Pressupor a permanência na união sexual envolve um contrato de intercâmbio implícito de apoio mútuo, e oferece a cada parceiro uma segurança do tipo que não está disponível nas instituições no mercado. A sua essência é um princípio inerente de redistribuição de acordo com a necessidade relativa (um princípio discutido de forma interessante por Amartya Sen).[131] A tentativa de fazer o mesmo através de um contrato formal, mesmo quando pode ser aplicado através das leis especiais relativas à pensão de alimentos, não consegue aproximar-se da sofisticação desta reciprocidade implícita. O carácter vago dos critérios de necessidade relativa (como decidir quais necessidades são verdadeiramente mais prementes) e o carácter subjetivo da informação relevante (quem sabe em que estado se encontram realmente ambos os parceiros)

---

[131] Sen, *On Economic Inequality*.

tornam os critérios objetivos exigidos para os contratos de mercado inadequados, bem como indisponíveis para a finalidade. A única base satisfatória para esse acordo é, portanto, que os próprios expressem os sentimentos de interesse mútuo ou de obrigação mútua dos indivíduos.[132]

As características tanto do romance como da segurança nas relações sexuais dependem, assim, da ausência de cálculos individualistas parcelares. Consegui-las é, em parte, uma questão para as pessoas em causa (que podem seguir as suas próprias preferências) e, em parte, depende do que os outros fazem. Na medida em que as aspirações dos indivíduos e o seu comportamento associado são estabelecidos pelo que os outros fazem, a crescente comercialização das uniões sexuais, explícita no mercado ou implícita nas relações *quid pro quo* de período limitado fora do mercado, traz externalidades negativas para os aspectos românticos e de segurança na união sexual. Em contrapartida, há o benefício de uma maior liberdade de associação de acordo com a inclinação de cada um num dado momento. Este benefício é equivalente a uma melhor atribuição da união sexual no seu aspecto de mercadoria restrita. O benefício de uma maior escolha parcelar é conseguido à custa da perda de características mais abrangentes que dependem da restrição geral da escolha parcelar. O saldo

---

[132] Uma das poucas referências a este aspecto que encontrei na literatura ocorre como uma peça final da conhecida análise de Arrow sobre a ineficiência da oferta comercial de seguros de saúde: «A importância económica das relações pessoais e especialmente familiares [...] baseia-se em relações não comerciais que criam garantias de comportamento que de outra forma seriam perturbadas por uma incerteza excessiva». Kenneth J, Arrow, «Uncertainty and the Welfare Economics of Medical Care», *American Economic Review* (dezembro de 1963), p. 941–973.

líquido de vantagem destas considerações contraditórias variará para diferentes pessoas, de acordo com o peso que atribuem a cada uma delas. O facto de as restrições sociais para o sexo casual e o divórcio continuarem consideráveis, e de a prostituição poder estar a diminuir em vez de aumentar com a riqueza,[133] pode, de certa forma, representar apenas uma herança passada, mas pode também querer dizer que as externalidades acima foram internalizadas, em parte, com controlo social ou instintos. As pessoas sentem instintivamente que o comportamento delas nestas questões deve ser controlado por algo mais do que a própria vantagem calculada. A base dessas restrições sociais está agora a ser enfraquecida por duas forças gerais. A primeira, as influências tecnológicas e sociológicas que facilitam às mulheres regular a gravidez e diminuir mais o compromisso com atividades de educação de filhos. Em segundo lugar, pela influência económica do «consumismo», ou seja, pelo assalto diário ao indivíduo, dos publicitários e dos guardiões do consumidor, para estar constantemente atento às possibilidades materiais e à vantagem pessoal: «Está a ser justo consigo mesmo?» Não é um ambiente favorável nem ao romance nem a contratos implícitos de intercâmbio a longo prazo. O acordo de casamento altamente específico proposto na revista *Ms.* é um paralelo preciso desta abordagem consumista. Este acordo explícito vê o casamento como uma mercadoria restrita, e não compreende que as suas características incluem um *éthos* social indefinido. Então, esta abordagem

---

133 John H. Gagnon, «Prostitution», *International Encyclopaedia of the Social Sciences,* vol. 12 (Londres: Macmillan, 1968), p. 592–597.

calculista, na sua determinação de assegurar uma troca justa, arrisca-se a perder a antítese da troca. O orgasmo enquanto direito do consumidor acaba por ser excluído como experiência etérea.

7

Um primeiro sumário: o fosso na sociedade abastada

Agora, podemos reunir as principais implicações da análise esboçada até ao momento. A concentração do crescimento económico no sector material da economia aumenta o preço relativo ou reduz a qualidade unitária dos bens e equipamentos disponíveis no sector posicional. Esta tendência faz com que o seu lugar na distribuição do rendimento, riqueza e poder económico seja um fator determinante no acesso a bens e equipamentos que são socialmente escassos. Porque são atribuídos por um processo de leilão ou equivalente, o domínio relativo e não absoluto sobre os recursos económicos utilizados no leilão determinará o seu aproveitamento. Esta luta por quotas relativas, ou competição posicional, absorverá também recursos reais que aumentam as despesas de consumo necessárias para atingir determinados fins e, neste sentido, aumentam as «necessidades». Assim, se o rendimento próprio se mantiver inalterado enquanto o rendimento de outras pessoas aumenta, o comando de alguém sobre o sector posicional diminuirá. O rendimento que anteriormente sustentava um apartamento no centro da cidade, uma casa de campo, a aquisição de habilitações académicas de elite, ou simplesmente uma vida ativa protegida das multidões, já não é suficiente.

Existe, portanto, uma ligação na distribuição de rendimentos como um todo. Faz diferença se outros ganharem mais do que nós, mesmo que estejamos exclusivamente interessados nas nossas próprias possibilidades de consumo. Ou seja, mesmo aqueles que não estão interessados no lugar no *consumo* relativo devem, no entanto, estar interessados no lugar no *rendimento* relativo, uma vez que este fator, mais do que o rendimento absoluto, irá reger o seu consumo absoluto de bens posicionais.

A queda nos preços relativos dos bens materiais resultante do processo de crescimento permitirá que mais bens materiais sejam adquiridos à custa de bens posicionais. Os que que estiverem preparados para fazer esta troca sairão a ganhar. Os que estiverem relutantes em fazê-la, bem como outros que são apanhados na malha de necessidades adicionais resultantes da concorrência posicional, terão um incentivo para manter ou melhorar a sua posição relativa. Isto envolverá normalmente um aumento da atividade do mercado, por exemplo, através da aceitação de um emprego adicional, de trabalhar mais horas, ou da troca da satisfação profissional por rendimentos em dinheiro. Assim, quanto mais as ocupações com salários elevados, como a banca ou a publicidade, dominam áreas como Manhattan ou o centro de Londres, menos viável se torna para aqueles que têm ocupações com salários baixos ou de alta satisfação — ensino, por exemplo — viver lá. Os ganhos adicionais em dinheiro adquirirão uma importância extra. O tempo será orçamentado com mais cuidado. Este aumento na área da comercialização irá realçar ainda mais a importância da posição relativa, ao limitar as estruturas económicas e sociais alcançáveis sem rendimentos em dinheiro.

Cada vez mais, o contacto social, o relaxamento e a diversão se tornam mercadorias «compradas». Isto é o que está envolvido numa privatização geral das instalações anteriormente disponíveis através de acesso comum ou trocas informais, por exemplo, na substituição do clube de campo pelo parque comum da aldeia ou da cidade, ou da escola privada efetiva pela escola pública efetiva. A escola privada efetiva é aqui considerada uma escola cuja entrada é regulada quer por taxas específicas (como nas escolas privadas nos Estados Unidos e «públicas» e outras escolas independentes na Grã-Bretanha), quer indiretamente sob a forma de impostos locais relativamente elevados e outros custos: taxas indiretas deste último tipo ocorrem quando o distrito escolar é composto por um grupo homogéneo de rendimento superior e o financiamento escolar é obtido predominantemente de fontes locais. Uma escola nominalmente pública deste tipo já não envolve a subsidiação transversal de pais com baixos rendimentos pelos mais ricos (embora ainda implique um subsídio aos pais daqueles que não são pais). Como referido no Capítulo 3, a formação de novos subúrbios com residentes homogéneos tem sido um meio bem documentado para os residentes mais ricos das grandes cidades escaparem a ter de apoiar os cidadãos menos afortunados.

A pressão para evitar subsídios deste tipo aumentará à medida que a concorrência posicional se intensificar, exigindo despesas privadas adicionais por parte do indivíduo que procura um determinado grau de acesso a empregos superiores ou quer viver numa determinada área favorecida. Uma diminuição dos laços comunitários como resultado de uma maior mobilidade geográfica resulta no mesmo sentido.

Esta forma de ver o problema explica o que noutra perspetiva é uma estranha ironia: a de que à medida que a prosperidade geral aumenta, a dificuldade de organizar transferências redistributivas através do sistema fiscal nacional ou local não diminui. Pelo contrário, pode até aumentar, não obstante a grande expansão que teve lugar na despesa pública em todos os principais países.[134]

---

[134] Revendo 22 documentos sobre vários aspectos da redistribuição fiscal nos Estados Unidos através de impostos e subsídios, Boulding e Pfaff apresentaram a conclusão básica destes documentos da seguinte forma: «a redistribuição para os pobres aumentou através do efeito de alguns componentes da economia de subsídios *explícitos*, mas, apesar deste aumento, a distribuição real do rendimento parece ter mudado pouco, embora o número de pobres tenha diminuído, pois todos nós ficámos mais ricos em conjunto. Por outro lado, os «efeitos perversos» das bolsas públicas implícitas, veiculadas através de disposições especiais das leis fiscais, políticas públicas ou práticas administrativas, tendem para uma maior desigualdade: ajudam mais os ricos e os titulares de propriedade do que os pobres. Além disso, muitas despesas públicas destinadas a melhorar o bem-estar económico e social numa determinada área — por exemplo, a educação ou a agricultura — tendem a reforçar as disparidades de rendimentos ou mesmo a aumentá-las». Kenneth E. Boulding e Martin Pfaff, eds., *Redistribution to the Rich and the* Poor (Belmoni, Calif.: Wadsworth Publishing Co., 1972), p. 2. Tanto nos Estados Unidos como na Grã-Bretanha, os impostos considerados no seu todo foram calculados para serem amplamente proporcionais ao rendimento. A despesa pública é progressiva (isto é, beneficia os pobres desproporcionadamente) para transferências bancárias e outros bens específicos como a saúde e a educação; mas a avaliação do benefício atribuído da despesa pública no seu todo depende sobretudo do tratamento das despesas gerais como a defesa. Joseph A. Pechman e Benjamin Okner, *Who Bears the Tax Burden?* (Washington, D.C.: The Brookings Institution, 1974); Henry Aaron e Martin McGuire, «Public Goods and Income Distribution», *Econometrica* (novembro de 1970): A. B. Atkinson, «Poverty and Income Inequality in Britain», em Dorothy Wedderburn, ed., *Poverty, Inequality and Class Structure* (Cambridge, Eng. : Cambridge University Press, 1974).

A política pública nos Estados Unidos tentou equilibrar a segregação fiscal, notavelmente nas decisões políticas e jurídicas para equalizar os recursos disponíveis aos distritos escolares locais. Estas políticas foram recebidas com uma forte oposição popular. Esta resistência à redistribuição propriamente dita pode ser considerada perversa, uma vez que na civilização ocidental não se esperaria que o altruísmo ou a preocupação com a comunidade fossem bens inferiores, em que a procura diminui à medida que os rendimentos aumentam. A observação frequente da incidência de queixas pelo declínio destas atitudes sugere que não são. Uma explicação possível é que as queixas não passam de desabafos hipócritas de consciência que constituem substitutos baratos para a ação altruísta ou de orientação comercial.[135]

Uma explicação alternativa centra-se em dois elementos interligados de maior prosperidade: a intensificação da concorrência pelos bens posicionais e a privatização das instalações de acesso comum. À medida que o rendimento monetário se torna cada vez mais dominante na gestão das atividades de consumo e na obtenção de uma posição social e económica, deverá dominar cada vez mais as atividades produtivas. Se nos tornarmos mais dependentes do dinheiro para a nossa vida e lazer, também nos tornaremos mais dependentes do dinheiro que temos de ganhar. Esta é a lógica interna do processo de privatização e, de uma forma mais geral, da comercialização.

---

135 Esta, por exemplo, é a visão assumida por Gordon Tullock, «The Charity of the Uncharitable», em Armen A. Alchian e outros, *The Economics of Charity* (Londres: Instituto dos Assuntos Económicos, 1973), p. 16–32.

O processo de interação através do qual o aumento da produtividade intensifica a comercialização é descrito no seguinte esquema. O processo é mostrado a operar através de dois canais, com algum *feedback* positivo (o Círculo do Poder). Este esquema sumaria as influências e relações que foram discutidas em pormenor nos capítulos anteriores.

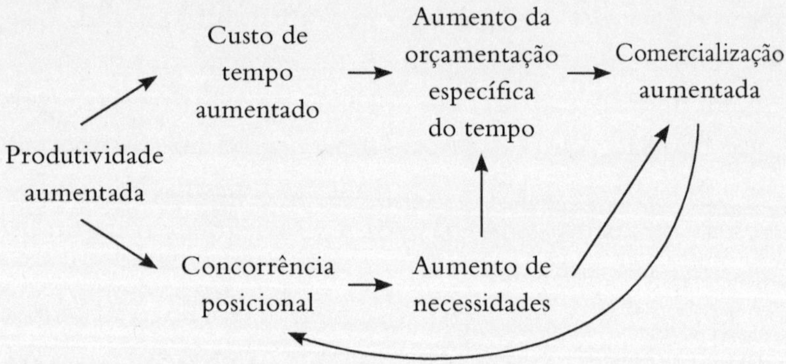

Assim, a justaposição de uma economia cada vez mais material com um sector posicional estático ajuda a virar o processo de comercialização para uma expansão dinâmica. O resultado é um enviesamento na mercadoria. A economia como um todo torna-se mais orientada para a mercadoria do que os indivíduos escolheriam se fossem confrontados com todas as consequências das suas preferências, no contexto da capacidade produtiva da economia: e, em particular, da incapacidade de expandir as facetas do bem-estar individual que dependem essencialmente da posição relativa, e não da produtividade individual. A questão colocada não consiste apenas em delinear os sectores particulares em que o efeito de comercialização é prejudicial[136]: é, antes, encontrar meios de contrariar um preconceito geral no sistema de mercado, um preconceito que persistirá em algum grau em qualquer sistema que responda a desejos individuais isolados. Os incentivos dados a nível pessoal, em que a melhoria da posição relativa permanece possível, envolvem, para a sociedade como um todo, custos adicionais e distorções que são externas ao indivíduo e que, portanto, não serão tidos em conta na ausência de medidas deliberadas de correção. O resultado perverso é encorajar ainda mais a expansão da produção material, ao mesmo tempo que agrava as condições ambientais em que os produtos são utilizados.

Os marxistas veriam, sem dúvida, este enviesamento nas mercadorias como uma extensão adicional e inexorável da relação de troca que Marx considerava a essência do modo capitalista.[137] Há um sentido óbvio em que isto é verdade. Se as economias impulsionadas por oportunidades de investimento privado viram as costas à comercialização, convidam à estagnação e à depressão. A recente situação económica da Grã-Bretanha reflete, em certa medida,

---

136 O assunto foi colocado desta forma, apesar dos termos diferentes, nas críticas de R. M. Titmuss, *The Gift Relationship*, por C. J. Bliss, *Journal of Public Economics* (abril de 1972), e por Arrow, «Gifts and Exchanges».

137 «Finalmente, chegou uma altura em que tudo o que o Homem considerava inalienável se tornou objeto de troca, de movimentação e podia ser alienado. É a altura em que as coisas que até ali tinham sido comunicadas, mas nunca negociadas; dadas, mas nunca vendidas; adquiridas, mas nunca compradas — virtude, amor, convicção, conhecimento, consciência, etc. —, em suma, quando tudo passou a ser comércio. É a altura da corrupção geral, da venalidade universal.» Karl Marx, *The Poverty of Philoso*phy (Londres: Lawrence and Wishart, 1955), p. 29.

este problema. O diagnóstico habitual de um fracasso económico absoluto escamoteia o problema geral presente nesta experiência — as tentativas parcelares para equilibrar o enviesamento da comercialização que vai contra os princípios de uma economia dependente, em primeiro lugar, das empresas privadas no seu sector produtivo.

No entanto, o problema dos bens públicos, que é, no fundo, um problema técnico de organização social, não se restringe à sociedade capitalista. Pode ser igualmente grave numa economia com uma propriedade comum descentralizada do tipo jugoslavo. Além disso, economias de tipo soviético controladas de forma centralizada encontraram problemas de coordenação tão grandes que os incentivos dados a nível local replicaram frequentemente a miopia dos incentivos de mercado na presença de externalidades. A poluição do Lago Baikal e a manipulação de normas pelos gestores de fábricas soviéticas para estabelecer melhorias nominais à custa de melhorias reais na produtividade são exemplos bem conhecidos.

A questão central discutida neste livro é um problema acrescido: o que os indivíduos querem e aquilo que podem obter a título individual a sociedade não pode alcançar; e a sociedade tem de encontrar meios para determinar como essa diferença deve ser reconciliada. Este problema é fundamental para todas as organizações sociais que se baseiam na satisfação dos desejos do indivíduo. Uma economia que responda a desejos isolados de indivíduos registados através de canais políticos estaria sujeita às mesmas deficiências, a este respeito, que uma economia que responda a escolhas individuais registadas através do mercado; por razões bem ensaiadas, a primeira descobriria e implementaria escolhas específicas de forma menos eficiente. O problema é mais relevante no contexto do capitalismo de mercado, principalmente porque esse sistema tem tido mais sucesso no aumento da produtividade material para os níveis elevados em que a concorrência posicional e outras externalidades passam de questões laterais para o palco central, mas também porque, como já foi discutido, a orientação da economia de mercado está institucionalmente centrada nos desejos individuais na sua capacidade isolada. São estes os desejos que melhor satisfaz e que explicitamente encoraja.

Este enviesamento institucional do capitalismo está na direção «errada», mas o enviesamento pode, no entanto, ser a menor parte do problema, que deriva essencialmente da orientação individualista da alocação de recursos. As despesas públicas que respondem ao mesmo estímulo são, neste sentido, uma parte do problema e não a sua solução. Um exemplo óbvio é dado pelo vasto aumento da despesa pública no ensino superior em todos os países avançados na década de 1960, reagindo essencialmente às potenciais oportunidades percebidas por e para os indivíduos na situação com que se depararam. As despesas públicas nas autoestradas para satisfazer a procura crescente dos condutores são outro grande exemplo deste fenómeno. A tirania das pequenas decisões é então transportada para o sector que supostamente as deve ultrapassar e compensar.

O aumento substancial da parte da despesa pública nas economias de todos os países industriais desde cerca de 1960 deve ser visto como uma resposta às frustrações de um crescimento desequilibrado das oportunidades de consumo. O desequilíbrio entre a afluência privada e a miséria pública foi representado graficamente por

Galbraith em *The Affluent Society*. Mas essa análise, discutida mais detalhadamente a seguir, via a distorção apenas como uma má atribuição de recursos por negligência ou prioridade equivocada. A inferência era clara — canalizar uma maior quota de recursos para o sector público — e os governos de todos os países avançados foram rápidos a agir. A análise deste livro sugere que o desequilíbrio está mais profundamente enraizado nas oportunidades subjacentes. Os bens e equipamentos fornecidos direta ou indiretamente pelo sector público não conseguem satisfazer as nossas exigências individuais, em parte, porque estas não podem ser satisfeitas por todas ou pela maioria das pessoas em conjunto. Segue-se, nesta linha de pensamento, que fazer explodir o sector público pode, por si só, fazer pouco para corrigir a distorção. O resultado tem sido a frustração com os frutos dessa expansão. Isto, por sua vez, contribui para as pressões inflacionistas à medida que os indivíduos procuram satisfazer as suas exigências não satisfeitas, quer através do aumento da despesa privada, quer através de apelos a um aumento ainda maior da despesa pública. Uma sequência deste tipo tem sido um elemento na deterioração do desempenho económico ocidental desde meados da década de 1960.

A abordagem desenvolvida nesta análise oferece, portanto, novas perspetivas sobre certas tendências nas economias avançadas que continuam a ser alvo de forte controvérsia. O restante deste capítulo sugere como o conceito de escassez social pode trazer uma abordagem diferente a duas dessas questões: (1) o grande tema de Galbraith de distorção no padrão de produção do novo estado industrial e (2) a variedade de provas de que o crescimento económico neste momento tem uma procura popular aguda e, no entanto, ainda não consegue aumentar o nível global de satisfação quando é alcançado. Ambos os temas foram brevemente abordados na discussão anterior.

I

A citação merecidamente célebre de *The Affluent Society* resume o tema principal que Galbraith desenvolveu em vários aspectos em livros posteriores:

> A família que vai em passeio no seu carro malva e cereja, com ar condicionado e travão de mão passa por cidades mal pavimentadas, que ficaram horríveis por causa do lixo, edifícios degradados, *outdoors* e postes para cabos elétricos que há muito deveriam ter sido colocados abaixo do solo. Passam para uma zona rural que se tornou, em grande parte, invisível pela arte comercial [...] Fazem piqueniques com comida requintadamente embalada que retiram da geladeira portátil num riacho poluído e passam a noite num parque que é uma ameaça para a saúde e a moral públicas. Pouco antes de adormecerem num colchão de ar, sob uma tenda de *nylon*, no meio do fedor dos resíduos em decomposição, podem refletir vagamente sobre o curioso desequilíbrio das suas benesses.[138]

---

[138] John Kenneth Galbraith, *The Affluent Society* (Londres: Hamish Hamilton, 1958), p. 196–197.

A crítica alargada que o trabalho de Galbraith suscitou dos economistas profissionais[139], em grande parte, não questionou seriamente a precisão das tendências retratadas — o contraste contundente entre a riqueza privada (para muitos, ou mesmo todos) e a miséria pública; a concentração altamente aumentada de poder no sector corporativo; e a insensibilidade dos gigantes corporativos às objeções do consumidor. Foi isto que os economistas questionaram na interpretação de Galbraith destes fenómenos. Galbraith não faculta nenhuma base satisfatória para avaliar o que os consumidores realmente querem: a sua crítica baseia-se na alegação de que os consumidores são dissuadidos de tudo através da publicidade e graças à falta de alternativas reais às ofertas fornecidas pelas grandes corporações nas suas decisões de *marketing*. Isto pode claramente ter razão de ser, mas não explica porque é que as empresas que mais se aproximam de corresponder aos desejos «verdadeiros» do consumidor não têm um desempenho superior, e acabam por dominar as suas empresas rivais menos reativas, seja por aquisição seja por atrito. Galbraith nunca respondeu adequadamente à acusação dos seus críticos de que as empresas se encontram num mundo de «planeamento e mecanismo de preços».[140] Galbraith também não apresentou nenhuma razão convincente para que as imensas distorções estruturais sugeridas pelo seu

[139] Ver em particular Robert M. Solow, «The New Industrial State: A Discussion», *Public Interest,* no. 9 (outono de 1967); Scott Gordon, «The Close of the Galbraithian System», *Journal of Political Economy,* 76 (1968); e James E. Meade, «Is 'The New Industrial State' Inevitable?», *Economic Journal* (junho de 1968).

[140] Ver em particular Meade, «Is the New Industrial State' Inevitable?».

diagnóstico fossem corrigidas pelos principais remédios institucionais que propõe — eutanásia do interveniente, nacionalização e reforço do sector não-corporativo através do apoio do Estado.[141] Os critérios que irão guiar os novos controladores na determinação do padrão de produção ficam no ar.

No entanto, a essência do que Galbraith tem vindo a descrever pode ser fundamentada em termos conceituais nos modelos dos seus críticos, encarando-o como um caso de falha do mercado — falha do mecanismo de preços para refletir as escolhas disponíveis para os indivíduos como um todo.

Vamos supor que as empresas *de facto* facultam aos consumidores individuais o que eles querem realmente na situação de mercado e contexto ambiental em que se encontram. Vamos supor também que cada consumidor, obrigado a assumir o enquadramento existente como adquirido, faz uma escolha astuta entre as ofertas empresariais, influenciadas pela publicidade apenas na absorção de informação direta; as empresas que servem melhor estes consumidores astutos são as que crescem e prosperam. Esta conformidade hipotética com o modelo económico ortodoxo pode ainda ser consistente com o diagnóstico de Galbraith de má alocação dos recursos. É assim porque, na abordagem delineada anteriormente, o que é procurado pelo consumidor não é o produto isoladamente, mas o produto com certas características e num certo enquadramento ambiental ou condições

[141] John Kenneth Galbraith, *Economics and the Public Purpose* (Londres: Andre Deutsch, 1974), Parte 5.

de utilização. Este último enquadramento não faz parte do pacote fornecido pelas empresas. Para além disso, o facto de os seus produtos, no seu conjunto, poderem danificar as condições de utilização não diminui o desejo que suscitam no comprador individual. Pelo contrário, pode aumentar a sua atração. O efeito do transporte privado no sufocamento dos transportes públicos torna um carro mais e não menos essencial para cada indivíduo. A espoliação de zonas rurais acessíveis por espaços suburbanos transforma os excluídos em potenciais clientes.

De forma mais geral, o efeito da privatização dos equipamentos anteriormente fora do domínio estritamente comercial, e da substituição da troca comercial pela convenção social na forma que foi descrita, tende a ter um efeito cumulativo. Torna a privatização mais atrativa ou mais necessária para aqueles que ainda não a adotaram. O resultado da cadeia de decisões de mercado privado não vai estar em conformidade com o que os consumidores procuravam nas suas compras individuais; contudo, cada consumidor individual irá ficar ainda pior, a menos que aja de uma forma que, coletivamente, é contraproducente.

Em suma, as empresas que procuram lucros podem ser excelentes a descobrir aquilo que individualmente queremos, dentro de um dado contexto social. Podem até ser excelentes a executar a encomenda que queremos. Mas quando isto é também o que não podemos todos ter, esta atenção às nossas exigências irreconciliáveis pode ser exatamente o problema. Assim, as empresas estão a fazer o seu trabalho demasiado bem. Mudar a ordem para o sector governamental irá apenas deslocar o local da má alocação.

É esta a lacuna de ambas as críticas, de Galbraith e de Nader. A vida cintilante retratada nas revistas é claramente atrativa para muita gente, e nenhum código mais alto de moralidade necessitaria de ser invocado para afirmar que não deveria ser assim. O senão é que uma grande parte não está disponível para uma maioria ao mesmo tempo, e a sua difusão pode alterar o seu conteúdo e características. Ou seja, esses bens privados têm um contexto público, nas condições ambientais abrangentes do seu uso; contexto esse que o seu *marketing* privado não considera devidamente. Então o problema do sistema industrial não é a entrega, mas a encomenda: satisfazer as necessidades *individuais* do consumidor.

Nestas circunstâncias, não resta nenhuma garantia, segundo os cânones da análise económica ortodoxa, de que o produto comercializado de forma privada irá satisfazer as necessidades do conjunto de compradores, que em conjunto são influenciados pelos efeitos consequentes das suas compras. Na medida em que o *marketing* e a publicidade apelam aos indivíduos para se isolarem destes efeitos grupais ou sociais — para se anteciparem ou para protegerem as suas posições — são socialmente inúteis. São então também socialmente imorais ao nível mundano da moralidade, relacionado com a estabilidade e consistência social. Se todos forem instados a adiantar-se, é provável que muitos tenham as suas expectativas frustradas.

As limitações na reprodução do núcleo da riqueza tradicional — lugar e posição — são tanto mais assustadoras quanto são inerentes à situação social; não há análogo ao avanço tecnológico que mantém as limitações físicas à distância no sector material. Nesta perspetiva, portanto, o desequilíbrio social que Galbraith corretamente diagnosticou tem uma base mais profunda do que o domínio excessivo dos oligopólios empresariais com a sua visão míope. A falha na sociedade abastada não reside nos falsos valores de riqueza, mas na sua falsa promessa.

Numa crítica relativamente favorável à posição de Galbraith do ponto de vista neoclássico, Harry G. Johnson formulou sucintamente o seu ponto de concordância básica da seguinte maneira: «vivemos numa sociedade rica, que, todavia, em muitos aspectos insiste em pensar e agir como se fosse uma sociedade pobre».[142] Este era o cerne da tese de Galbraith: com produção abundante, ter mais torna-se menos urgente do que era. A diferença-chave entre Galbraith e a sua crítica ortodoxa diz respeito à capacidade de as instituições empresariais privadas convencionais captarem a nova abundância. Nenhum dos pontos de vista questiona que o fruto esteja lá. Mas com isso escapou a ambos uma fonte importante de frustração económica contemporânea.

Um otimismo institucionalista semelhante está subjacente em muitas críticas marxistas:

> O capitalismo contemporâneo gera uma tensão entre aspirações cada vez mais amplamente partilhadas e oportunidades que, pela própria natureza da estrutura de classes, permanecem restritas e desigualmente distribuídas.

[142] «The Political Economy of Opulence», in Harry G. Johnson, *Money, Trade and Economic Growth* (Cambridge, Mass.: Harvard University Press, 1967), p. 166.

Nesta citação de um ensaio perspicaz de J. H. Westergaard,[143] faria a seguinte substituição:

> O capitalismo contemporâneo gera uma tensão entre aspirações cada vez mais amplamente partilhadas e oportunidades que, pela própria natureza *das coisas a que aspira*, permanecem restritas e desigualmente distribuídas.

O ponto é nitidamente ilustrado pela revolução cultural de Mao na China, que, em grande medida, foi concebida para asfixiar a emergência de uma elite capaz de desfrutar de empregos superiores.

A característica singular do capitalismo liberal tem sido aumentar as expectativas — em parte, pelo seu historial de desempenho melhorado —, para depois ser inibido pelo seu *éthos* individualista de distinguir as aspirações que não podem ser amplamente satisfeitas das que podem. Mas o problema em si é um produto da riqueza material — o que, por força deste problema, não permite uma sociedade próspera.

II

O conceito de escassez social, como desenvolvido na nossa análise, também ajuda a explicar o significado completo dos rendimentos relativos no bem-estar económico.

---

[143] J. H. Westergaard, «Sociology: The Myth of Classlessness», in Robin Blackburn, ed., *Ideology in Social Science* (Londres: Collins Fontana, 1972), p. 133.

O facto de a preocupação da maioria das pessoas com o rendimento ser pelo menos o mesmo quando comparado com o rendimento de outros, e não com o quanto ganha em si, tem sido observado por uma longa linha de economistas e filósofos. Depois da Segunda Guerra, James Duesenberry formulou uma «hipótese de rendimento relativo» mais contundente, ao alegar que o rendimento relativo era a influência dominante na proporção de rendimento gasto e não do poupado.[144] Embora os testes estatísticos desta proposição tenham sido inconclusivos, o foco de Duesenberry na posição do rendimento relativo das pessoas no estabelecimento dos objetivos e pontos de referência do comportamento económico individual permaneceu uma preocupação central. Os sociólogos desenvolveram o conceito de «privação relativa» para explicar o carácter subjetivo do descontentamento sentido, e os economistas têm vindo, cada vez mais, a olhar para a pobreza enquanto conceito relativo.

Talvez a indicação mais evidente do significado de rendimento relativo tenha sido apresentada por Richard Easterlin numa revisão das provas empíricas existentes sobre a ligação entre o rendimento e a satisfação expressa com a vida, no sentido da felicidade.[145] Dez inquéritos realizados nos Estados Unidos entre 1946 e 1996, e outros 19 noutros países, mostraram uma consistência notável

---

[144] James S. Duesenberry, *Income, Saving and the Theory of Consumer Behavior* (Cambridge, Mass. : Harvard University Press, 1949).

[145] Richard A. Easterlin, «Does Economic Growth Improve the Human Lot?», em Paul A. David e Melvin W. Reder, eds., *Nations and Households in Economic Growth: Essays in Honor of Moses Abramovitz* (Stanford, Calif.: Stanford University Press, 1972).

num ponto importante. Em cada inquérito, as pessoas do grupo de rendimento mais elevado ou do grupo de estatuto socioeconómico amplamente definido declararam-se mais felizes, em média, do que as do grupo mais baixo. Conclusões semelhantes foram relatadas num inquérito subsequente realizado na Grã-Bretanha por Mark Abrams.[146] A explicação evidente é que, enquanto a felicidade é uma mistura de fatores complexos e subjetivos, não obstante, os mais abastados têm, sistematicamente, um problema a menos com que se preocupar — a segurança financeira; e a segurança financeira é suficientemente importante para fazer a diferença decisiva.

Ao mesmo tempo, não há uma correlação comparável entre o rendimento e felicidade *entre* países em momentos específicos. Os americanos não se mostram mais felizes que os cubanos nem os alemães que os nigerianos. Nem há qualquer correlação de similaridade entre o rendimento médio e a felicidade nos Estados Unidos ao longo do tempo. Embora os americanos em 1970 tivessem um rendimento real *per capita* 1,7 vezes maior do que em 1947, não obstante, declararam algum aumento na felicidade que sentiam.

A explicação de Easterlin prende-se essencialmente com o domínio dos padrões relativos e pontos de referência da base das expectativas individuais do que deveriam ter. A qualquer momento, «a dispersão em normas de referência é menor do que nos próprios rendimentos dos ricos

---

[146] Mark Abrams, «Subjective Social Indicators», *Social Trends*, nr. 4 (1973).

e dos pobres».[147] Então, os pobres recebem menos do que esperavam e sentem que seria devido, sendo, dessa forma, prejudicados, enquanto os ricos recebem mais, ficando satisfeitos.[148] Ao longo do tempo, o crescimento económico

---

147 Easterlin, «Does Economic Growth Improve the Human Lot?». O papel de grupos de referência sociológica é discutido por Harvey Leibenstein num artigo que confronta o facto normalmente ignorado de que a unidade de consumo pessoal é a família e não o indivíduo. «Toward a Significantly (But Not Radically) New Theory of Consumption», Instituto de Investigação Económica de Harvard, Documento de Estudo 343, fevereiro de 1974. Os padrões de consumo são vistos como sendo governados por padrões prevalecentes entre outros nos mesmo grupos sociais de rendimento, em parte porque isto faculta um critério objetivo para alocação do poder de compra no seio da família, através de transferências para os filhos semelhantes às bolsas orçamentais. O aumento dos padrões gerais eleva a norma para estas bolsas e evita assim um desagravamento da pressão sobre o orçamento familiar. O conceito de competição posicional pode ser visto como uma versão mais forte desta análise, uma vez que não se baseia da mesma forma na existência de grupos de referência social separados.

148 Esta conclusão geral é amplamente confirmada na análise de Julian L. Simon, que recorreu a um leque abrangente de indicadores sociais, incluindo taxas de suicídio, homicídio e doenças mentais («Interpersonal Welfare Comparisons Can Be Made — And Used for Redistribution Decisions», *Kyklos*, 1974, p. 63–98). Assim, o suicídio mostra uma clara correlação inversa com o rendimento nos estudos de corte transversal quando outras variáveis — especialmente a educação — são mantidas constantes: entre as pessoas de dada educação, os mais pobres cometem mais suicídios do que os mais ricos. A partir daí, pode deduzir-se que o efeito a curto prazo de mais rendimentos, ou o efeito de mais rendimentos sem alteração dos «gostos», é aumentar a satisfação (ou pelo menos reduzir o desespero suicida). Mas taxas mais altas de suicídio são associadas a rendimento *mais* alto quando mais nenhuma outra variável é mantida constante: a educação aumenta a ansiedade (assim como a sabedoria), e as pessoas de rendimento mais elevado têm mais de ambas. («Se é tão esclarecido, porque não é feliz?») Daí, Simon infere que o efeito de longo prazo do rendimento mais alto, ao longo do período em que se espera que mude o gosto das pessoas (e a capacidade) na direção

no geral aumentou todo o conjunto de normas. As necessidades crescem com as disponibilidades, e nem o contentamento ou o descontentamento mostram qualquer tendência de mercado.

Uma forte confirmação do significado do rendimento relativo foi apresentada num estudo do sociólogo Lee Rainwater, baseado em dados qualitativos de inquéritos alargados na área de Boston em 1971. Os inquiridos de Rainwater sentiram um crescimento do rendimento em dólares constantes e um aumento do custo de vida que correspondia substancialmente ao seu aumento do rendimento real. Esta perceção, comummente expressa e normalmente considerada inconsistente pelos economistas, é interpretada por Rainwater como refletora da primazia da posição relativa do contemporâneo convencional.

Rainwater foca-se no «custo relativo da participação nas atividades de validação que definem um membro completo da sociedade»; conclui dos inquiridos que este custo relativo não muda, de facto, de uma década para a outra.[149]

A presente análise sugere mais uma explicação da primazia dos rendimentos relativos e não precisa de se basear em comparações. O que os indivíduos conseguem de facto, em aspectos importantes do seu consumo e satisfação laboral, foi visto que dependia da posição do seu

de obter mais educação, é tornar as pessoas mais suicidas. Dos vários outros indicadores sociais ou representantes da felicidade, Simon contesta a antiga visão de que os pobres são felizes na sua pobreza.

[149] Lee Rainwater, *What Money Buys: Inequality and the Social Meaning of Income* (Nova Iorque: Basic Books, 1974), p. 93.

rendimento relativo, e não do seu rendimento absoluto.[150] Este aspecto é ignorado na análise convencional do consumo que não faz distinção entre os bens de consumo intermédios e finais, e não inclui o efeito das condições ambientais na total satisfação do consumidor.

Sobre esta última perspetiva, a sensação de que um lar com dois carros num subúrbio periférico que implica custos de deslocação elevados não dá mais satisfação do que uma vida suburbana materialmente mais modesta, dez anos antes, implica necessariamente um padrão comparativo, envolvendo conceitos sociológicos, tais como privações relativas. Mas a visão alternativa desse mesmo fenómeno sugerida aqui assenta na interpretação de que o consumo líquido pode não ter aumentado. As características procuradas no subúrbio e os equipamentos de transporte podem não ter melhorado: mais carros e subúrbios mais distantes podem ter sido necessários para compensar uma redução na eficiência no processamento ou na transformação desses bens e equipamentos de acordo com as características que o consumidor procura. A satisfação inalterada não necessita, então, de nenhuma explicação especial. O rendimento relativo ainda é a chave, mas agora na interpretação de quanto consumo (líquido) o indivíduo tem, em vez de como o indivíduo o avalia.

---

[150] Uma explicação similar e mais direta das constatações de Easterlin sugerida por Tibor Scitovsky é que «correlacionadas com a distribuição de rendimento também existem desigualdades noutra fonte de satisfação, como a diversão no trabalho, desigualdades que persistiram ao longo do tempo, e cuja contribuição para a felicidade é muito mais importante do que esse rendimento». «Inequalities—Open and Hidden, Measured and Immeasurable», Academia Americana de Ciência Política e Social, *Anais* (setembro de 1973), p. 119.

As duas explicações são complementares: pode recordar-se de que uma parte (mas apenas uma parte) de satisfação dos bens posicionais está relacionada com a sua escassez propriamente dita, implicando critérios de estatuto que são inerentemente comparativos.

Em suma, aumentar a produtividade nacional implica um aumento da necessidade individual de rendimento para assegurar certas satisfações anteriormente obtidas com rendimentos mais baixos. É certo que o aumento da produtividade nacional também acrescentará inequivocamente às disponibilidades de outros tipos, especificamente de bens materiais. Mas este aumento dos bens materiais será acompanhado pela frustração das crescentes exigências de satisfação em função da posição relativa.

Pode suceder que a frustração tenha compensado as mercadorias extra. Em qualquer caso, esta interpretação pode explicar porque é que subir a escada daria mais satisfação do que permanecer no mesmo degrau de uma escada ascendente, mesmo que as expectativas das pessoas estivessem completamente isoladas das dos seus pares. A posição relativa afeta o que recebemos, assim como o que sentimos.

PARTE III

O LEGADO MORAL CANSATIVO

Do ponto de vista da evolução, parece plausível dizer que a ideologia é um substituto do instinto.

—Joan Robinson,
Economic Philosophy

A virtude pode ser a sua própria recompensa, mas a recompensa é demasiado frequentemente um bem coletivo, partilhado apenas por minutos pelo indivíduo virtuoso.

—Thomas Schelling,
«On the Ecology of Micromotives»

8

Uma sobrecarga na economia mista

A escassez social, analisada nos capítulos anteriores, representa o problema — ou problemas — do sucesso. O vasto aumento da produtividade material empurrou a fronteira da procura em massa para um terreno onde deixou de haver mais para todos. Mais uma vez, como na era anterior do crescimento, o que um homem ganha é muitas vezes o que o outro perde; e ambos podem ficar a perder nessa luta. Esta classe de problemas é, em momentos, exacerbada pelo mecanismo institucional da economia de mercado, sendo que surge do impulso do desenvolvimento capitalista modificado por um estado liberal-democrata. Mas viu-se que a essência do problema residia numa influência geral, na resposta do mecanismo económico ou por controladores políticos às exigências registadas por indivíduos que têm em vista a sua situação imediata.

A orientação individualista comprometeu a operação estável e crescimento continuado das economias sob um impulso predominantemente capitalista de uma segunda forma, que é a preocupação principal da presente série de capítulos da Parte III. Essa limitação não provém das realizações do crescimento capitalista passado. A sua raiz está, pelo contrário, na essência do capitalismo enquanto sistema de valor. O problema aqui é que a busca de objetivos económicos privados e essencialmente individualistas pelas empresas, consumidores e trabalhadores nas suas escolhas de mercado — os valores capitalistas distintivos que impulsionam o sistema — tem de ser cingida em pontos críticos por uma moralidade social rígida que o sistema corrói, em vez de sustentar. Em conjunto, as constrições da escassez social e as exigências da moralidade social formam a dupla dos limites sociais do crescimento.

A moralidade social que serviu de subestrutura para o individualismo económico foi um legado do passado pré-capitalista e pré-industrial. Este legado tem diminuído com o tempo e com o contacto corrosivo dos valores capitalistas ativos — e mais geralmente com o maior anonimato e a maior mobilidade da sociedade industrial. O sistema perdeu assim o apoio externo que anteriormente era considerado garantido pelo indivíduo. Como o comportamento individual tem sido cada vez mais orientado para a vantagem individual, os hábitos e instintos baseados em atitudes e objetivos comunitários têm ficado para trás. O enfraquecimento dos valores sociais tradicionais tem tornado as economias predominantemente capitalistas mais difíceis de gerir, ou seja, de orientar pela intervenção indireta do Estado. Contudo, ao mesmo tempo, a expansão contínua da produção material em resposta às forças autónomas do mercado traz problemas crescentes, predominantemente de aglomeração social e de intensificação da concorrência posicional. Assim, as respostas de indivíduos isolados à situação que lhes faz frente tornaram-se um guia menos seguro para promover os objetivos dos indivíduos considerados em conjunto.

A gestão do sistema tornou-se mais necessária, mas o enraizamento do *éthos* individualista torna-o mais difícil. O problema do sucesso junta-se e exacerba o problema do legado cansativo. Os dois problemas interagem e tornam-se piores por isso.

Esta interação também aumenta tensões sobre a distribuição de bem-estar. A tradicional neutralidade do sistema de mercado, em que a distribuição de recompensas é legitimada pela operação de forças de mercado autónomas e aparentemente inevitáveis, é perturbada pelo aumento do poder negocial coletivo e pelo papel mais preponderante das atividades coletivas. A validação do resultado por algum critério explícito é cada vez mais necessária, o que coloca problemas adicionais para a gestão da economia. Em todos os países avançados na última década, os governos enfrentaram uma escolha piorada entre o aumento do desemprego e o aumento da inflação. Os clássicos instrumentos contra a inflação da política monetária e fiscal implicam então custos elevados na produção real e no emprego. O cerne do problema é a forma como as forças coletivistas devem ser domadas. Ainda não está claro se a estabilidade económica e financeira pode ser restabelecida sem a etapa fundamental de validação do resultado distributivo por algum critério ético, atacando as raízes de uma economia de mercado individualista. Entretanto, as pressões sobre a escassez social — concorrência posicional — exercem uma influência maligna sobre a luta distributiva de duas maneiras. Aumentam a sua intensidade, do ponto de vista de cada indivíduo individualmente (porque a posição relativa torna-se mais importante), enquanto aumenta o custo para todos os indivíduos em conjunto.

I

O capitalismo de mercado nunca foi a base exclusiva da economia política em nenhum país, em nenhum momento. Essa tem sido a sua força. Foi o casamento do capitalismo de mercado com a regulação estatal que produziu um sistema político-económico híbrido com a resiliência e plasticidade necessárias para sobreviver. Mas a nova pele enxertada no capitalismo ocidental para lhe dar estabilidade e apoio parece estar a ser pautada por um *stress* contínuo e talvez crescente nos fundamentos do sistema.

Este *stress* apareceu na própria capa protetora; os dispositivos de controlo neste meio século de capitalismo gerido têm sido desiguais na sua tarefa. A resposta natural tem sido aperfeiçoar os dispositivos para fazer melhores ratoeiras. Alguns críticos defenderam maior ênfase no controlo dos agregados monetários e menor recurso a ajustamentos fiscais discricionários, outros defenderam novos tipos de controlo dos salários e talvez dos preços, outros uma utilização abrangente de todos estes instrumentos disponíveis. Uma questão subjacente, explorada neste capítulo e no próximo, diz respeito ao *stress* no processo geral de regulamentação de uma economia de mercado: uma espécie de cansaço de gestão económica, comparável ao cansaço induzido nos metais convencionais por condições que lhes impõem exigências excessivas. Mais precisamente, as limitações que têm sido experimentadas na gestão económica podem refletir não deficiências técnicas de determinados instrumentos, mas uma falha generalizada na estratégia pela qual supostamente devem ser aplicados.

A essência desta estratégia é a imposição do mínimo necessário de controlo central e diretrizes numa economia cujas unidades operacionais motivadas por objetivos e horizontes individualistas são guiadas por estes objetivos individualistas no comportamento do dia-a-dia. Desta forma, o sistema supostamente recebe o melhor e evita o pior tanto do controlo central e da iniciativa individual na esfera económica. Eclético e pragmático, o modelo intelectual do sistema é, em grande parte, de construção inglesa. As bases foram determinadas por Alfred Marshall e A. C. Pigou, que se basearam de forma significativa em John Stuart Mill, mas foi o trabalho de John Maynard Keynes que abriu caminho para a sua aplicação prática. As políticas relevantes vão muito além do que habitualmente se pensa serem os instrumentos keynesianos — ajustes orçamentais para influenciar o nível da procura monetária. Política fiscal, política monetária e política convencional de rendimentos são todas componentes do que pode ser considerado o sistema keynesiano mais amplo de orientação central contínua de uma economia descentralizada, ou mesmo individualista. Embora frequentemente apresentado pelos críticos contemporâneos como estando em conflito com a tradição anterior do liberalismo económico, o programa keynesiano completo pode, pelo contrário, ser considerado o seu culminar. As tensões agora sentidas pelo sistema keynesiano mais amplo são correspondentemente profundas.

Uma característica-chave deste sistema mais amplo era que a motivação podia ser subordinada aos resultados. Esta característica preservou o aspecto central do sistema celebrado pelos economistas clássicos no apogeu do capitalismo descontrolado, a mobilização do interesse próprio do talhante e do padeiro para proporcionar ao público os seus jantares. Pressupunha-se que as ações em interesse próprio tinham resultados socialmente positivos. A mão invisível de *A Riqueza das Nações* de Adam Smith não deveria ser abandonada, mas meramente guiada pelos controladores económicos keynesianos. Na visão liberal moderna, o sistema socioeconómico é visto como amoral. Esta visão não implica naturalmente que os indivíduos que a compõem sejam amorais; mas que, numa sociedade individualista, a moralidade é, na sua maioria, uma questão individual.

Mas o esquecimento inofensivo da motivação individual no sentido da moralidade, como é celebrada na doutrina ditada pela mão invisível,[151] teve lugar quando o capitalismo era jovem, essencialmente descontrolado e ainda perante uma fronteira económica a expandir-se uniformemente. A brigada de incêndio keynesiana chegou ao local quando todas essas condições tinham passado. Tinham dado lugar a um capitalismo maduro e controlado, no qual a moralidade pré-capitalista tinha atrofiado e a fronteira em expansão dos bens materiais estava justaposta a uma pressão crescente sobre a fronteira confinada dos bens posicionais. Esta evolução tornou

---

[151] Sumariado da seguinte forma no manual de economia mais amplamente usado: «cada indivíduo, ao perseguir apenas o seu próprio bem egoísta, foi levado, como se por uma mão invisível, a atingir o melhor bem para todos.» Paul A. Samuelson, Economics, 9.ª ed. (Nova Iorque: McGraw-Hill, 1973). Esta doutrina recebida, como anotado no Capítulo 4, Parte IV, omite o contexto moral original da formulação de Smith. Ver também Capítulo 10.

o sistema económico menos anónimo, menos automático no funcionamento e menos favorável ao seu crescimento.

Manter a tradicional separação entre motivação individual e resultado social nestas circunstâncias era uma questão diferente. Implicava a extensão progressiva de uma organização social explícita sem o apoio de uma moralidade social correspondente — mais regras para o bem comum, tendo de ser prescritas e cumpridas numa cultura cada vez mais orientada para o bem privado. O fardo colocado sobre a moralidade individual foi, desta forma, grandemente aumentado. Pode ser visto no contexto da análise que fazemos como uma sobrecarga na economia mista moderna. A ligação entre a transformação que teve lugar nas características do sistema de mercado e o papel desempenhado nesse sistema por motivações individuais tem merecido atenção inadequada.

II

A economia capitalista compreende a organização da produção, acumulação e troca entre indivíduos privados, a operar em nome individual ou em grupos empresariais, a atuar livremente na base de contrato comercial e motivados pelo seu próprio benefício pecuniário. Nessa medida, o capitalismo de mercado tem sido condicionado, confinado e suplementado por vários controlos sociais. Estes controlos, operados pelo Estado ou representados por convenções sociais ou instintos, têm três funções principais.

A primeira: aliviam o impacto das forças de mercado capitalistas nos indivíduos ou grupos com menor poder económico. Trata-se do «corretivo distribucional» que sempre foi reconhecido como necessário a algum nível desde promulgação da Lei dos Pobres de Isabel no século XVI.

A segunda: a necessidade de haver controlo para tornar o processo de mercado eficiente nos seus próprios termos — para garantir que a escolhas de mercado privadas refletem benefícios sociais e custos tanto quanto possível e que facultam as correções necessárias do exterior do sistema de mercado (no mínimo, controlo central sobre a oferta de dinheiro, suplementada na prática por regulamentações fiscais e administrativas de uma variedade de tipos). A necessidade de «eficácia» nestes distanciamentos do *laissez-faire* há muito foi reconhecida pelos economistas convencionais, muitas vezes através de *sotto voce*; o âmbito para a regulamentação estatal neste contexto foi bastante alargado pela estrutura teórica construída entre as duas guerras mundiais, por Pigou, por um lado, e por Keynes, por outro. A terceira função, o controlo social informal na forma de normas socializadas de comportamento, é necessária para permitir ao próprio mercado operar. Vão desde os padrões pessoais como dizer a verdade, até à aceitação da legitimidade dos contratos comerciais como base para as transações. Um aspecto importante é o acordo implícito sobre a esfera do comportamento do mercado: sobre o que pode ser comprado e vendido, quais os interesses que podem ser perseguidos individual e coletivamente. Estes assuntos são reconhecidos como sendo de importância crucial no estabelecimento de uma economia de mercado, mas, como uma base para as práticas de mercado existentes, têm sido descurados na análise económica moderna. Os pré-requisitos sociais dos mercados têm sido estudados por sociólogos e não por economistas, que geralmente se têm contentado em deixá-los assim.

As normas sociais tradicionais têm sido necessariamente transmutadas pela evolução moderna do sistema económico. A transmutação é bem captada na frase «do estatuto ao contrato», introduzida pelo característico vitoriano *Sir* Henry Maine.[152] A essência da mudança é a extensão da escolha a nível individual, exercida através do intercâmbio no mercado. A profundidade desta penetração individualista é mais claramente visível na sua extensão ao seu anticorpo, a esfera da ação coletiva. A crescente extensão da intervenção centralizada na economia de mercado, preocupada com a justiça «distributiva» e a atribuição «eficiente» de recursos (como nas duas primeiras categorias acima mencionadas), tem sido vista pelos seus protagonistas liberais como sujeita ao princípio primordial de que o comportamento pessoal permanece guiado por um cálculo individualista e não de grupo. Este princípio é por vezes visto como uma ambição em si mesmo. Em qualquer caso, aparece como um constrangimento prático: o cálculo individualista é o que de facto guia o comportamento. Um objetivo primordial da gestão económica central numa ordem liberal tem sido criar as condições que permitam ao cálculo individualista continuar a funcionar de uma forma socialmente favorável.

Neste sentido, Keynes completou as correções necessárias ao *laissez-faire* para validar o que o *laissez-faire* foi concebido para fazer. Sob reserva de exceções específicas,

---

[152] *Sir* Henry Maine, *Ancient Law* (1861) (Londres: Murray, 1894).

que em maior ou menor grau tinham sido admitidas por todos os expositores académicos de economia clássica, o indivíduo foi deixado a perseguir os seus próprios objetivos económicos. O apoio acrescentado ao sistema pela mão condutora ao centro abriu as capacidades totais de liberdade de maximização individual, a par da prosperidade económica. Neste sentido lato, o contributo keynesiano pode agora ser visto como representante da mais alta marca de água do liberalismo secular, que tenta a mais importante privatização — acrescentar a moralidade à esfera da escolha individual. No entanto, como será mais aprofundadamente discutido nos capítulos seguintes, os fundamentos sociais de cariz crucial no processo de mercado são, eles próprios, enfraquecidos pela infiltração de um cálculo individualista.

As deficiências resultantes desta abordagem individualista foram ignoradas durante muito tempo pela influência especial, e em grande parte inconsciente, da tradição inglesa de paternalismo esclarecido. Esta cobertura paternalista foi removida na formulação do liberalismo de mercado que se desenvolveu mais profundamente na tradição moderna de Chicago.[153] Mas a interpretação de Keynes do capitalismo gerido retém uma importância vital devido à sua inquestionável dependência de obrigações e instintos decorrentes de uma cultura pré-industrial anterior. É no sistema keynesiano completo que melhor podemos observar os limites do mercado gerido, porque

[153] Ver em particular Milton Friedman, *Capitalism and Freedom* (Chicago: University of Chicago Press, 1962); Johnson, «The Economic Approach to Social Questions».

Keynes tomou como certas características de apoio que o seu próprio sistema não podia preservar, mas que o sistema mais puro dos seus sucessores no liberalismo económico ignorou.

9

O keynesianismo político e o mercado gerido

A essência da economia de Keynes, de acordo com a visão de um dos seus intérpretes mais percetivos,[154] era salvar o capitalismo da estupidez dos seus gestores — e, poder-se-á acrescentar, da crítica ultraliberal de Keynes. Keynes aperfeiçoou o conceito de um sistema económico que serve os objetivos dos homens distintos e, em última análise, não económicos: notavelmente, relações pessoais, apreço pela beleza, contemplação. Estes objetivos eram tratados como os últimos dados, determinados atomicamente por cada indivíduo. Existiam além dos processos de esforço económico — além, quer dizer, do que Marx via como as condições sociais de produção. Esses processos, segundo Keynes, eram apenas o meio para a obtenção de objetivos escolhidos individualmente. Da mesma forma, os padrões sociais prevalecentes ou normas compreendiam nada mais do que um agrupamento de objetivos e normas individuais. Para o cumprimento dos seus objetivos, os indivíduos deveriam ter a escolha mais completa disponível que

---

[154] Harry G. Johnson, «Cambridge in the 1950s», *Encounter* (janeiro de 1974), p. 33. Johnson refere-se aqui à «economia keynesiana», e não à economia de Keynes, mas como está preocupado com as origens da escola, a distinção, neste caso, provavelmente não é significativa.

o grande armazém pudesse oferecer. O sistema económico, desmontado, era aquele grande armazém. O uso que cada indivíduo fazia das suas possibilidades materiais era um assunto que só lhe dizia respeito a ele. Do mesmo modo, os meios e motivos pelos quais a cornucópia material foi alcançada foram uma questão de escolha individual e não social. Fazendo eco a Adam Smith quase à letra, Keynes declarou o consumo como «o único fim e objeto de toda a atividade económica».[155]

Com efeito, a visão utilitarista-consumista do homem banido do plano social, o conteúdo moral explícito incorporado na filosofia cristã e procurado no pensamento marxista e socialista. Esta proscrição estava totalmente de acordo com os objetivos individuais: a moralidade era uma questão pessoal, individual, e representava o maior objetivo individual. Mas ao proceder desta forma, a filosofia liberal teve um efeito colateral não pretendido. Prejudicou o seu próprio instrumento mecanicista para a realização de objetivos individuais, pois o funcionamento eficiente do próprio mercado assenta em certos

---

[155] «The General Theory of Employment, Interest and Money». *Collected Writings*, VII, 104. Comparar Adam Smith — «O consumo é o único fim e finalidade de toda a produção; e o interesse do produtor só deve ser atendido na medida em que seja necessário para promover o do consumidor.» *A Riqueza das Nações*, Livro IV, Capítulo VIII. A postulação económica padrão do consumo como o único fim da produção foi assumida por Gunnar Myrdal em 1928: «A maioria das pessoas em situação razoavelmente boa conseguem maior satisfação da capacidade enquanto produtores do que enquanto consumidores. De facto, muitos definiriam o ideal social como um Estado em que o maior número possível de pessoas pode viver desta forma.» *The Political Element in the Development of Economic Theory* (Nova Iorque: Simon and Schuster, 1969), p. 136.

aspectos da moralidade social que são afetados pelos meios e motivos prevalecentes no sistema económico. À medida que o capitalismo foi amadurecendo e se tornou mais fácil de controlar, os *stresses* resultantes da dicotomia social aumentaram.

I

Em *O Fim do Laissez-Faire* (1924–1926)[156] Keynes atribuiu o controlo popular atingido por essa doutrina no século XIX à convergência intelectual e administrativa da altura. O *laissez-faire* enquadrava-se no individualismo dos filósofos políticos e na harmonia vista tanto pelos economistas como pelos teólogos; ao mesmo tempo, enquadrava-se nos instintos do homem prático confrontado com a incapacidade dos administradores públicos e a contrastante iniciativa e concretizações dos empreendedores da revolução industrial. Mas esta combinação de influências foi um produto do seu tempo. Quando passou, o conflito latente entre os contributos individualistas e coletivistas do Iluminismo foi exposto. Ao expor o *laissez-faire* de forma tão contundente como fez, tanto neste ensaio como na sua obra mais alargada, Keynes reconheceu alguns elementos fundamentais deste conflito. Contudo, com 50 anos de retrospetiva, o seu contributo dominante em engendrar uma via intermédia, na forma de uma economia de mercado gerido (ou atentadamente gerido), pode ser

[156] *Collected Writings*, IX.

visto como tendo obscurecido e não facilitado o conflito individualista-coletivista num aspecto central.

Keynes assumiu que os gestores do sistema ficariam motivados por objetivos mais altos do que a maximização dos seus próprios interesses. Também assumiu que os padrões do comportamento público iriam progredir de forma que gradualmente colocariam menor importância — e não maior — à maximização do ganho monetário. Estes nobres pressupostos, na sua maioria implícitos, permitiram a Keynes contornar o problema de implementação inerente à sobreposição de objetivos coletivos a um cálculo individualista. Na tradição liberal americana, que por razões históricas tem sido relutante em apoiar-se em pressupostos semelhantes de paternalismo iluminado, o conflito potencial é mais aparente.

Keynes opôs-se ao *laissez-faire* extremo através de uma abordagem essencialmente tecnocrática, pragmática, empírica, apolítica e contrafilosófica.[157] As suas restrições e uma

---

[157] Isto foi prefigurado em «The End of Laissez-Faire» e «Am I a Liberal?». Neste último, o elemento tecnocrático-elitista foi tornado explícito: «Não acredito que o elemento intelectual no partido [Trabalhista] irá alguma vez exercer um controlo adequado [do programa do partido].» *Collected Works*, IX, 296. Para uma discussão do desdém de Keynes tanto por políticos como pela opinião pública, ver Donald Winch, *Economics and Policy* (Londres: Hodder and Stoughton, 1969), e em particular o apêndice sobre «Keynes and the British Left». Harrod sumaria um pressuposto subjacente à mundivisão de Keynes — o «pressuposto de Harvey Road», assim chamado em honra da casa espaçosa, sólida, de Cambridge, em que os pais de Keynes viveram a vida inteira — «a ideia de que o governo da Grã-Bretanha estava e continuaria a estar nas mãos da aristocracia intelectual através do método da persuasão». Roy Harrod, *The Life of John Maynard Keynes* (Londres: Macmillan, 1963), p. 192–193. Sobre o elitismo de Keynes, ver também Elizabeth Johnson,

viragem parcial contra o *laissez-faire* trouxeram consternação entre aqueles para quem o *laissez-faire* tinha sido uma ideologia, de individualismo salvaguardado pelo capitalismo.[158] Na opinião deles, Keynes tinha traído a causa, com base na sua desvalorização superficial das verdadeiras fontes e dos fundamentos necessários do liberalismo. Assim, Keynes foi visto como a repetição do pecado de Bentham de abrir caminho ao coletivismo, através de um pragmatismo descuidado e de uma fé irrealista na capacidade da legislação para melhorar o bem-estar social.

Mas o consenso de acordo filosófico que Keynes considerava ter governado Inglaterra durante 100 anos[159] nunca assentou na interpretação rigorosa da mínima intervenção estatal. Esta é uma conclusão clara que emerge do debate

---

«The Collected Writings of John Maynard Keynes: Some Visceral Reactions», em Michael Parkin and A. R. Nobay, eds., *Essays in Modern Economics* (Londres: Longman, 1975).

[158] A casa intelectual dos defensores da fé ultraliberal era, nesta altura, a London School of Economics. O departamento de economia, sob a liderança de Lionel Robbins e alimentado pelo formidável intelecto de Friedrich Hayek, travou uma batalha contínua com o pragmatismo intervencionista de Keynes, em Cambridge, e com o socialismo descarado do próprio Harold Laski, da London School of Economics. A crítica ao nome de Keynes foi mais difundida em conversas privadas e correspondência (como em parte refletida em memórias subsequentes) do que na literatura económica contemporânea. Uma exceção significativa foi a publicação de um grupo de economistas LSE de William Beveridge, ed., *Tariffs: The Case Examined* (Londres: Longmans Green, 1932). Aqui, Keynes foi tratado com cortesia e ainda com deferência do exterior — o mestre que tinha perdido a fé nos seus próprios ensinamentos anteriores (ver especialmente p. 242). O perigo que muitos liberais contemporâneos viram na viragem intervencionista de Keynes só apareceu completamente aquando da reavaliação da revolução keynesiana, que começou nos anos 60.

[159] «The End of Laissez-Faire», p. 272.

instável entre os historiadores económicos sobre se e em que sentido houve uma era de *laissez-faire*.[160]

Havia «Origens Vitorianas do Estado Britânico de Bem-estar»[161] muito enraizadas. Na avaliação do Professor Scott Gordon: «O *laissez-faire* não era uma máxima que determinava o assunto em qualquer instância, mas desempenhava um papel notável no *lobbying* contemporâneo e na propaganda.[162] O *laissez-faire* foi aptamente descrito como «a filosofia vigente», mas a filosofia *governante* da era do *laissez-faire* era supremamente pragmática. A sua força estava na sua capacidade não ideológica.

Não foram estas mesmas características dentro do keynesianismo que exerceram o seu apelo político à elite liberal britânica (e, em menor medida, à americana) em meados do terço do século XX? O keynesianismo político dos anos 30, o programa escrito por Harold Macmillan, Evan Durbin e Geoffrey Crowther, assim como pelo próprio Keynes,[163] facultava uma alternativa apolítica à escolha

[160] Representado e sumariado em A. W. Coats, ed., *The Classical Economists and Economic Policy* (Londres: Methuen, 1971), e Arthur J. Taylor, *Laissez-Faire and State Intervention in Nineteenth-Century Britain* (Londres: Macmillan, 1972).

[161] David Roberts, *Victorian Origins of the British Welfare State* (New Haven: Yale University Press, 1960).

[162] Scott Gordon, «The Ideology of Laissez-Faire», em Coats, ed., *The Classical Economists,* p. 189. Ver também do mesmo autor «The London *Economist* and the High Tide of Laissez-Faire», *Journal of Political Economy* (dezembro de 1955).

[163] Harold Macmillan, *The Middle Way* (Londres: Macmillan, 1938): Evan Durbin, *The Politics of Democratic Socialism* (Londres: Routledge, 1940); Geoffrey Crowther, *Economics for Democrats* (Londres: Thomas Nelson, 1939). Um trabalho basilar do pós-Guerra na mesma veia foi *Planning and the Price Mechanism* de J. E. Meade (Londres: Allen and

polarizada da altura. Para aqueles igualmente repelidos pelas políticas de Estaline e de Hitler, e pela economia dos comunistas de John Strachey e também dos banqueiros de Montagu Norman, o ponto intermédio keynesiano surgiu quase como uma libertação: a promessa de emprego pleno e também J. S. Mill.[164]

Depois da Segunda Grande Guerra, a máquina governativa britânica, que pode ser assim chamada no sentido de que os líderes políticos e administrativos continuavam a ser dominados nas suas ações decisivas por um *éthos* liberal comum, estava sob uma pressão que aumentava cada vez mais para se legitimar enquanto ferramenta ao serviço dos interesses de todas as classes e grupos, da meritocracia à sua contrapartida, que tem necessariamente de ser a idiocracia.

As inferências pragmáticas, anti-ideológicas e, consequentemente, elitistas do keynesianismo ajudaram este

---

Unwin, 1948). Vinte e cinco anos depois, Meade escreveu a sequela ainda mais elegante: *The Intelligent Radical's Guide to Economic Policy. The Mixed Economy* (Londres: Allen and Unwin, 1975).

164 Esta função política pode ser vista como um apoio à «aceitação» bem-sucedida da revolução keynesiana no plano académico, suplementando talvez de uma forma crucial as condições intelectuais favoráveis elencadas por Harry G. Johnson, «The Keynesian Revolution and the Monetarist Counter-Revolution», *American Economic Review* (maio de 1971). Como Winch formulou: «Aqui [nas ideias de Keynes] estava uma arma eficaz para usar contra os marxistas por um lado e os defensores do capitalismo à moda antiga por outro; uma verdadeira terceira alternativa, sendo que a sua inexistência antes da *General Theory* tinha levado muitos para os campos comunistas». *Economics and Policy,* p. 349. Numa carta aberta em dezembro de 1933, Keynes escreveu a Roosevelt: «Se fracassar, a troca racional será gravemente prejudicada no mundo inteiro, deixando o combate aberto entre a ortodoxia e a revolução.» (citado em Winch, *Economics and Policy,* p. 221).

regime a satisfazer-se a si próprio e ao eleitorado da sua legitimidade e da solidez das suas políticas. Estas foram contrastadas com as forças destrutivas da luta política ultrapassada, sobre ideologias obsoletas e conflitos de classes falsamente concebidos, que a nova abordagem de gestão poderia superar. A estupidez, não a cupidez, foi o pecado dos que estavam ao leme: para governar, não era necessário escolher, apenas pensar, contar e gerir.[165]

Com a administração Kennedy, esta atitude atravessou o Atlântico. Com o superpoder dos modelos de crescimento de Harrod e Solow, o keynesianismo foi visto a nível político como abrindo o caminho hedonista do crescimento autogerador, fornecendo os meios para atingir objetivos económicos sem sacrifício absoluto. A controvérsia, para além das franjas marxistas e de Hayek, que eram então consideradas ultrapassadas fora da difusa academia, limitava--se sobretudo à forma em que os frutos do crescimento

---

[165] Esta vertente tecnocrática era comum a quatro críticas diferentes à política económica britânica do pós-Guerra publicadas por jornalistas económicos, que, em conjunto, tiveram um impacto considerável no clima de opinião política: Andrew Shonfield, *British Economic Policy Since the War* (Harmondsworth, Eng.: Penguin, 1958); Michael Shanks, *The Stagnant Society* (Harmondsworth, Eng.: Penguin, 1961); Norman Macrae, *Sunshades in October* (Londres: Allen and Unwin, 1963); Samuel Brittan, *The Treasury under the Tories* (Harmondsworth, Eng.: Penguin, 1964). Os textos de Keynes influenciaram uma geração de jornalistas económicos na Grã-Bretanha talvez ainda mais intensamente do que os economistas académicos. Os jornalistas em campanha não teriam sido mais do que humanos se não tivessem sido atraídos pela insistência de Keynes de que eram os líderes de opinião e os mestres do intelecto pragmático, em vez dos homens do partido ou os homens de negócios — ou mesmo os académicos que permaneceram na torre de marfim — que verdadeiramente governavam o mundo.

deveriam ser colhidos: consumo privado (em resposta às escolhas individuais do mercado); consumo público (como exortado por Galbraith); desenvolvimento mundial (*lobby* da ajuda); armas e manteiga também (Vietname como dividendo fiscal de 1965, tornando os Estados Unidos o primeiro país na História a ser capaz de contemplar uma guerra sem uma lei).[166] Também houve amplo acordo sobre a base do sistema político-económico, uma economia de mercado temperada por corretivos estatais aplicados a pontos limitados — um mercado gerido.

II

Um pressuposto consciente, embora normalmente não seja citado, é a própria visão de Keynes do sistema de que os macrogestores, os supervisores do sistema, provavelmente eram mais inteligentes do que os microgestores, os supervisores das suas unidades de negócio individuais.[167]

---

[166] Para uma crítica documentada da opinião de que a política fiscal dos EUA foi transformada pelo esclarecimento intelectual, e uma exposição do papel contínuo da ideologia e dos interesses, ver Herbert Stein, *The Fiscal Revolution in America* (Chicago: University of Chicago Press, 1969). O dividendo fiscal foi um conceito desenvolvido por economistas da administração em meados dos anos 60 para denotar os recursos adicionais automaticamente disponibilizados pelo crescimento económico através do seu efeito expansionista sobre a base tributária. O dividendo fiscal para 1964 foi o corte de impostos; para 1965, foi o aumento na despesa militar com o Vietname. A dimensão imprevista destas despesas desacreditou o conceito.

[167] Empresários e banqueiros não estavam entre a elite que ganhou o respeito de Keynes, nem mesmo pelas suas qualidades não intelectuais. Quando lhe perguntaram como, se os homens de negócios eram tão

Um segundo pressuposto subjacente era inconsciente e tomado como garantido. Era a crença, aludida anteriormente, de que os macrogestores se guiavam por motivações diferentes, superiores; e que esses nobres incitamentos se refletiriam no ambiente social em que as suas atividades regulatórias eram executadas. Ambos os pressupostos foram um produto da política inglesa em que aqueles que desafiaram a velha legitimidade aristocrática colocaram pelo menos igual ênfase no serviço público. O liberalismo americano, em contrapartida, desenvolveu a doutrina da interação de interesses plurais e concorrentes, que não assenta nestes pressupostos; é, consequentemente, ao mesmo tempo, um sistema mais complexo e mais exposto. Os liberais de Chicago juntam-se aos marxistas americanos na inquirição acerca de a inclinação e capacidade da burocracia servir os interesses nacionais, ao invés dos particulares.

O pressuposto keynesiano sobre cérebros superiores não é crucial para o sucesso do capitalismo gerido, pois os supervisores inteligentes podem estabelecer um que supervisionados igualmente inteligentes considerassem que vale a pena seguir. Mas o segundo pressuposto, sobre as motivações dos controladores e a sua influência sobre o ambiente social em que o seu policiamento é conduzido, tem um lugar crítico. Tem diretamente que ver com a viabilidade da própria estratégia. Este problema tem sido curiosamente esquecido.

---

estúpidos, ele acreditava que conseguiram fazer dinheiro, Keynes terá explicado: «ao competir com outros homens de negócios». E em 1931: «Uma conspiração de banqueiros? A ideia é absurda, quem me dera que houvesse uma». *New Statesman* (agosto de 1931).

O conceito geralmente aceite de capitalismo gerenciado é mais ou menos o seguinte. A intervenção estatal deve estabelecer «regras do jogo» apropriadas e deliberadamente alterar tanto a lei como as escolhas de mercado que os indivíduos têm pela frente. Para além disso, é esperada dos sindicatos e de outros órgãos coletivos contenção coletiva no interesse geral.[168] Neste enquadramento, que compreende oportunidades de mercado tão limitadas e corrigidas pela ação estatal, a busca dos indivíduos dos seus próprios objetivos volta a ser consistente com o contexto geral ou social. No entanto, quanto mais uma economia de mercado é sujeita à intervenção e correção do Estado, mais dependente fica o seu funcionamento da restrição do cálculo individualista em certas esferas, bem como de certos padrões morais elementares tanto entre os supervisores como entre os supervisionados. Os mais importantes são os padrões de verdade, honestidade, contenção física e respeito pela lei.

Assim sendo, os padrões de comportamento tornam-se mais importantes para o funcionamento da economia em várias maneiras. A regulação central será frequentemente ineficaz ou extremamente dispendiosa, se o comportamento responder apenas a uma vantagem individual parcelar. Os controladores têm uma desvantagem permanente na informação relevante perante as pessoas cujas ações estão a tentar regular ou orientar. Há um problema tanto na medição da produção como na sua identificação.

---

[168] Keynes esteve entre os primeiros economistas a formular a lógica da contenção salarial coletiva em «How to Pay for the War» (1940), *Collected Writings*, IX.

Talvez o exemplo mais dramático e terrível tenha ocorrido na Guerra do Vietname, no desenvolvimento de um conjunto sofisticado de incentivos, concebidos para contornar os canais burocráticos usuais de avaliação subjetiva para substituir a «contagem de vítimas mortais» e outros indicadores tangíveis da eficácia das unidades militares individuais dos EUA. Foi ignorado o encorajamento que isso daria aos combatentes para mudar de atividade de campo para os próprios indicadores, distintos dos objetivos militares que representavam, assim como a manipulação direta dos indicadores através de falsificação consciente e inconsciente. Ambos os elementos puderam ser observados no Massacre de Mỹ Lai.

Problemas analiticamente semelhantes têm sido sentidos com a contratação por desempenho nas escolas e tentativas de pagar aos professores de acordo com os resultados obtidos e não pelas suas contribuições. O rendimento é medido por indicadores tais como a melhoria dos resultados dos testes de leitura dos alunos. O objetivo pode ser derrotado pelo incentivo que esse sistema também dá aos professores para negligenciarem os aspectos da produção educativa que estão fora da medida e para manipularem os próprios testes, ensinando a passar nos testes ou a copiar sem serem penalizados. Assim sendo, há duas falhas potenciais. A primeira é o enviesamento da alocação do esforço a sectores e atividades passíveis de medição e classificação.[169] Estes aspectos de produção

---

[169] A conclusão de um estudo foi a seguinte: «Se como parece [mais] provável, os resultados de uma escola ou de outro serviço público forem demasiado numerosos e difíceis de medir para viabilizar o preço de cada dimensão, então, ao recorrer a contratos de desempenho, a autoridade

educativa são, por assim dizer, tecnicamente adequados à produção de «mercado», e confiar nos incentivos do tipo de mercado vai enviesar a atividade em relação a outros sectores que são tecnicamente inadequados para a medição específica e *marketing* consequente. O fenómeno pode ser visto como instância do «enviesamento de mercadorias» (ver Capítulo 6).

Uma segunda falha potencial é que o processo de produção afeta a natureza do produto propriamente dito ou tem consequências noutras transações: isto é um exemplo do efeito de comercialização (também discutido no Capítulo 6). Se os professores são pagos de acordo com os resultados dos testes que produzem, então tanto o que ensinam como a forma como o ensinam são passíveis de ser redirecionados para os próprios testes. Podem não só ensinar testes em vez de disciplinas; essa prioridade pode também ser a mensagem mais geral que transmitem aos seus alunos. Nenhuma destas considerações é um argumento decisivo, uma vez que os incentivos promovidos pelos testes podem estimular a melhoria do desempenho desejado por professores maus ou desmotivados por outros motivos.

O ponto salientado aqui é que qualquer desses melhoramentos tem um custo potencial no enfraquecimento

---

pública pode criar mudanças de grande escala nos recursos que não pretende.» George E. Peterson, «The Distributional Impact of Performance Contracting in Schools», em Harold M. Hochman e George E, Peterson, eds., *Redistribution Through Public Choice* (Nova Iorque: Columbia University Press, 1974}, p. 134. Ver também E. Gramlich e Patricia P. Kushel, *Educational Performance Contracting* (Washington, D.C.: The Brookings Institution, 1975).

de sanções «internalizadas» do professor, do aluno ou de ambos. Esse enfraquecimento das sanções internas ao indivíduo tende a encorajar a resposta apenas em relação a uma recompensa específica; e isto constitui uma externalidade adversa. O exemplo clássico da «compra» de responsabilidade individual é um sistema de subornos monetários e multas impostas pelos pais aos seus filhos: um sistema que poucos pais com formação académica usam como melhor meio para atingir o bom comportamento ou o bom desempenho. Para eles, a externalidade é internalizada, assim como os efeitos de um enfraquecimento futuro das sanções internas dos seus filhos vai ficar no seio familiar. Em contraste, para um contratado por desempenho pago para obter resultados específicos, as futuras desvantagens são externalizadas. Se os futuros cidadãos são desencorajados a reconhecer qualquer obrigação não compensada por recompensa direta, a restante sociedade suporta o custo.

Um outro problema que surge das tentativas de estabelecer um controlo central com base exclusivamente no interesse próprio privado é: quem deve estabelecer os indicadores de desempenho para os supervisores? Presumivelmente, seriam outros supervisores. Dá-se o problema de regressão infinita. A distorção da produção resultante da utilização de indicadores de aproximação, que foi discutida acima, pode então crescer cumulativamente, à medida que uma cadeia desses indicadores interage ao longo da cadeia de comando.

A utilização do mecanismo de preços de uma forma imposta não é, portanto, uma salvaguarda segura da eficiência operacional. Terá os seus melhores resultados onde a margem de manipulação é pequena e onde o exercício da responsabilidade pessoal na busca do objetivo desejado é menos passível de ser prejudicado pelo desvio de esforços para alcançar resultados de representação.

A analogia à operação independente do mecanismo de preço nas transações não reguladas levadas a cabo por privados tem, portanto, uma validade apenas parcial. Assim, os custos com a produção dependem do processo através do qual a atividade económica é levada a cabo. Os custos não são fenómenos objetivos, mas podem ser estabelecidos apenas pelas ações dos produtores individuais, e essas ações, por sua vez, vão depender dos incentivos que lhe são oferecidos. Os gestores motivados para maximizar os seus próprios rendimentos vão esforçar-se mais para minimizar os custos da produção de um dado produto, se tiverem um interesse direto no lucro resultante do que se não tiverem. Então, o custo relevante é o custo de quem toma a decisão.

Não é o mecanismo de preço, como tal, que deslinda a informação relevante nos sinais automáticos da produção eficiente, mas o domínio dos preços de mercado com incentivo individual.[170] Os preços de mercado não vão ter um desempenho tão bom quando estão em parte ou completamente divorciados dos rendimentos dos produtores ou em situações em que estão abertos

---

[170] A natureza subjetiva dos custos é extensamente desenvolvida em James M. Buchanan, *Costs and Choice* (Chicago: Markham Publishing Co., 1969). O *locus classicus* é Friedrich A. Hayek, «The Price System as a Mechanism for Using Knowledge», *American Economic Review* (setembro de 1945), em Morris Bornstein, ed., *Comparative Economic Systems* (Chicago: Richard D. Irwin, *19b5).*

à manipulação por parte dos produtores. Esta limitação é normalmente discutida como sendo uma fraqueza no contexto de «socialismo de mercado», no sentido de um sistema de propriedade pública que opera em resposta aos incentivos privados. Mas uma fraqueza similar aplica-se de uma forma diferente à gestão do capitalismo, através da regulamentação pública da propriedade privada e do comércio privado.

A orientação central da mão invisível está, portanto, sujeita a um obstáculo interno. Ela definha sob a norma legitimada que cobre o coração da economia de mercado, a maximização dos interesses privados e do comando sobre os recursos económicos. Em princípio, a maximização individual pode ser considerada para a sua finalidade social — fazer o melhor das oportunidades para todos —, desde que opere na base de regras devidamente concebidas e implementadas; porém, a maximização individual significa manipular também essas regras.

Portanto, ao nível individual ou nível micro, a motivação no seio do capitalismo gerido tem de ser mantida em compartimentos; mas não há uma forma óbvia de comunicar aos indivíduos exatamente onde a maximização dos interesses privados tem de ser encurtada. As empresas de negócios devem competir sem restrições até ao ponto em que a concorrência de sucesso produz o seu *jackpot* privado, na recompensa do monopólio; mas irão a partir daí cooperar completamente com a divisão *antitrust*? Os funcionários que quebram a confiança devem maximizar os seus salários e possibilidades de promoção de todas as formas lícitas; mas será que isto inclui a forma mais lucrativa, que é a de mudar de lado? Os contribuintes individuais não devem fugir às suas obrigações jurídicas, mas têm o direito de fazer qualquer coisa para as evitar. A lei tem de ser obedecida; o espírito da lei, não. No entanto, este *éthos* é, por si só, suscetível de minar a lei, produzindo assim uma situação instável. Mais ambíguo ainda: os indivíduos devem procurar a recompensa máxima pelos seus serviços, mas os indivíduos organizados em sindicatos devem exercer contenção. As empresas devem maximizar os lucros, mas considerar o interesse nacional quando estabelecem os seus preços.

Em princípio, de acordo com a interpretação convencional da viabilidade do capitalismo gerido, deve evitar-se o conflito solicitando as mudanças desejadas no comportamento individual através dos requisitos da lei (impostos diretos e limitações à negociação coletiva) ou alterações nas oportunidades de mercado (impostos indiretos). A escola Hayek-Friedman defende de forma veemente que as tentativas para influenciar indivíduos e empresas deveriam ser estritamente confinadas a regras estatutárias e incentivos deste género. Os privados podem então continuar a operar de acordo com os seus próprios interesses, tal como modificados por estas regras e incentivos, deixando a implementação do interesse público nas mãos dos supervisores públicos. Na prática, a confiança apenas nestes incentivos, sem o apoio de adaptações nas normas de comportamento individuais, é capaz de assegurar que a regulamentação seja inadequada. Os supervisores serão incapazes de diagnosticar, implementar e aplicar os corretivos pretendidos ao comportamento individual, em resposta à norma de maximização privada na situação de mercado subjacente.

Uma ética puramente individualista irá, portanto, enfraquecer ou impedir a eficácia destes corretivos propriamente ditos. O significado dos impedimentos irá variar nos diferentes casos, sendo menor nas situações em que o comportamento individual, quer do supervisor quer do supervisionado, pode ser diretamente observado (uso de carros em ruas citadinas congestionadas), e é maior quando é intrinsecamente subjetivo (dizer a verdade sobre as nossas preferências). Um caso intermédio é o do controlo do lixo, discutido em baixo; a moralidade fiscal talvez seja outro.

III

A extensão da intervenção estatal na economia de mercado faz novas exigências à moralidade do sistema. Mais precisamente, essa intervenção aumenta a necessidade de uma ligação entre os motivos que operam a nível individual — «micromoralidade» — e o resultado desejado para a sociedade. Os motivos individuais não podem ser ignorados nem assumidos como benéficos. O motivo para aceitar e trabalhar dentro do espírito do crescente corpo de regras sociais torna-se importante, e talvez crucial. Sem ele, serão necessárias mais regras para fazer cumprir as regras primárias. Uma parte crescente dos recursos será então absorvida na execução e nos resíduos resultantes de uma dependência em alvos de aproximação crus para os objetivos coletivos. A massa crescente de regulamentação insignificante codificada — distorcida pela necessidade de regras para aplicar as regras e contrariar a sua evasão — irá aumentar a despesa pública e causar frustração com os resultados.

A lei e as obrigações sociais são complementos e não completos substitutos. A convenção social tem de assentar nas necessidades do sistema económico, assim como nas exigências de componentes individuais. No entanto, podemos esperar que os indivíduos alinhem com essas convenções, e nesse processo vão ao encontro das necessidades do sistema, apenas se sentirem que isso é do seu próprio interesse, dever ou obrigação social. Com a diminuição dos laços sociais tradicionais, incluindo aqueles que provêm de crenças religiosas ativas, a única base que resta de obrigação social tornou-se o dever cívico como bastião de uma sociedade justa. A aceitação da economia de mercado como justa torna-se, desta forma, uma condição para a sua estabilidade.[171] O que pode ser chamado de macromoralidade do sistema torna-se assim integralmente ligado à micromoralidade que é requerida para que este funcione sem percalços.

Isto marca uma grande mudança. A justificação para o capitalismo gerido sempre foi de cariz pragmático, assente nos resultados gerais do sistema *en large*. A sua força, enquanto sistema, tem sido precisamente presumir-se que tem capacidade de não necessitar como base de julgamentos éticos nem obrigações morais.

O julgamento central de Keynes da macromoralidade ou aceitação geral do capitalismo é bem conhecido. O capitalismo era moralmente censurável, mas podia ser tornado mais eficiente a obter fins económicos do que

---

[171] O ponto é discutido em maior pormenor no Capítulo 10.

qualquer outro sistema.[172] E embora os objetivos económicos tenham de ser mantidos no seu lugar (e Bentham e Marx, no julgamento de Keynes, não fizeram isto), ainda tinham o lugar deles para uma ou duas gerações mais. Para além disso, subscrevendo Samuel Johnson («Um homem nunca está tão inofensivamente empregado como quando faz dinheiro») e J. S. Mill («Ventos bravos exigem estímulos bravos» —, a luta pela riqueza é o exemplar contemporâneo que assumiu o protagonismo do esforço de

---

[172] O melhor resumo deste ponto que conheço é uma anedota sobre Asquith numa discussão do Gabinete na Primeira Guerra Mundial, relacionado com C. F. G. Masterman: «a questão dos grandes lucros especulativos que está a surgir dos cargueiros de transporte de alimentos ou munições para Inglaterra suscitou o comentário: "Asqueroso", disse Asquith, e protestou um ministro imediatamente. Ele declarou que esta era a operação normal do comércio. Declarou que se os homens dele não o tivessem feito, outros homens teriam feito o mesmo. Declarou que, se tivessem optado por não trazer a mercadoria para Inglaterra, provavelmente teriam obtido o mesmo lucro ou um lucro ainda maior, levando-a para países neutros ou aliados. "Não consigo ver nada lamentável", afirmou, "em relação a toda a transação". "Eu não disse lamentável", disse Mr. Asquith, com um característico encolher de ombros. "Eu disse asqueroso."». Citado por Roy Jenkins, no seu *Asquith* (Londres: Collins, 1964), p. 238–239.

O que teria Keynes dito? Apesar do seu desgosto frequentemente expresso pelo motivo do dinheiro, Keynes não tinha pruridos em relação à especulação financeira. Mas ocasionalmente aplicava critérios morais do tipo que os colegas economistas liberais da altura e desde então considerariam igualmente quixóticos e prejudiciais, ao invés de os considerarem úteis para a comunidade, porque dificulta a resposta das forças do mercado às pressões económicas. Em 1931, apesar das sugestões de O. T. Falk, ele recusou gerir os bens dos fundos de investimento e de outros fundos pelo quais era responsável, de forma a tirar proveito da provável depreciação da libra esterlina em 1931 — uma depreciação que Keynes considerou certa. Devo esta informação ao Dr. D. E. Moggridge, do trabalho dele sobre os ensaios de Keynes em processo de publicação.

guerra)[173], Keynes viu o objetivo individual nada atraente de fazer dinheiro enquanto um desvio útil à tirania política («É melhor que um homem tiranize a sua conta bancária do que os seus concidadãos»).[174] Ou, na formulação posterior de Paul Samuelson deste forte segundo melhor argumento para o liberalismo de mercado, bom dinheiro limpo é melhor do que mau dinheiro sujo. A predileção de Keynes a-marxista e fundamentalmente apolítica desencorajava-o de perseguir a questão se o poder monetário e o poder político andavam de mão dadas. O resultado foi a visão do capitalismo gerido como o sistema pouco atraente, com os resultados menos maus. Isto deixou o seguinte problema moral a nível micro: «Para quê adotar padrões morais benéficos para o sistema, se o resultado do sistema para mim não pode ser validado por critérios morais? Verdade, considera-se que o sistema funciona para as pessoas no seu todo, comparando com as alternativas. Mas eu não sou as pessoas no seu todo, eu sou eu; e a menos que se possa mostrar um sistema que me dê um negócio justo na única moeda com que trabalha — vantagem material —, não pode pedir-me favores morais».

Este microproblema foi amplamente ignorado pelos economistas, pelo menos até o assunto ter sido reaberto por Rawls em *A Theory of Justice*.[175] O grande significado

---

[173] John Stuart Mill, *Principles of Political Economy*, Livro IV, Capítulo VI (1848) (Harmondsworth, Eng.: Penguin, 1970), p. 114.

[174] «General Theory», Capítulo 24 («Concluding Notes»).

[175] John Rawls, *A Theory of Justice* (Cambridge, Mass.: Harvard University Press, 1971). O princípio de Rawls de maximizar a posição dos menos favorecidos, independentemente das suas dificuldades e qualificações, faculta a base da obrigação político-moral que faz falta num sistema que assenta no seu desempenho total ou mediano, como sob o critério utilitário do maior bem para o maior número.

deste trabalho assenta na tentativa do autor de enfrentar o problema da obrigação política dentro do contexto de uma economia liberal de mercado, e da sua aceitação de que a base dessa obrigação tem de ser a justiça do sistema político-económico, no sentido da equidade. Os princípios de justiça que Rawls extrai foram contestados por críticos da esquerda, direita e do centro;[176] no entanto, todos concordaram com a importância em si do conceito. Rawls trouxe a questão moral de volta a um sistema que anteriormente tinha separado o assunto como sendo parte de uma esfera diferente mais elevada. A moralidade de mínima ordem necessária para o funcionamento de um sistema de mercado foi assumida, quase sempre de forma implícita, como uma espécie de bem grátis permanente, um recurso natural de uma espécie inesgotável. Além disto, a moralidade era um luxo que não se obtinha no monótono departamento económico. A posição foi formulada com elegância num aforismo muito citado por um primeiro-ministro especificamente keynesiano, Harold Macmillan: «Se as pessoas querem moralidade, deixem-nas ir buscá-la aos seus arcebispos».

Nos seus textos não económicos, Keynes reconheceu um problema moral a nível micro; mas também ele manteve a moralidade e a economia em compartimentos

---

[176] Ver, respetivamente, Brian Barry, *The Liberal Theory of Justice* (Oxford: Clarendon, 1973); Robert Nozick, *Anarchy, State and Utopia* (Nova Iorque: Basic Books, 1974), Capítulo 7; e Kenneth J. Arrow, «Some Ordinalist-Utilitarian Notes on Rawls's Theory of Justice», *Journal of Philosophy*, 70 (maio de 1973). Ver também C. B. Macpherson, *The Political Theory of Possessive Individualism* (Oxford: Clarendon, 1962), Capítulo 6.

separados.[177] Consequentemente, deu uma vista de olhos no aspecto económico do problema.

IV

O que Keynes, na sua maturidade, viu de errado na visão da vida de Bloomsbury foi a sua base de meliorismo, racional — «a heresia do século XVIII» de que a natureza humana é razoável, de que o Homem é um ser racional. Foi esta crença racionalista que «baseou a ética do interesse próprio — interesse próprio racional [...] era devido à *racionalidade* do interesse próprio que os sistemas egoístas e altruístas deveriam chegar, na prática, às mesmas conclusões». Porém, Keynes, nestas reflexões filosóficas, ignorou o seu contributo central para a política económica. *Não* se podia esperar que a procura de interesse individual próprio mantivesse a economia com emprego pleno; nem se podia esperar que evitasse negociação salarial inflacionária em condições de emprego pleno. Keynes tinha também perfeita noção do outro conjunto de conflitos entre interesse económico privado e social, desenvolvido por Pigou, em que custos e benefícios resultantes de uma transação de mercado em particular não eram completamente inseridos

---

[177] O texto principal é em duas «confissões» — o seu reconhecimento da atração moral-religiosa do comunismo (as alegrias da ética não calculável, explanada em «A Short View of Russia», *Collected Writings,* IX); e o arrependimento pela filosofia pessoal erradamente amoral do seu grupo de Cambridge da juventude: «Repudiávamos completamente uma responsabilização pessoal sobre nós para obedecer às regras gerais». «My Early Beliefs», *Collected Writings,* X, 446.

(«externalidades»). Para domar o mercado e para gerir o mercado, é necessária uma cooperação explícita dos indivíduos que atuam através do meio do Estado ou de outra agência coletiva.

Essa cooperação, se implementada por todos, pode revelar-se do interesse de todos. Bertrand Russell, ecoando a visão liberal predominante da altura, apontou a cooperação social racional deste tipo na categoria do interesse próprio: «Se o Homem fosse impulsionado pelo interesse próprio, toda a raça humana colaboraria».[178] Mas não o faz. Aqui, Russell ignorou a distinção entre interesse próprio num resultado que depende inteiramente das ações do próprio e interesse próprio de um resultado que depende das ações dos outros.

O individualista racional, em situações de interdependência social, sabe que se sai melhor quando todos os outros cooperam e ele não, por exemplo, se esquiva da sua contribuição para um projeto comunitário; ele dá então uma «volta grátis», levado adiante pela cooperação de outros. Ele sai-se pior quando só ele coopera, isto é, quando todos os outros estão a tentar dar uma volta grátis. Segue-se que, na ausência de acordos coercivos ou que se impõem por eles próprios para as linhas de ação cooperativa a todos, exceto a si próprio, ou como segundo melhor a todos, incluindo a si próprio, ele tomará o terceiro melhor curso, o da não cooperação; isto sendo individualmente racional

[178] De *Human Society in Ethics and Politics*, como citado por Samuel Brittan (p. ix) como tema do seu livro *Capitalism and the Permissive Society*, as palavras que omiti da citação de Russell são «que não são — exceto no caso de alguns santos».

(porque é superior ao quarto melhor resultado quando só ele coopera), mesmo que seja socialmente irracional.

A lógica da ação coletiva num contexto de objetivos orientados individualmente foi formalmente analisada após a Segunda Guerra Mundial no quadro da teoria dos jogos e desenvolvida em particular por Mancur Olson.[179] A ilustração mais evocativa deste assunto é a parábola do dilema do prisioneiro, em que dois prisioneiros irão sair-se pior quando ambos procuram cada um por si maximizar os seus próprios interesses ao fazer um acordo com o procurador.[180] Só a ação cooperativa entre os dois levará ao melhor resultado possível para ambos. Como a cooperação deste tipo é normalmente difícil e dispendiosa de organizar, os interesses coletivos latentes, sobretudo de grupos grandes, não serão mobilizados pela ação voluntária, a menos que possam ser acrescentados benefícios particulares privados, como incentivo à participação (benefícios em

---

179 Mancur Olson, *The Logic of Collective Action* (1965) (Nova Iorque: Schocken, 1971). Uma apresentação informal e anterior do problema da ação coletiva está contida na subestrutura lógica do romance de Joseph Heller *Catch-22* (1955) (Nova Iorque: Dell, 1970), em que o herói, Yossarian, compreende uma distinção racional entre os efeitos de ganhar a guerra do que poderá fazer e da situação bastante diferente e hipotética de todos os outros fazerem o mesmo. Mais discussão sobre o tópico no Capítulo 10.

180 Sempre achei que este exemplo padrão fosse bastante curioso no contexto, e talvez indicador da natureza extraterrestre da ação coletiva na política americana, pois se o objetivo é alargado aos interesses coletivos da sociedade no seu todo, em vez de aos prisioneiros enquanto par, o melhor resultado é obviamente um conluio entre eles — desde que as operações do procurador, do juiz e do sistema de júri possam ser consideradas em conjunto para obter o veredicto justo, e assim satisfazer interesses sociais e não privados.

caso de doença oferecidos pelos sindicatos aos seus membros são um exemplo).

Esta lógica é uma explicação inadequada da ação coletiva, uma vez que desconsidera objetivos individuais associados a valores de grupo ou processos de grupo. Mais drasticamente, não se pode explicar a decisão individual de votar, uma vez que o tempo e o esforço envolvidos têm de ser sempre superiores à hipótese remota de o voto do indivíduo determinar o resultado.[181] O facto de a grande maioria das pessoas votarem indica que a previsão da maximização privada não pode ser facilmente transposta do seu mercado de origem para a arena político-social. Os limitados pressupostos «de mercado» de que (1) os objetivos individuais são dirigidos apenas a objetivos privados e (2) o comportamento individual segue estes objetivos são insuficientes para explicar algumas atividades coletivas críticas. Mais alguma coisa é necessária para conseguir apoio independente para as regras e convenções da sociedade.

---

[181] Brian Barry. *Sociologists, Economists, and Democracy* (Nova Iorque: Collier-Macmillan, 1970), Capítulo 2. Este ponto é discutido no Capítulo 6, acima.

10

O regresso da moral

Se a lógica da ação coletiva numa cultura individualista foi formalizada apenas nos tempos recentes, isto afeta em grande escala a atrofia das fundações originais do individualismo económico propriamente dito. Essa atrofia pode ser considerada a heresia do século XIX. Nas suas origens dois séculos antes, o individualismo económico era fundado numa base moral-religiosa subjacente. A análise económica de Adam Smith em *A Riqueza das Nações*, como tem sido amplamente discutido, assentava numa extensão substancial na sua análise social em *Teoria dos Sentimentos Morais*, mesmo que a ligação precisa continue controversa. A relação complexa vista por Smith foi sumariada da seguinte maneira: «Pode confiar-se com segurança que (o Homem) busque o seu próprio interesse, sem prejudicar indevidamente a comunidade, não só devido às restrições impostas pela lei, mas também porque foi sujeito a uma contenção interna derivada da moral, religião, costumes e educação».[182]

---

182 Coats, ed., *The Classical Economists and Economic Policy*, p. 9. Noções de mercado da sociedade humana foram igualmente antipáticas para Mill. «A ideia é essencialmente repulsa de uma sociedade preservada unida apenas pelas relações e sentimentos que surgem como consequência

A posição de Smith está muito distante de algumas celebrações dos liberais contemporâneos do domínio do interesse próprio. «O que é importante é que a busca do interesse próprio se tornou institucionalizada [...] isto é da maior importância para o futuro do capitalismo», proclama Theodore Levitt, da Universidade de Direito Chicago, em celebração de «outra direção».[183] E como uma crítica simpática de Milton Friedman formulou: «A ideia da virtude burguesa foi eliminada da conceção de Friedman da sociedade burguesa».[184] Ao discutir princípios de distribuição de rendimento, Friedman levanta a questão: se um homem encontrar uma soma de dinheiro na rua, não se espera geralmente que partilhe do lucro inesperado com os menos afortunados que não fizeram tal achado.[185] Duas outras possíveis atitudes que uma virtude burguesa anterior teria exigido — que quem encontrasse o dinheiro o levasse à polícia ou o queimasse — não recebem nenhuma menção. O indivíduo, com efeito, é convidado a escolher a moralidade, assim como o Deus da sua escolha.

---

de interesses pecuniários». *Principles of Political Economy,* Livro IV, Capítulo VII, p. 120. Mill analisou o avanço progressivo da opinião pública e autodesenvolvimento baseado numa Religião da Humanidade.

[183] «The Lonely Crowd and the Economic Man», *Quarterly Journal of Economics* (fevereiro de 1956), p. 109.

[184] Irving Kristol, «Capitalism, Socialism and Nihilism», *The Public Interest* (primavera de 1973), p. 13.

[185] *Capitalism and Freedom,* p. 165.

I

A análise económica moderna manteve a religião firmemente fora da esfera económica e, dessa forma, escondeu o papel que tem desempenhado no sistema económico. As interligações discutidas mais acaloradamente foram sociológicas e culturais. Para Marx, a religião era considerada análoga à alienação do proletariado,[186] e como «uma realização fantástica do ser humano no sentido em que o ser humano não possui uma realidade verdadeira».[187] Weber e Tawney discutiram a base religiosa das motivações de uma classe ascendente de capitalistas, e Thompson do proletariado desnorteado.[188]

---

[186] Manuscritos de Paris, em Karl Marx, *Early Writings, ed.* T. B. Bottomore (Nova Iorque: McGraw-Hill, 1964), p. 125.

[187] Introdução, *ibid.*, p. 43, Crítica da *Philosophy of Right*, de Hegel, itálicos omitidos. Mais adiante, na mesma passagem: «A religião é o suspiro da criatura oprimida, o sentimento de um mundo sem coração, e a alma de condição desalmada. É o *ópio* do povo». Esta famosa última frase pode apenas ser compreendida no contexto das anteriores. Marx foi descrito como vendo a religião como «uma capa ideológica ou para defender o *statu quo* social, ou para protestar contra ele». Robert N. Bellah, «The Sociology of Religion», *International Encyclopaedia of the Social Sciences,* vol. 13, p. 408. Para Marx, a religião não era um assunto do intelecto, mas de necessidades sociais; estas foram alteradas pela transformação da estrutura da sociedade, e a religião iria tornar-se inútil e definhar. Alasdair Maclntyre, *Marxism and Christianity* (1968) (Harmondsworth, Eng.: Penguin, 1971), p. 84–85. A abordagem discutida neste capítulo também considera que a religião tem um papel essencialmente social, mas baseada em fatores bastante diferentes, mais monótona e técnica (na forma organizacional) do que aqueles com que Marx se deteve.

[188] Max Weber, *The Protestant Ethic and the Spirit of Capitalism* (1904) (Nova Iorque: Scribner's Sons, 1958); R. H. Tawney, *Religion and the Rise of Capitalism* (1926) (Londres: Murray, 1964); Edward P. Thompson, *The Making of the English Working Class* (Harmondsworth, Eng.: Penguin, 1968).

O papel desempenhado pela religião nos vários contextos está longe de estar resolvido. A minha preocupação aqui é mais restrita: salientar o papel funcional da economia para a crença religiosa. Este é o papel em parte de Deus e em parte do Diabo, qual *deus ex machina* para o «dilema do prisioneiro», o fator preciso às necessidades de cooperação social explícitas ou internalizadas. A função da religião como um «suplemento às leis humanas, uma polícia mais astuta»[189] foi discutida sobretudo como um meio de tornar os homens melhores seres sociais.

A mesma função também serve o problema puramente técnico de organização da ação coletiva.

A essência e subtileza das situações que requerem essa cooperação é que, embora isto seja consistente com valores ou objetivos exclusivamente de interesse próprio, não é alcançável pelo comportamento de interesse próprio em ações específicas; os indivíduos só podem alcançar os seus objetivos de interesse próprio se se comportarem de forma altruísta.[190] Isto acontece quer assumam uma visão de curto prazo quer de longo prazo da questão. Se, no exemplo de Sen, o meu objetivo é minimizar o lixo, como se me importasse mais com a confusão que resulta da ausência de contenção individual perante o tratamento do lixo do que com a disciplina de não fazer lixo da minha parte, então, seria racional para mim (assim como para toda a gente) comportar-me como se me preocupasse com os estragos causados pelo meu lixo para os outros, e não o fizesse.

---

[189] John Stuart Mill, «Utility of Religion», p. 415.

[190] Amartya Sen, «Behaviour and the Concept of Preference», *Economica* (agosto de 1973).

Só uma ação comparável (como altruísta) da parte de todos irá satisfazer a minha preferência de interesse próprio de não fazer lixo, comigo incluído, sobre o lixo de todos. Embora os objetivos altruístas também resultassem, eles não são necessários. Desde que todos se comportem como se fossem realmente altruístas, ninguém precisa de o ser: o interesse de todos ficará mais bem servido do que se todos se comportassem de forma não altruísta.[191]

O cristianismo atribui grande importância ao comportamento altruísta. O ponto aqui salientado é que se isto for empreendido como um meio para fins religiosos, também serve como um meio para a cooperação social funcionalmente necessária para fins individualistas mundanos.[192] Nesta função, é o comportamento altruísta que conta, e não os motivos que lhe estão subjacentes — sejam valores cristãos, pressão social, cobardia conformista, humanitarismo, ou qualquer outra coisa. Embora essa cooperação possa, em alguns casos, ser substituída por regras coercivas, ou estimulada através de incentivos impostos coletivamente aos interesses privados dos indivíduos, isso raramente será tão praticável e eficiente como quando é motivado internamente. O problema subjacente (discutido no Capítulo 9) é que os supervisores normalmente têm uma grande lacuna de informação relevante. Apenas *eu* consigo ver onde *eu* deito o lixo.

---

[191] O ponto é mais desenvolvido na Parte IV deste capítulo.

[192] Como Joan Robinson disse: «A religião está a ser-nos recomendada porque apoia a moralidade, não a moralidade porque esta deriva da religião.» Joan Robinson, *Economic Philosophy* (1962) (Harmondsworth, Eng.: Penguin, 1964), p. 15. Este tema também pode ser considerado um problema «Schelling» (Capítulo 6, Parte II).

Geralmente, as restrições ao comportamento individual impostas pelo interesse coletivo podem ser aplicadas com maior eficácia quando o sentido de obrigação está internalizado. Estas restrições tornam-se mais necessárias à medida que as comunidades se tornam maiores fisicamente e socialmente mais transitórias. Na cidade-estado ateniense, e em muitas pequenas comunidades ainda hoje, os concidadãos e vizinhos observam o comportamento social de cada um e influenciam-no exercendo pressão social. Estas pressões, em si, podem ser opressivas. A sua força reduzida em comunidades maiores e mais anónimas é do agrado de muitas pessoas e facilita que se atraiam por essas comunidades; por sua vez, este processo vai colocar um grande ónus na internalização das obrigações sociais. Sem esta internalização, e com «policiamento vizinho» reduzido, os interesses coletivos vão ser negligenciados.

Contudo, a sociedade de mercado liberal habituou-se a uma ênfase diferente. A internalização de *incentivos ad hoc* para pessoas com normas orientadas para o privado para direcionarem as suas ações dirigidas ao próprio de alguma forma social desejável é mais fácil e praticável do que tentar internalizar normas sociais de comportamento. Nesta abordagem, impostos, subsídios e restrições jurídicas são forçosos para facultar os incentivos necessários. A cenoura e a multa conseguem uma resposta mais fiável do que o sermão. Mas esta vantagem de curto prazo é comprada ao custo de um problema de policiamento adicional, e talvez crescente, como foi discutido anteriormente. No cumprimento das obrigações coletivas, «a mera existência de um soberano eficaz, ou mesmo a crença geral na sua eficácia, tem um papel crucial».[193] Se por acaso o soberano for um Deus espiritual, somos poupados aos custos da execução.

Tudo isto foi escamoteado pelo erro lógico do utilitarismo, que via bens coletivos, bem como bens privados, alcançáveis através do interesse próprio racional.[194] O erro não foi completamente expulso do pensamento liberal,[195] como a citação anterior de Russell mostra; muitos pronunciamentos contemporâneos menos elevados poderiam ser citados na mesma linha.

Há que sublinhar que certos objetivos individuais de um altruísta e também do género de interesse próprio podem ser inalcançáveis através de comportamento puramente individualista. Assim, o desejo de um indivíduo de reduzir a desigualdade na distribuição de rendimentos como um todo, apoiado por uma disponibilidade para dedicar parte dos seus rendimentos a este fim, só pode ser realizado através de uma ação coletiva organizada, através da tributação obrigatória. Nenhuma ação de um único indivíduo poderia atingir esse objetivo ou mesmo garantir que contribuía para o mesmo. Mesmo que este objetivo fosse universalmente alcançado, não poderia ser alcançado através de um comportamento puramente individualista. O mesmo se aplica ao desejo de viver numa comunidade com um equilíbrio social ou racial particular ou de obter educação para si próprio ou para os seus filhos em escolas

---

[193] Rawls, *A Theory of Justice,* p. 270.

[194] Mas ver nota de rodapé 20, abaixo.

[195] Barry chama-lhe «a falácia liberal padrão» — a declaração ou implicação de que se algo é um bem coletivo é, *ipso facto*, um bem individual. Barry, *The Liberal Theory of Justice,* p. 108.

que tenham esse equilíbrio (ver Capítulo 6). Nestes casos, as normas altruístas de comportamento internalizadas não seriam um substituto para a necessária orientação central das ações individuais, embora essas normas sejam passíveis de ajudar a implementar a política coletiva necessária, por exemplo, para impor a cobrança de impostos e minimizar os efeitos adversos sobre o incentivo ao trabalho.

Os críticos do utilitarismo do século XIX, como Fitzjames Stephen, apontaram os sustentáculos religiosos das ações morais, mas ao considerar o efeito do enfraquecimento das atitudes religiosas, focadas nas mudanças prováveis na produção do sistema económico — assim, mais saúde seria obtida à custa de menor honestidade.[196] A abordagem moderna dos «bens públicos», que olha para o efeito que a perda de imperativos morais tem no sistema, iria salientar o impacto dos meios *instrumentais* no resultado final: ou seja, menos honestidade, portanto, também menos saúde, devido a uma diminuição na confiança necessária em vários momentos da relação médico-paciente-público. Esta é a lógica económica que pode ser atribuída à crítica de Titmuss da comercialização de uma variedade de relações sociais — uma crítica que, numa visão económica mais restrita, aparentava ser falaciosa ou, na melhor das hipóteses, irrelevante.[197] A questão é que os padrões convencionais, mútuos de honestidade e confiança são bens públicos que são insumos necessários para muitos dos resultados económicos.

---

[196] James Fitzjames Stephen, *Liberty, Equatity, Fraternity* (1873) (Cambridge, Eng.: Cambridge University Press, 1967).

[197] Ver a discussão e referências dadas no Capítulo 6.

O aspecto funcional da religião sempre foi proeminente na abordagem sociológica: Comte salientou o contributo da crença e do ritual para a solidariedade social, e Durkheim o papel da religião no incitamento à participação na vida social.[198] O conceito económico dos bens públicos oferece uma ferramenta para a integração das normas morais e religiosas no enquadramento económico. Sugere a religião como um padrão comportamental que sustenta a ação coletiva e as relações cooperativas. Neste contexto, há que salientar que estas normas são necessárias não para o objetivo ambicioso ou otimista de obter algo totalmente bom ou uma sociedade completamente racional, mas para o propósito mais modesto e limitado da manutenção de pilares fundamentais da nossa sociedade existente, contratual de mercado.

II

Honestidade, confiança, aceitação, contenção, obrigação — estas estão entre as virtudes sociais baseadas na crença religiosa que agora também parecem desempenhar um papel central no funcionamento de uma economia individualista, contratual.[199] Nesta medida, a compensação

---

[198] Auguste Comte, *System of Positive Policy,* vol. 2 (1851) (Nova Iorque: Franklin, 1875); Emile Durkheim, *The Elementary forms of the Religious Life* (1915) (Londres: Allen and Unwin, 1971).

[199] John Goldthorpe apontou-me a afinidade desta perceção, fundamentalmente devida a Arrow, como Durkheim salienta a dependência das relações de mercado nas normas exteriores ao mercado como as mencionadas: «Tudo o que está no contrato não é contratual.»

da crença religiosa é em moeda terrena. O conceito tradicional da religião enquanto segurança para o mundo do além, que pode ou não compensar neste mundo, está exatamente revertido. A pessoa pode ou não pode ir para o céu se amar o vizinho como a si mesmo (em certos dias e para certos propósitos). O que era certo era que a pessoa iria obter mais bens mundanos do mercado; desde que todos os vizinhos fizessem o mesmo. Mais exatamente, a compensação mundana não exige que exista amor entre os vizinhos, apenas a ação *como se* existisse. E a crença religiosa, depois de adotada, opera convenientemente como uma sanção privada, em que se comprova que faculta recompensas e penalizações diretamente de acordo com o desempenho do indivíduo das suas obrigações sociais. Era bastante difícil ter concebido propositadamente um incentivo mais eficaz para a ação cooperativa.

Assim, a obrigação religiosa desempenhou uma função secular, que, com o desenvolvimento da sociedade moderna, se tornou mais e não menos importante. Ajudou a resolver o conflito entre as necessidades privadas e sociais ao nível individual e fê-lo ao internalizar normas de comportamento individual. Dessa forma, facultou as ligações sociais necessárias para uma economia de mercado individualista, *não* altruísta. Esta era a função social não-marxista da religião.[200] Sem ela, as afirmações de sentimentos altruístas, ou uma cooperação social explícita, iriam aumentar imenso, e foram previstas, e em certa medida bem-vindas, por uma longa linhagem de humanistas e moralistas seculares. Menos amor por Deus necessita de mais amor pelo Homem.

---

[200] Ver nota de rodapé 6 acima.

Daí a contenção de Mill ao afirmar que «no seu efeito nas mentes comuns [...] a religião opera sobretudo através do sentimento de interesse próprio», citado por ele para demonstrar a inferioridade da religião sobrenatural comparada com a Religião da Humanidade no cultivo de sentimentos altruístas. Na abordagem aqui apresentada, a mesma característica permite à religião desempenhar a sua função social instrumental (induzir as pessoas a comportarem-se como se fossem altruístas, embora não o sejam) onde o objetivo maior pode não ser possível de atingir.[201] Devo sublinhar que não estou a fazer qualquer julgamento sobre a superioridade da sanção religiosa ou sobre a viabilidade do seu reaparecimento depois de um

---

[201] Pode notar-se que a fé de Mill na opinião pública (assim como na educação) enquanto elemento eficaz no apoio dado pelos ensinamentos religiosos à moralidade implicitamente assumida de um estado de «pequenos números», ou pelo menos uma comunidade em que os valores sociais básicos eram uniforme e firmemente mantidos. O fracasso do indivíduo a preencher as normas sociais seria notado e traria desaprovação social resultante em menos oportunidade privada. Nestas circunstâncias, o bem coletivo é de facto um bem individual, e o problema da «volta grátis» não acontece. Mill, «Utility of Religion», p. 411 e 423. O mesmo pressuposto está subjacente na fé de Mill na opinião pública enquanto contenção parcial do excesso de população, expresso no seu *Principles of Political Economy,* Livro IV, Capítulo VI, p. 113.
Para uma discussão atenta da tentativa ousada de Mill de misturar a liberdade individual e o dever social através da educação e desenvolvimento pessoal ver Graeme Duncan, *Marx and Mill: Two Views of Social Conflict and Social Harmony* (Cambridge, Eng.: Cambridge University Press, 1973). «A retidão individual deveria ser mantida através do uso coercivo de normas sociais — embora através do hábito e do desenvolvimento moral, iriam gradualmente perder o carácter externo» (p. 255). A interpretação de Duncan salienta «o conceito do homem enquanto basicamente animal social» de Mill (p. 273).

período de desgaste. O meu foco é antes no enfraquecimento do apoio tradicional à cooperação social.

Embora as normas de base religiosa cumprissem um propósito social-secular por representação, fornecendo um apoio externo ao sistema de mercado, este papel funcional não tinha, obviamente, sido a base original da obrigação religiosa, que era anterior ao sistema de mercado. Foi um legado auspicioso de um conjunto de princípios que estava a ser substituído. Além disso, a lógica funcional, porque era uma lógica social que não era transmitida ao nível individual, tenderia a ser enfraquecida pela força e força contrária representadas pelos próprios valores do mercado.[202] O sistema de mercado estava, no fundo, mais dependente da ligação religiosa do que o sistema feudal, tendo abandonado os laços sociais diretos mantidos pelas obrigações de costume e estatuto. No entanto, a base individualista e racionalista do mercado prejudicou o apoio religioso invisível.

Este enfraquecimento deixou um vazio na organização social. A obrigação social do tipo mais elementar perdeu a sua base. O sistema de mercado, deixado a si mesmo, tende a preencher este vazio da mesma forma que preenche outros; mas aqui pode sabotar as suas próprias fundações. Em exemplo extremo, mas pertinente, ilustra o ponto mais lato. Se os juízes vendessem regularmente os seus

---

[202] Isto foi previsto por opositores conservadores do liberalismo do século XIX, como Fitzjames Stephen: «O dever é tão frequentemente inconveniente que requer uma justificação atual, bem como uma explicação histórica», a única justificação possível residindo em Deus como legislador e «virtude de lei no sentido próprio da palavra.» Stephen, *Liberty, Equality, Fraternity*, p. 252.

serviços e sentenças ao maior licitador, tanto o sistema judicial como a propriedade ficariam completamente instáveis, como Arrow apontou. (Na era pós-Watergate, pode acrescentar-se instintivamente um: ou presidentes.) Se tudo pode ser apropriado de forma privada, incluindo o juiz, então, nada pode ser — porque quem salvaria o sistema do primeiro empreendedor que conseguisse angariar crédito suficiente para comprar o *juiz* e tudo o mais através dele? Como Arrow formula: «Portanto, a definição de direitos de propriedade baseada no sistema de preço depende precisamente da falta de universalidade da propriedade privada e do sistema de preços.»[203] Assim, há que ser mantida uma área mínima de obrigação social. O problema é como conciliar esta responsabilidade social com a corrente dominante oposta do *éthos* do mercado.

III

Porquê e quando podemos esperar que os indivíduos ajustem o seu comportamento à necessidade social — para restringir a sua busca pela vantagem individual, para se juntarem ao esforço cooperativo, obedecerem ao espírito e à letra da lei? A melhor declaração do problema que conheço pode ser derivada de *Catch-22*, de Joseph Heller, o que não é o mesmo que dizer que o autor tinha explícita noção disso. O romance contém um erro aparente: como é que Yossarian, o bombardeiro americano, reconcilia o seu próprio objetivo social, o de que os Aliados

---

[203] Arrow, «Gifts and Exchanges», p. 357.

da Segunda Guerra Mundial deviam vencer, com o seu objetivo individual de permanecer vivo? A sua «volta grátis» é individualmente racional para o seu objetivo individual e social: mas não é imoral? Alguns críticos têm sugerido que esta aparente dicotomia tornou este livro sobre a Segunda Guerra Mundial profeticamente apropriado para uma guerra diferente, futura e injusta — a do Vietname. Certamente que os leitores parecem ter interpretado dessa forma, sendo que o livro, publicado em 1955, só começou a vender bem no início dos anos 60.

No entanto, a crítica perde a ligação ao sistema de Heller. Yossarian é colocado num mundo em que o interesse próprio individual governa todo o comportamento privado (a organização da extorsão de alimentos de Milo Minderbinder em que todos os pecados são perdoados porque «todos têm direito a uma parte», e, portanto, ninguém tem a responsabilidade — uma espécie de microcosmo do sistema capitalista de ações). É um mundo em que o mesmo interesse próprio governa o comportamento político-burocrático (os generais e os oficiais de gabinete que se entregam às suas fantasias pessoais e brincam à galeria dos selecionadores de pessoal com o sangue das suas próprias tropas, numa mostra de «racionalidade» burocrática-individualista que prefigurava os modelos mais formais da análise económica americana uma década mais tarde, por Tullock e Niskanen).[204]

[204] Gordon Tullock, *The Politics of Bureaucracy* (Washington, D.C.: Public Affairs Press, 1965); William A. Niskanen, *Bureaucracy: Servant or Master?* (Londres: Instituto de Assuntos Económicos, 1973).

Como Olson explicou, o comportamento cooperativo voluntário não pode ser racionalizado enquanto um meio para o objetivo do interesse próprio, pelo menos enquanto o indivíduo puder contar com a possibilidade de colher o fruto da cooperação de outros e/ou não puder contar com a possibilidade de outros seguirem o seu exemplo. A cooperação — antecedendo a volta grátis — exige ou compulsão ou uma ética social internalizada. Sob a ética individualista que governa a sociedade (capitalista) de Yossarian, «o inimigo é qualquer um que vá levar à nossa morte, independentemente do lado em que está».[205]

Heller expõe que uma busca voluntária por uma guerra justa — e sobre este assunto ler que o comportamento individual se estende a qualquer outra empresa coletiva que se sobrepõe à vantagem individual parcelar — é um *comportamento* inconsistente para um individualista que maximiza o seu interesse privado, mesmo que partilhe do objetivo coletivo. Isto é o mesmo que dizer que a participação voluntária na provisão de um bem coletivo (que será frequentemente necessária para o equipar de forma eficaz, mesmo sob compulsão) não se pode esperar que seja induzida apenas pela aprovação do objetivo

---

[205] Heller, *Catch-22,* p. 127. Esta definição segue o protesto do inteligente disparatado intelectual, Clevinger, de que a doutrina de Yossarian «Não faz a menor diferença *quem* vence a guerra para alguém que está morto» irá dar o máximo de conforto ao inimigo. A sequência deixa em aberto se Yossarian iria manter a primeira doutrina, agora citada, sob acordos sociais diferentes, em que os vizinhos societais dele não estavam a tentar matá-lo (acabar com ele). O final bastante criticado do livro não o sugere: Yossarian faz uma distinção específica entre o sacrifício pessoal pelo seu país e os seus camaradas, por um lado, e para os seus superiores egoístas, por outro (p. 455).

coletivo específico, pois, a nível individual, a participação pessoal não é suficiente nem necessária para assegurar o objetivo coletivo. Este objetivo será normalmente alcançável confiando que os outros façam a sua parte: o mau exemplo dado pela volta grátis sobre a moralidade social tomado por este indivíduo será normalmente demasiado pequeno e discreto para dissuadir os outros, tal como o bom exemplo individual será demasiado discreto para os encorajar. Na ausência de uma sanção «privada», tal como a proporcionada pela crença religiosa, a cooperação só pode ser esperada com base em algum sentido de dever ou obrigação «sentido» de forma direta. Este sentimento, por sua vez, assenta ou num hábito impensado, ou numa aceitação consciente do sistema mais amplo, dentro do qual a cooperação é procurada, como um sistema justo. Portanto, a cooperação voluntária depende de um sentido internalizado de obrigação social — num jogo justo, eu obedeço ao espírito, assim como à letra das regras.

Uma ilustração desta premissa, pelo menos no seu lado negativo, é facultada pelas atitudes dos sindicados e delegados sindicais à pressão social pela contenção do seu poder em alcançar aumentos salariais e usarem o seu potencial de outra forma para a disrupção no sentido de assegurar benefícios diretos. Pode ser facilmente demonstrado que a utilização desse poder é prejudicial ao bem-estar geral (no sentido de que um maior bem-estar poderia ser alcançado a um custo inferior de outras formas) e talvez, quando todas as repercussões forem tidas em conta, que acabe por reduzir o bem-estar do grupo de trabalhadores em causa. No entanto, enquanto o cálculo individualista permanecer, cada grupo de trabalhadores não terá racionalmente em conta essas interações; a contenção do exercício do poder de negociação pleno não é do interesse do grupo, a menos que o grupo seja suficientemente grande para influenciar o comportamento dos outros. Portanto, John Goldthorpe apontou que numa sociedade em que os indivíduos e grupos «explorem o melhor que conseguem as suas posições no seio de uma estrutura sem princípios de poder e vantagem no geral», é ilógico esperar que os trabalhadores da área da produção guardem o seu poder de obtenção de vantagens parcelares pelo bem-estar geral, com o fundamento de que os códigos normativos acordados não foram estabelecidos.[206]

IV

A resposta convencional a este problema é reconectar a racionalidade individual e coletiva numa de duas formas: através de compulsão coletiva imposta ou através de incentivos impostos coletivamente (impostos e subsídios), ambos a agir segundo os interesses privados individuais para assegurar a mudança de comportamento necessária.

As teorias económicas da burocracia e da ação política, que foram amplamente desenvolvidas na Virgínia e em Chicago durante os últimos anos, são construídas exclusivamente sobre a norma individualista. A atividade política e burocrática é vista, da mesma forma que a atividade

---

[206] John Goldthorpe. «Industrial Relations in Great Britain: A Critique of Reformism», Conferência na Universidade de Columbia, março de 1974.

de mercado, como meio para fins privados. Como tal, tendem a ser inerentemente ineficientes. A inferência retirada pelos expoentes desta abordagem é que a esfera da ação política deve ser minimizada.

Uma inferência alternativa que decorre da mesma análise é que onde as preferências individuais podem ser satisfeitas em suma apenas ou mais eficientemente através da ação coletiva, o comportamento privado pode perder as suas vantagens inerentes em relação ao comportamento orientado para o coletivo, *mesmo como meio de satisfazer as próprias preferências individuais*, por mais interesse próprio que tenha. Segue-se que o melhor resultado pode ser alcançado dirigindo ou orientando certos motivos de comportamento individual para a orientação social, em vez de individual, embora ainda com base em preferências privadas dirigidas. Isto não requer uma mudança na natureza humana, «meramente» uma mudança na convenção humana ou instinto ou atitude da mesma ordem que as mudanças nas convenções sociais ou padrões morais que acompanharam as grandes mudanças nas condições económicas no passado.

Este assunto pode ser ilustrado com referência à tabela seguinte. Distingue entre orientação privada e pública nas três fases sucessivas das ações individuais: começando com os objetivos ou preferências subjacentes do indivíduo, passando para o seu comportamento e para os resultados do seu comportamento.

Regime	Orientação de: Objetivos (preferências)	Comportamento	Resultados
(1) Mão invisível	Privado	Privado	Privado
(2) Mão invisível guiada	Privado	Privado (convenções sociais)	Público
(3) Como se fosse altruísmo	Privado (convenções sociais)	Público	Público
(4) Completo altruísmo	Público	Público	Público

A distinção entre preferências e comportamento, que foi desenvolvida por Sen e sucintamente discutida acima, assenta na noção de que o comportamento de mercado dos indivíduos pode não revelar as suas preferências subjacentes devido a convenções ou normas sociais incorporadas que são necessárias para alinhar o comportamento orientado individualmente com as preferências orientadas individualmente. A necessidade surge quando o comportamento de indivíduos sem essas convenções interage de uma forma maldosa com o comportamento semelhante de outros. O exemplo do Sen de restrições sociais contra o lixo é uma ilustração; outra é a instância de sociabilidade discutida no Capítulo 5.

Uma economia de mercado a operar sem a intervenção estatal — regime (1) na tabela — conta com a mão invisível para reconciliar os interesses privados e públicos;

é de orientação privada nas nossas três fases. A economia de mercado gerido, contando com a mão invisível guiada, continua a assumir que o comportamento individual é orientado para o privado, mas ao intervir nos termos das escolhas de mercado ou nas regras circundantes, produz resultados comportamentais com a orientação pública pretendida. O método alternativo para atingir resultados orientados para o público tem geralmente sido assumido como um regime completamente altruísta (4) — que exige que os indivíduos deixem de se colocar acima dos outros — a mudança na natureza humana. O estado intermédio — regime (3) — introduz uma distinção entre as preferências individuais e o comportamento individual ao interpor convenções sociais que ultrapassam as preferências individuais como tal.

Este padrão intermédio requer a mudança menos fundamental do comportamento socialmente influenciado, em vez de objetivos socialmente orientados: fazer a nossa parte porque sentimos que devemos fazê-lo e não porque queremos fazê-lo. A distinção é inútil num cálculo puramente individualista. Assenta num conceito de troca implícita entre o indivíduo e a comunidade. O indivíduo reconhece que obtém algo de algum equipamento ou característica da comunidade, por exemplo, o campo sem lixo, pessoas simpáticas, e sente que «deve» ser recíproco no seu próprio contributo, mesmo que possa não «querer». Na linguagem de John Plamenatz, os objetivos sociais do indivíduo podem suplantar os seus objetivos pessoais.[207] Embora o seu conceito seja estranho ao elemento

[207] Plamenatz, *Democracy and Illusion,* p. 159-168.

utilitário na economia ortodoxa e à abordagem económica à política, em que os objetivos sociais só existem enquanto meio para realizar objetivos individuais, alguma base de orientação social dominante tem sido vista como essencial para o cumprimento de objetivos individualistas. É este imbróglio que o liberalismo económico tem tanto acanhamento em abordar.

Porém, depender apenas de normas socializadas — nos indivíduos que se direcionarem para fazer aquilo que a comunidade espera deles — seria extremamente ineficaz, assim como opressivo. Como Kenneth Boulding referiu, os princípios do altruísmo e de troca apoiam-se mutuamente e também são antitéticos.[208] Levado ao extremo, o princípio de satisfazer os desejos dos outros pode ser tão alienador como o princípio de agir apenas contra a troca justa; ambos os princípios podem ser ineficientes no sentido de não conseguirem satisfazer os desejos individuais que poderiam ser satisfeitos segundo os métodos alternativos da organização.

A incapacidade de orientar as ações individuais apenas para as necessidades comunitárias pode ser ilustrada de forma impressionante no contexto das despesas públicas. Estas despesas têm um custo em termos de outras oportunidades perdidas, pelo que a questão operativa é se os benefícios — de alguma forma, sobre todos os indivíduos a quem se aplicam — excedem os custos. Uma vez que cada indivíduo pode medir com precisão apenas o benefício para si próprio, a entidade relevante para efeitos

[208] Kenneth Boulding, *The Economy of Love and Fear* (Belmont, Calif. : Wadsworth Publishing Co., 1973).

desta informação é o ganho privado do indivíduo derivado da facilidade — o montante que ele ou ela estaria disposto a pagar para ter o bem público disponível para uso pessoal. A chatice é que obter esta informação e obrigar os indivíduos a pagar o equivalente do seu benefício ou alguma parte dele para financiar o projeto coletivo vai ser impossível, enquanto os indivíduos procurarem maximizar os seus ganhos individuais, uma vez que vão ter o incentivo para dissimular.[209] Se pagar o que diz valer a pena para si, tem um incentivo individualista para dizer que vale pouco. Mesmo a tarefa menos ambiciosa de cobrar impostos obrigatórios para o projeto público, com alguma base objetiva de avaliação, torna-se tanto mais difícil quanto mais indivíduos procuram evitar ou fugir ao pagamento que lhes é devido.

A divisão *prima facie* que se sugere para responder a estas considerações contraditórias consiste em estabelecer objetivos privados para a escolha entre padrões de despesa alternativos, combinados com objetivos socialmente dirigidos no seguimento de códigos e regras de comportamento. Esses códigos e regras devem, em princípio, aplicar-se quando o custo do cumprimento para o indivíduo é quase invariavelmente desproporcionadamente pequeno em comparação com o benefício obtido com a observância da convenção coletiva ou lei pelas outras pessoas. Dizer a verdade, obedecer à lei, pagar os impostos são exemplos relevantes. Evasão fiscal, no sentido aceite de arranjar

---

[209] Para a análise formal clássica deste ponto, ver Paul A. Samuelson, «The Pure Theory of Public Expenditure», *Review of Economics and Statistics* (1954), em R. W. Houghton, ed., *Public Finance* (Harmondsworth, Eng.: Penguin, 1970).

os assuntos com o objetivo deliberado de minimizar a própria responsabilidade fiscal, infringiria este código, assim como votação «estratégica» ou outras distorções das atitudes das pessoas perante as políticas públicas. Evitar fazer lixo, mostrar simpatia casual aos estranhos e aceitar uma forte obrigação de ajudar em caso de perigo são mais exemplos em que os rácios de benefício em relação ao custo da observância da convenção social são provavelmente altos o suficiente para justificar a padronização do comportamento individual através dessas convenções. Mas isto não se aplica a outros tipos de amizade que envolvam camaradagem forçada, que podem ter um custo privado proporcionalmente elevado.

Um critério mais forte para as normas definidas coletivamente é que os benefícios coletivos sejam considerados grandes em relação aos custos no agregado, mesmo que acarretem um custo líquido substancial para um número significativo de indivíduos. Um exemplo de destaque seria a renúncia por parte dos ricos, dos inteligentes ou dos bonitos dos prazeres adicionais obtidos por se associarem, e aos filhos, sobretudo a pessoas como eles. Essa renúncia não tem sido tradicionalmente uma norma aceite de comportamento social, embora a ideia tenha estado presente a um certo nível em certas tradições de serviço. A procura social de uma norma deste género pode estar a aumentar.

Supondo, por exemplo, que ficou claramente demonstrado que a sociedade estava a segmentar-se em linhas meritocráticas-hereditárias (as elites sendo formadas por grupos de mérito que tinham uma componente hereditária substancial baseada na transmissão de ambos os genes e ambiente favorável); e supondo também que ficou claramente demonstrado que esta segmentação induziu frustração e raiva entre os grupos menos favorecidos que se agrupavam cada vez mais — os pobres, os estúpidos e os feios, compondo um fenómeno de rejeição e violência contínuas. É esse o aviso que Michael Young nos entrega em *The Rise of the Meritocracy*.[210] A perspetiva permanece em aspectos importantes uma fantasia; descura a regra do acaso no sucesso económico, que tem sido salientada em importantes estudos estatísticos.[211] Mas com uma interpretação lata do mérito — ele próprio um conceito subjetivo — a visão é hoje terrivelmente familiar. Assume a forma de uma divisão entre o bem-sucedido e o malsucedido nos interesses económicos que é ressentida e resistida por muitos enquanto desprovida de princípios e, portanto, injusta. Existe pelo menos a possibilidade de a sociedade ser confrontada com a desagradável escolha entre a insegurança constante para todos e uma repressão que envolve a repressão das liberdades individuais de todos. Para evitar uma escolha deste tipo, alguns dos grupos favorecidos prefeririam desistir do seu isolamento e talvez também de algumas das suas vantagens.

O problema organizacional é como manter essa opção em aberto. Tentativas de verificar as tendências para a segmentação social foram feitas através de políticas públicas

---

[210] Michael Young, *The Risk of the Meritocracy 1870–2033* (1958) (Harmondsworth, Eng.: Penguin, 1961).

[211] Em particular por Christopher Jencks, *Inequality* (Nova Iorque: Basic Books, 1973). A medição da desigualdade apenas pelo rendimento, assim como outros fatores que foram extensivamente discutidos, é considerada de certa forma exagerada pela sorte na análise de Jencks.

em várias esferas, por exemplo, autocarros em distritos escolares nos Estados Unidos para alcançar um maior grau de integração racial, e substituição de escolas exclusivas por escolas abrangentes na Grã-Bretanha para alcançar um maior grau de integração social e intelectual. Em ambos os casos, as políticas encontraram uma resistência vigorosa e bem-sucedida dos pais que julgaram que eles e os seus filhos poderiam ficar a perder no acordo. Basicamente, é provável que tivessem razão; na medida importante em que a educação é um bem posicional, implica-se que uma extensão mais abrangente da educação, mesmo que a qualidade se mantivesse inalterada, deixaria os anteriores beneficiários numa posição pior. O valor da escassez diminui. O diploma escolar deixa de ser distintivo.

Embora a política pública e a lei tenham cada vez mais tratado a integração racial e social como bens públicos, ainda se espera que os indivíduos atuem no âmbito da lei de acordo com os seus interesses privados. Contudo, os efeitos secundários dessa ação podem bloquear certas escolhas disponíveis aos outros, por exemplo, viver numa comunidade integrada, onde operam os efeitos de polarização ou de inclinação do tipo de Schelling. As interações após uma determinada decisão podem então produzir um resultado indesejável por todos, desde que as decisões individuais sejam motivadas pelos efeitos imediatos e identificáveis das suas ações e determinadas num cálculo puramente individualista. Como se alguém orientasse as ações para o interesse social, em vez de para os seus interesses privados, os efeitos desta ação nos seus interesses privados não podem ser determinados numa base parcelar. Irá depender do que as outras pessoas fizerem. Uma ação que iria causar um custo alto para o indivíduo, se realizada apenas pelo próprio, poderia envolver custos imperceptíveis, ou até mesmo benefícios, se os pares tomassem a ação similar, porque isso mudaria o impacto agregado e também afetaria a repartição. O exemplo clássico é o potencial «gerido» por membros de um grupo social em particular de uma escola ou comunidade residencial. Para o indivíduo que contempla a sua decisão, o fator-chave são as decisões tomadas pelas outras pessoas. A pressão para agir defensivamente por interesse individual será aumentada não só pelo número de outros que agem desta forma, mas também pela incerteza que possam ter.

Neste sentido, agir socialmente é menos dispendioso num contexto social. Quando a interdependência mútua é forte, o grupo é mais eficiente como órgão de tomada de decisões do que os indivíduos agindo isoladamente. Dito de outra maneira, há uma interdependência da própria orientação social. Os seus custos para o indivíduo são indeterminados sem o conhecimento de como os outros indivíduos agem. É isto que está errado com a presunção liberal padrão de que a medida em que as pessoas querem agir socialmente será demonstrada pela medida em que o fizerem. A tomada de decisões independente significará que uma política defensiva de segurança, para começar, enviesará as decisões numa direção antissocial.

Esta interdependência na orientação social tenderá a generalizar-se à medida que a posição relativa na distribuição do rendimento se torna mais importante na determinação da receita real, através dos processos discutidos anteriormente. Um determinado imposto ou o seu equivalente é um encargo menor se recair também sobre os licitantes rivais na sala de leilões que andam atrás das mesmas coisas escassas que nós andamos. Se esse imposto for suportado por apenas um homem com gosto por vinho *vintage*, ele poderá ver-se excluído do preço; se for suportado por todos os que têm esses gostos, os preços de escassez cairão e o impacto em cada indivíduo será reduzido. Uma redução no rendimento relativo face a pessoas com gostos semelhantes reduz desproporcionadamente a capacidade de satisfazer esses gostos. A mesma influência funcionará de forma menos visível em toda a gama de bens posicionais.

Por conseguinte, o significado de um determinado declínio no prémio educacional dependerá de quantos outros enfrentam ou aceitam um declínio semelhante. Os pais nas zonas centrais da cidade sentem-se privados quando a integração é imposta aos distritos escolares da cidade, mas não à área metropolitana. A reação deles é frequentemente atribuída à preocupação motivada pela inveja ou irracional com o facto de outros escaparem a um encargo semelhante; mas também pode mostrar um reconhecimento instintivo por parte dos habitantes da cidade da sua omissão posicional. Porque a posição tanto relativa como absoluta determina o valor absoluto da educação, a sua privação é mais do que relativa; ficam em pior situação do que se a integração fosse generalizada. A resposta natural é uma ação defensiva para resistir a esta perda. A perda provocada por uma imposição partilhada tenderia a ser mais aceitável por dois motivos: seria menor em tamanho, e ver-se-ia mais equitativamente distribuída.

Colocar o interesse privado à frente da orientação social tem, portanto, algumas características de um processo dinâmico, em que o impulso é a interação social entre as decisões individuais. O processo pode ser posto ao contrário. A opinião pública sobre os danos causados à sociedade como um todo ajudará a promover uma ética social, mas não será suficiente para a assegurar enquanto o comportamento individualista mantiver a sua legitimidade em todo o campo da ação coletiva. Mais uma vez, o comportamento individualista pode ser um obstáculo à satisfação das preferências individuais. As pessoas podem estar dispostas a colocar os interesses sociais em primeiro lugar, num modesto sacrifício dos seus interesses individualistas, mas não podem concretizar essa preferência por elas próprias.

11

A legitimidade perdida e a compulsão distributiva

O capitalismo gerido, e mais geralmente qualquer economia descentralizada sujeita a orientação central, enfrenta uma nova prioridade desconhecida: a de resolver, ou pelo menos enfrentar, uma hipotética questão sobre as fontes do comportamento pessoal. Quais são as condições necessárias para os indivíduos guiarem certas ações fulcrais segundo uma norma social? A resposta encontrada nos principais trabalhos da filosofia liberal moderna de John Rawls é: a existência de justiça, no sentido de equidade.[212] Pode esperar-se que os indivíduos restrinjam o exercício do seu poder individual no interesse de proteger o tecido da sua sociedade se, mas apenas se, acreditarem que a sociedade como um todo é uma sociedade justa. Esta é uma visão intuitivamente aceitável — não há nenhum critério independente pelo qual se possa dizer que seja formalmente racional.

A tradução desse princípio em termos práticos suscita duas questões: o que é a justiça, e o que é o poder? A primeira pergunta é o foco central do trabalho de Rawls e do recente reaparecimento de trabalho analítico

[212] Rawls, *A Theory of Justice*.

e debate público no aspecto normativo da distribuição de bem-estar — quem deve receber o quê. Esta discussão está apenas a começar a abordar os conflitos bem conhecidos entre vários desideratos e entre várias formas de olhar para a desigualdade da recompensa. A resolução destes assuntos ainda está certamente longe de ser alcançada. A sua presente intratabilidade, contudo, não significa que a questão da distribuição possa ser resolvida. Nesta análise, a questão tem sido arrastada para o palco por dois grandes desenvolvimentos estruturais das economias avançadas: a crescente importância da concorrência posicional e a consequente extensão da necessária esfera de ação coletiva para a qual tem de ser encontrada uma base de consenso social. Sem o consenso, deve recorrer-se a uma privatização que de outra forma seria uma segunda melhor solução (ver em particular o Capítulo 6); e o mínimo irreduzível de ação coletiva torna-se menos eficiente e mais dispendioso.

Mas um acordo sobre o que constitui justiça social — ou, menos exigente, uma mudança no sentido da justiça social — é apenas uma condição prévia para a contenção dos indivíduos no exercício do seu poder e para a observância de normas sociais no interesse da preservação da estabilidade da sua sociedade. Também é necessário um acordo sobre os aspectos e dimensões relevantes do poder que exigem contenção. Este problema é muito menos discutido. No entanto, reflete novamente sobre a determinação da própria justiça.

I

A questão-chave é se o poder de mercado comum deve ser tido em conta como uma componente, muitas vezes dominante, do poder económico total. O «poder de mercado» é usado aqui no sentido de comando sobre os recursos económicos *no* mercado de trabalho, e não no sentido de influência *sobre* mercados (do tipo monopolista). Esta última utilização, que se tornou a visão convencional na literatura económica, levanta a questão aqui em causa.

Na análise liberal padrão, o poder económico é visto essencialmente como externo ao resultado do mercado competitivo; este resultado, real ou hipotético, faculta a norma em relação à qual o poder económico é medido. Os indivíduos ou grupos exercem o poder económico quando utilizam vantagens monopolistas ou meios políticos de organização explícita para subjugar outros à sua própria influência e/ou para assegurar recursos adicionais para si próprios. O poder mede-se pela distorção das forças do mercado livre; o resultado destas forças é a ação.

Esta conceção foi uma analogia natural à ideia de que nenhum critério de distribuição de recompensa pode ser alcançado a não ser o resultado do mercado competitivo. Este critério foi, sem dúvida, muito enfraquecido, tanto no que diz respeito à prescrição como à descrição. A opinião de que a produtividade marginal do trabalho, a condição *sine qua non* da tradição clássica para determinar quem recebe o quê, tem algum significado ético, que indica que taxa de remuneração é merecida, não tem sido defendida por nenhum economista importante desde J. B. Clark no início do século XX. Tem havido um enfraquecimento paralelo, embora muito menos extenso, na opinião de que a produtividade marginal é o principal fator determinante das taxas de remuneração. Como o produto do trabalho de qualquer homem se tornou mais difícil de isolar e de medir em processos organizacional e tecnologicamente complexos (ver Capítulo 3), os costumes e o poder de negociação tornaram-se cada vez mais importantes na determinação das escalas salariais relativas. Onde a produtividade marginal mantém, sem dúvida, uma grande importância, está a influenciar os níveis de emprego nestas escalas salariais. A produtividade marginal não determina que pilotos de linha aérea ou professores são pagos; ela influencia, sim, quantos pilotos de linha aérea ou professores existem.

A noção conceptual «da» taxa de pagamento do mercado foi, assim, afetada enquanto critério para a distribuição da recompensa no mercado competitivo. Sem dúvida, perdeu em determinação, logo, em legitimidade. Parece manipulável. As forças económicas estabeleceram um leque amplo dentro de quais salários e taxas salariais podem ser estabelecidas; nada mais. Assim, a forma fica aberta a critérios alternativos ou adicionais.

Uma vez abandonada a neutralidade distributiva do resultado competitivo do mercado, mesmo para um critério distributivo relativamente fraco como o de que o mais fraco deveria ter mais, já não faz sentido equiparar o poder económico a uma distorção deliberada das forças do mercado livre. O facto de alguns pontos de vista estarem a ser tomados sobre a conveniência ou aceitabilidade de um determinado padrão de recompensas económicas, qualquer que seja a sua fonte, elimina o significado especial para a política proporcionada pelo resultado do mercado competitivo. Assim, a organização do poder de mercado dos fracos, na medida em que aumenta a sua captação, pode ser aprovada, ao passo que o direito de reter todas as recompensas da atividade competitiva do mercado pode ver-se negado. Isto sugere uma visão alternativa, e mais abrangente, do poder económico como resultado de todas as influências que manipulam o impulso e a atração económicos que indivíduos e grupos exercem. A capacidade de ganhar direitos de propriedade é então vista como uma parte do poder económico, independentemente do grau de organização do mercado em que são exercidos.

Esta abordagem também sugere que o poder económico tem duas formas. A primeira, a forma económica primária e direta, é o poder de compra independente, ou poder dentro do mercado; este poder é medido pelas recompensas económicas de vários géneros que os indivíduos podem obter no mercado por eles mesmos. O poder de compra independente resulta das oportunidades de mercado exercidas num mercado competitivo. Flui de alguma combinação de produtividade física, poucos talentos, bons contactos, informação escassa, e boa sorte.

A segunda forma de poder económico resulta de algum grau de organização coletiva ou de dominação monopolista; uma dimensão importante é a perturbação económica e o prejuízo que pode causar a outros. O poder desta segunda forma é tipicamente exercido por meios políticos ou quase políticos de organização de grupos, incluindo a negociação sindical. Embora a dimensão mais importante do poder económico coletivo deste tipo seja disruptiva, o seu exercício será normalmente um meio de aquisição de poder. O facto de existir grande poder disruptivo ou de este ser usado por um grupo não indica, por si, que os membros têm mais poder de compra no total. Este pode vir a ser o caso num sindicato ilícito, em que um chefe do sindicato converte o poder para seu controlo e obtém um ganho pessoal, com chantagem. Caso contrário, os ganhos do exercício do poder sindical têm de ser distribuídos pelos membros do sindicato, e o exercício de um poder disruptivo mesmo considerável pode deixar os membros em pior situação do que outros com pouca capacidade para essas perturbações.

II

Uma vez que os objetivos de distribuição são admitidos como um objetivo de política e, portanto, como um critério de desempenho económico e político bem-sucedido, o próprio exercício do poder disruptivo não pode ser considerado inadmissível. O seu exercício pode revelar-se potencialmente ineficiente para a comunidade no seu conjunto, no sentido de que o mesmo resultado distributivo poderia ser alcançado de outras formas, sem perda ou distorção comparável na produção. Isto reflete o facto de o exercício do poder organizacional, ao contrário do poder aquisitivo independente, agir diretamente sobre o volume e composição da produção e não apenas sobre a distribuição das declarações de consumo. Mas se a distribuição que realmente ocorre sem o exercício do poder disruptivo for diferente e inferior, então este resultado pode compensar o ganho na produção conjunta. Assim, as regras ou pontos de vista sobre o exercício do poder disruptivo envolvem pontos de vista, pelo menos implícitos, sobre a validade da repartição do poder aquisitivo, ou seja, sobre a distribuição final. Mais especificamente, a restrição do exercício do poder político ou monopolista por ou em nome daqueles cujo poder aquisitivo independente é fraco implica uma obrigação implícita de conseguir pelo menos a transferência distributiva equivalente noutra forma.

Nesta abordagem, não pode ser feita uma distinção absoluta entre a contenção do poder económico que é explicitamente exercido de alguma forma política ou organizacional e o poder económico direto que flui das oportunidades de mercado. Pelo contrário, a contenção sobre o poder económico politicamente organizado, que é passível de assumir a forma de poder disruptivo, tem de ser considerada no contexto de que contenção, se alguma, é exercida sobre o poder aquisitivo independente, no sentido de oportunidades de mercado. A entidade relevante é a combinação de poder aquisitivo direto (independente) e indireto (disruptivo). É unilateral esperar que aqueles que detêm um poder organizacional ou político relativamente grande restrinjam o seu exercício, no interesse coletivo, se não forem aplicadas restrições semelhantes ao exercício de um poder de mercado relativamente grande e independente por outros indivíduos da coletividade. No entanto, esta assimetria é endémica em quase toda a discussão liberal deste assunto.[213]

---

[213] Para uma discussão desta assimetria em Rawls, ver Barry, *The Liberal Theory of Justice*, p. 157.

Este é o cerne da objeção dos sindicalistas: «Se é livre para todos, somos parte do todo.» Pedem aos trabalhadores sindicalizados que restrinjam o seu uso de poder económico disruptivo, enquanto os indivíduos com capacidade de exercer maior poder aquisitivo sem recorrer a poder disruptivo continuam livres para o fazer.

Um argumento comum entre os economistas liberais é o de que o poder exercido coletivamente através dos sindicatos é uma exploração socialmente inaceitável de monopólio. Mas este raciocínio baseia-se na análise implícita de que a exploração coletiva do poder económico dos indivíduos, mesmo que eles próprios sejam relativamente fracos, pode ser condenada eticamente, enquanto a exploração individual do poder económico dos independentes fortes não pode. Este é, em si mesmo, um juízo de valor ético.

Um argumento mais forte é que o processo de negociação entre grandes grupos ou outras concentrações de poder de mercado é intrinsecamente disruptivo, porque o resultado pode ser influenciado pelo exercício do *bluff* e da chantagem. A negociação entre grupos cujo comportamento influencia os termos da própria negociação envolve uma perda de peso morto em comparação com transações num mercado suficientemente competitivo para que cada participante seja um tomador de preços, em vez de um criador de preços. Este é um argumento clássico a favor da concorrência atomística. A própria indeterminação da fórmula de negócio é uma fonte de perturbação e, portanto, ineficiente. No entanto, o benefício potencial para todos não é um incentivo suficiente nem necessário para persuadir os grupos que atualmente lucram com o exercício do poder de negociação coletiva a renunciar a ele. É necessário demonstrar-lhes que podem beneficiar eles próprios, ou pelo menos que a cooperação no interesse geral é justificada e exigida pela natureza justa do sistema que a sua ação ajudará a sustentar.[214] Se os grupos com poder de negociação real ou latente não estiverem tão convencidos, porque a exploração do poder de negociação individual permanece sem princípios, então será uma falsa dicotomia colocar um contraste entre a estabilidade da exploração individual do poder de mercado e a instabilidade ou desordem da sua exploração coletiva, uma vez que a primeira provocará e perpetuará a segunda. Assim, a questão empírica de saber se a exploração individual do poder de mercado é consistente com a estabilidade social, enquanto a exploração coletiva não é, dependerá de como os sindicatos e sindicatos emergentes veem a questão, o que, por sua vez, pode depender da resolução da questão ética, ou seja, da realização da «justiça» no sentido de Rawls de equidade percecionada.

A restrição da utilização da energia disponível por alguns pode ser validada apenas por referência a princípios éticos dentro da sociedade. Nenhuma lógica interna pode ser apresentada para confinar este teste ético à área essencial do respeito das obrigações políticas e para a excluir da atribuição de recompensas económicas. A economia liberal de mercado, mesmo corrigida nos princípios decorrentes

[214] Deve recordar-se que, tal como discutido no Capítulo 10, a preferência pelos frutos da cooperação geral (em vez da alternativa de não-cooperação) não é suficiente para evocar tal comportamento por parte de qualquer indivíduo ou grupo por razões de interesse próprio.

de Keynes e Pigou, tem grande dificuldade em acomodar um tal teste para o resultado distributivo.

As operações fiscais muito aumentadas e agora muito extensas dos estados industriais não parecem ter produzido grandes alterações na distribuição dos rendimentos.[215] Existe uma dúvida disseminada se essas mudanças podem ser afetadas sob o *éthos* de que as pessoas deviam procurar maximizar os seus interesses privados na situação de mercado com que se deparam. Uma tentativa de reestruturar o padrão das leis e escolhas perante a «maximização» dos indivíduos de forma a assegurar grandes mudanças em relação ao resultado do mercado imporia grandes pressões sobre a administração e aplicação dessa regulamentação, pelas razões discutidas no Capítulo 9. A eficiência técnica do mecanismo de mercado na transmissão de escolhas e preferências entre muitos indivíduos que interagem entre si pode ser alargada apenas até um grau limitado às escolhas sociais, decorrentes das preferências individuais. A limitação, recorde-se, deriva essencialmente da deterioração associada da informação sobre as preferências individuais reais e da transmissão ineficiente de incentivos para as cumprir.

III

A satisfação dos desejos privados pode ser alcançada com eficiência técnica através da maximização dos interesses privados num processo de mercado. O análogo para

---

[215] Ver Capítulo 7, nota de rodapé 1.

a satisfação de desejos de bens coletivos não é um processo equivalente de maximização privada, num processo de mercado em que os parâmetros foram ajustados para refletir esses desejos coletivos. Essa é a heresia liberal moderna. «Um fim que não pode ser atomizado não pode ser tratado por uma análise atómica. Esses fins são comuns.»[216] O análogo em termos de eficiência é a maximização de objetivos individuais para o fim comum. Na linguagem económica neoclássica, isto envolve internalização de normas sociais, pelo menos aquelas que dizem respeito a padrões comportamentais, e não apenas uma mudança de oportunidades disponíveis. Na sua crescente incorporação de bens coletivos de uma variedade de tipos — de visões sobre a distribuição de rendimento, ao acesso comum a parques ou escolas —, a economia torna-se mais dependente dos padrões morais ou convencionais para a sua eficácia.

Assim, a lacuna moral do sistema capitalista já não aparece, na visão tradicional dos liberais iluminados, de Mill a Keynes, como uma espécie de mancha estética a suportar em nome da sua eficiência superior em comparação com as alternativas. A ausência de justificação moral explícita e/ou de obrigações morais especificadas dentro do sistema é agora vista como enfraquecendo a sua eficiência operacional no problema anteriormente negligenciado de garantir os bens coletivos necessários e as normas individuais socialmente funcionais. No entanto, a dependência deles cresce, ao invés de diminuir, à medida

---

216 E. F. M. Durbin, «The Social Significance of the Theory of Value», *Economic Journal* (dezembro de 1935), como citado por R. H. Tawney, *Equality* (Londres: Allen and Unwin, 1952), p. 126.

que as economias se tornam mais interdependentes e complexas. O apelo ao «motivo mais forte» de Marshall do interesse próprio privado continua em muitas situações a ser o instrumento mais eficaz disponível para a obtenção do objetivo imediato. Ao enfraquecer as normas de cooperação deliberada e de contenção social, a confiança neste apelo como valor dominante da sociedade produz um sistema instável ao longo do tempo. A eficácia da droga milagrosa acaba por ser enfraquecida pelos seus efeitos secundários.

PARTE IV
PERSPETIVA E CONCLUSÕES

12

O mercado liberal enquanto caso de transição

O impasse contemporâneo sobre quem obtém o quê e os impedimentos associados ao funcionamento da economia de mercado pode ser visto como o surgimento de um processo histórico incorporado. Um longo conflito latente está a chegar ao fim.

Desde o seu início na Inglaterra do século XVII, o liberalismo político foi caracterizado por uma ambiguidade sobre a extensão do seu círculo eleitoral. Essencialmente um movimento da classe média, mobilizou, no entanto, apoio de baixo para cima na luta contra o poder político da coroa e da aristocracia e apostou a sua afirmação na causa popular. Os frutos da revolução burguesa vitoriosa em três áreas principais — liberdade civil, direitos políticos e oportunidade económica — foram passados adiante principalmente em graus e sequências diferentes.

As liberdades civis foram difundidas primeiro, com a grande exceção das populações não-brancas nos Estados Unidos. Seguiram-se os direitos políticos, nas grandes lutas do século XIX. No final do século, era evidente que a extensão da franquia que o liberalismo tinha começado não teria ponto de paragem na classe. Os princípios que tinham ajudado e legitimado a obtenção de poder político para a classe média tinham adquirido o seu próprio impulso. Assim, o triunfo do próprio poder político burguês minou-o imediatamente. O impulso final para o sufrágio universal foi dado pela Primeira Guerra Mundial, com o seu apelo sem precedentes do Estado à cooperação ativa dos homens trabalhadores, e de todas as mulheres. Ambas as guerras mundiais têm sido vistas como envolvendo na Grã-Bretanha uma extensão significativa e duradoura no círculo eleitoral político vigente, no sentido mais amplo da parte da população que tem o direito de participar no estabelecimento do Estado.[217] Nos Estados Unidos, a extensão de direitos políticos plenos à população adulta ficou efetivamente completa com a reformulação da legislação dos anos 60 e com a Lei dos Direitos de Voto de 1965.

Para a classe média, a emancipação política tinha seguido o avanço económico. Tinha sido mais ou menos o resultado da força económica, o reconhecimento político da realidade económica. Para a classe trabalhadora e grupos étnicos pobres ou incapacitados, a aquisição de direitos políticos iguais precedeu o avanço económico. A plena igualdade dos direitos civis e dos direitos políticos tem andado a par com uma marcada desigualdade nos resultados económicos. Esta disjunção criou a sua própria dinâmica. As contínuas desvantagens económicas relativas dos indivíduos e grupos em causa limitaram a medida em que os direitos políticos formais foram traduzidos em pleno poder político, que assenta também no poder económico.

---

[217] Arthur Marwick, *Britain in the Century of Total War, 1900–60* (Londres: Bodley Head, 1968); Richard M. Titmuss, *Social Policy 1939–45* (1950) (Londres: Allen and Unwin, 1974).

Cresceu a pressão para que as oportunidades económicas sejam distribuídas de forma mais equilibrada através da ação política, ou seja, na exigência de «oportunidades económicas iguais»; e esta pressão expandiu-se através da sua própria força para impulsionar a ação política em prol de um resultado económico mais equiparado.

Na análise liberal tradicional, foi feita uma distinção clara entre estes dois critérios de igualdade: igualdade de oportunidades, denotando o objetivo comummente partilhado de uma igualdade de oportunidades no início da corrida, e igualdade de resultados, denotando a noção muito mais controversa e radical de um final semelhante. A distinção dissolveu-se na ambiguidade do que constitui um começo igual, ou — o que equivale à mesma coisa — qual a qualidade que a competição deve testar.[218]

---

[218] Nos jogos formais a partir dos quais a analogia é feita, a resposta é suficientemente clara: é a capacidade de correr 100 metros, e coisas do género. Mas no jogo da vida? Que deficiências devem ser removidas? O conceito precoce e totalmente burguês de igualdade de oportunidades distinguia as deficiências ascendentes das distinções de estatuto e de função hereditárias de nascimento. Mas a outra vantagem hereditária visível, de riqueza, logo apareceu igualmente acentuada, como uma desvantagem arbitrária para aqueles que tinham pouco ou nada disso. Nos tempos que correm, a pesquisa deixou claro que mais vantagens são transmitidas pelos pais em inteligência e ambiente familiar: nem no berço nem no portão da escola crianças diferentes têm um início igual na vida. Além disso, que outras diferenças nas características herdadas ou influenciadas pelo ambiente que em casos individuais podem ser de importância decisiva para a realização económica — diferenças a nível de saúde, capacidade de autocontrolo e disciplina, e força física? Pode uma competição que não tenha em conta estas diferenças nas capacidades iniciais — distintas do uso feito destas capacidades — ser considerada como dando igualdade de oportunidades? Por fim, se pudéssemos encontrar uma forma de testar esta utilização da capacidade pessoal, ou do esforço,

Consequentemente, a procura de um objetivo aparentemente limitado transitou automaticamente para um objetivo praticamente aberto. Esta sequência era exatamente o que uma longa linha de céticos como Edmund Burke e Alexis de Tocqueville e por aí fora tinha receado. A emancipação política dos proprietários abriu a brecha para a emancipação daqueles que nada possuíam. Os sem propriedade estariam livres da influência restritiva imposta pelo facto de terem a sua própria participação na sociedade existente. Fruto da irresponsabilidade e ignorância, exigiriam então do Estado mais do que o que poderia ser fornecido. Procuravam, através do Estado, corrigir uma desvantagem cuja origem estava na natureza. A população não ficaria satisfeita em deixar a liderança política e a força económica nas mãos daqueles que compreenderam estas realidades. Seria influenciada por promessas de demagogos de coisas melhores e, no processo, ameaçaria tanto as bases políticas como económicas da prosperidade.

---

e a capacidade de esforço em si? A letargia herdada é uma desvantagem menor do que a fraqueza física herdada? Claramente, quando o conceito de igualdade de oportunidades é levado a sério, expande-se sem barreira natural para a igualdade de resultados. É por isso que aqueles que receiam as implicações da igualdade de resultados como critério têm bases sólidas para suspeitar da igualdade de oportunidades como conceito económico e no confinamento dos seus objetivos a conceitos políticos, como a igualdade perante a lei e a abertura de posições no serviço público e nas profissões a todos os que desejam competir por elas. Não um começo igual, mas uma oportunidade universal para começar: igualdade de acesso. Ver em particular Friedrich A. Hayek, *The Constitution of Liberty* (Londres: Routledge and Kegan Paul, 1970), p. 91–95.

Esses medos estenderam-se profundamente para o campo liberal.[219] Fundamentam as reservas de John Stuart Mill numa extensão total da concessão. Também colocam de parte a ideia de Walter Bagehot de que a classe trabalhadora recém-empenhada não seguiria os pequenos comerciantes a aceitar a sabedoria superior da riqueza e da posição e que o caminho estaria aberto a «uma combinação política das classes mais baixas, como tal e para os seus próprios objetos, [que] é um mal da primeira magnitude».[220]

I

A razão mais profunda pela qual o *statu quo* político era suscetível de ser perturbado pela realidade da participação política universal foi exposta por Keynes quase como um aparte, como um aquecimento para a sua denúncia do acordo de paz de Versalhes. Numa rara indulgência na categorização neomarxista, Keynes argumentou que a base dos notáveis avanços que as economias europeias tinham conseguido no período dourado de 1870 a 1914 era permitir aos capitalistas apropriarem-se da parte de leão do produto conjunto e obrigar, persuadir ou convencer as classes trabalhadoras a reivindicar muito pouco

---

219 «Dentro e fora de Inglaterra, de Macaulay a Mises, de Spencer a Sumner, não houve um liberal militante que não tivesse expressado a sua convicção de que a democracia popular era um perigo para o capitalismo.» Karl Polanyi, *The Great Transformation* (1944) (Boston: Beacon, 1970), p. 226.

220 Walter Bagehot, *The English Constitution* (1867) (Londres: Collins Fontana, 1963), Introdução da 2.ª edição (1872), p. 277.

deste.[221] A lógica social e a condição implícita do acordo era que o excedente apropriado pelos capitalistas não fosse consumido, mas sim canalizado de volta para a acumulação de capital. Para o *bluff* que exclui os trabalhadores da sua parte total, e impede os capitalistas de realizarem a sua parte exagerada, proporcionou a única base possível para o crescimento do bolo nacional até um tamanho em que todos poderiam, atempadamente, assegurar uma fatia decente. Mas no pessimismo de 1919, Keynes viu o duplo *bluff* exposto: «A guerra revelou a possibilidade de consumo para todos e o egoísmo da abstinência para muitos». Também despertou a atenção para o aspecto em que o negócio implícito era menos do que equilibrado, um aspecto que Keynes não mencionou: as reivindicações de propriedade e controlo dos bens de capital disponibilizados pela abstinência conjunta de trabalhadores e capitalistas residiam apenas nos capitalistas.

O perigo da exposição do *bluff* era evidente. Reivindicações excessivas dos frutos poriam em perigo a vida da árvore. Porém, o equilíbrio anterior e contenção não assentavam em nada mais do que «condições psicológicas instáveis», que, uma vez desequilibradas, podem ser impossíveis de recriar. O objetivo polémico que Keynes pretendeu com a sua perceção no assalto que fez à paz cartaginesa ajudou a obscurecer a sua significância, nomeadamente de si próprio. O capitalismo, um sistema racionalista que vive dos seus resultados, não conseguia explicitamente justificar o seu resultado mais importante— quem recebe o quê.

---

[221] «The Economic Consequences of the Peace» (1919) *Collected Writings*, II, 11–13.

No enquadramento da discussão anterior (Parte III), o vazio moral que apagou o funcionamento diário do capitalismo de mercado prejudicou a sua estabilidade no longo prazo. Para funcionar, o sistema dependia da lógica oposta do outro lado do espelho. Mas, no conceito de Keynes, iria acabar por ser honesto quando o seu próprio sucesso tiver proporcionado bens mundanos suficientes para todos. Portanto, a conclusão do sistema keynesiano, da mesma forma que o marxista, é que depende do fim da escassez económica.

No entanto, as dinâmicas do capitalismo como do socialismo orientado para o consumo impedem a escassez económica de ceder ao avanço da produtividade material. A concorrência pelo posicionamento é aumentada e ela própria contribui para necessidades materiais adicionais. Esta interação prejudicial tem sido tema recorrente deste livro. Sem dúvida, as alegações sobre a produção económica nunca perderam a sua urgência nos últimos 50 anos.

Regressando ao contexto histórico, as exigências económicas aparentavam ser particularmente urgentes no rescaldo da Primeira Guerra Mundial. A aritmética da matéria começava a ser mostrada nas estimativas da distribuição do rendimento nacional. A distribuição aparecia em forma de pirâmide, o que significava que erradicar o pináculo teria pouco efeito para aumentar a base. «A pirâmide cria uma ilusão ótica, que torna exagerado o topo do vértice e ignora o alcance da sua base.» Assim, R. H. Tawney (em 1931) citou «o espectro venerável» que faz aparições tão regulares nos nossos dias.[222] Os avanços

---

[222] Tawney, *Equality*, p. 120. Tawney contestou vigorosamente o pressuposto associado de que a redistribuição de rendimento teria um custo

económicos fizeram ascender a massa de trabalhadores da pobreza extrema, deixaram a pobreza no sentido de negação das necessidades biológicas primárias enquanto condição minoritária sofrida por pessoas incapacitadas, ou simplesmente idosas. A amplitude da base encolheu; a grande fatia passou para cima; e a forma da distribuição nas economias avançadas assumiu a forma de diamante de base. A economia política que estava a emergir enquanto excrescência das revoluções europeias mercantil e industrial estava, portanto, a desenvolver uma combinação de características divergentes:

(1) O motor económico era essencialmente o capitalismo de mercado.

(2) A legitimação política era a participação universal.

(3) A restrição económica era a distribuição de rendimento em forma de pirâmide, que mais tarde se moldou na forma de diamante de base, em que os pontos altos de consumo e a vida civilizada estão disponíveis apenas para *alguns*.

Quaisquer duas destas características podem ser compatíveis: as três em conjunto não foram. O século XX tem sido uma luta oscilante — no mercado, na arena política, e entre os escritores e ocasionais lutadores em batalha com o coração e a mente — sobre qual seria o elemento incompatível que teria de ceder. Em algum pensamento socialista — mas em concreto não na análise marxista —, o elemento alheio tem sido o capitalismo de mercado.

---

na produção antecipada; esperava a diminuição da hostilidade e suspeita resultante de uma distribuição mais equitativa para remover os impedimentos existentes ao aumento da produção.

Com a distribuição do rendimento sob um determinado nível de controlo estatal e relacionado com o serviço e não com o poder de mercado, a participação universal podia ter sido tornada compatível com a escassez económica. Isto seria feito ao diminuir as possibilidades permitidas de consumo individual — numa expressão, nivelamento por baixo.[223] A pirâmide ou o diamante de base seria achatado a partir do topo. Os marxistas viam com desdém a viabilidade de dissociar a distribuição de rendimentos, e a influência exercida pelo Estado, da organização social da produção.[224] Do lado oposto do espectro político, e especificamente contra a possibilidade de nivelar por baixo, o intruso era o princípio da democracia totalmente político-económica; no mínimo, o conceito de participação universal tinha de parar de repente a sua influência deliberada sobre a jurisdição económica. Joseph Schumpeter e Friedrich Hayek eram fortes defensores desta visão. Estas resoluções alternativas do excesso de exigências sobre as disponibilidades — para se verem livres do capitalismo ou para se verem livres da participação universal na lista acima — estavam claramente em oposição direta. A combinação possível que permanece não necessita desse confronto. Esta era a forma de se livrarem do constrangimento propriamente dito. De uma forma geral, era a oferta de crescimento

---

223 Tawney foi o porta-voz moderno mais eloquente e influente desta escola. Os seus textos basilares são *The Acquisitive Society* (1920) (Nova Iorque: Harcourt, 1958) e *Equality* (1931).

224 «O socialismo vulgar (e, por sua vez, uma parte da democracia) adotou dos economistas burgueses a consideração e tratamento da distribuição como independentes do modo de produção». Karl Marx, *Critique of the Gotha Programme* (1875) (Nova Iorque: International Publishers, 1966), p. 11.

económico, e desde que parecesse um solvente credível, era muito difícil resistir-lhe.

Mais uma vez, a aritmética falou por si. As taxas de crescimento aglomerado facultaram o impulso que a redistribuição de rendimento mais severa de um total estático não conseguia aproximar-se. A uma taxa de crescimento do produto nacional bruto *per capita* de 2%, que foi registada por períodos sustentados pelas economias industriais no passado, e na década de 1960 foi amplamente considerada modesta, verifica-se uma duplicação a cada geração. Por esta via — e apenas por esta via —, as massas presentemente perto da base da distribuição podiam ser levadas, ao longo do tempo, até ao topo. O processo do crescimento económico é, ele próprio, estimulado pela transmissão descendente de distribuição de rendimento para os desejos novos e urgentes, derivados da observação das oportunidades que primeiro só estavam disponíveis para o topo. O processo de crescimento tem sido visto como permitindo que estes desejos se realizem ao longo do tempo. Os bens de luxo de uma geração tornaram-se os artigos comuns da geração seguinte e as necessidades da terceira: como aconteceu com os automóveis, máquinas de lavar, televisores e viagens ao estrangeiro, neste século, e mais lentamente, com casas de tijolo e janelas de vidro nos séculos anteriores.

Desta forma, uma tendência igualitária funciona com um atraso temporal; e com imensa subtileza, pois este «igualitarismo dinâmico» resulta do desprezo das políticas igualitárias ativas; na verdade, depende desse desprezo. É o resultado natural das respostas do mercado às ações individuais descoordenadas, a serem fomentadas pela desigualdade nas condições prevalecentes em determinados momentos do tempo. Estas desigualdades estáticas fornecem o incentivo, bem como os meios para o avanço geral. Os patamares ocupados pelos ricos de hoje serão amanhã passados para todos nós. No decurso do progresso económico, nesta perspetiva, os ricos formam uma guarda avançada, e o chumbo no rendimento e consumo de que desfrutam sobre os outros a qualquer momento é parte da dinâmica do avanço geral.

O conceito das coisas boas da vida que vão sendo filtradas ou descendo do topo é um conceito muito antigo em economia de crescimento; era proeminente em *A Riqueza das Nações*, de Smith. A imagem específica do crescimento económico como uma tendência igualitária que prossegue ao longo do tempo é mais recente. A ligação entre crescimento económico e distribuição de rendimentos tem sido alvo de muitos debates e disputas. Há alguns indícios de um aumento das disparidades de rendimento nas fases iniciais de desenvolvimento, seguido de um estreitamento. Mas esta tendência igualitária foi concentrada, em grande parte, nas duas guerras mundiais e nos períodos de inflação aguda,[225] como o que se viveu no final dos anos 60 e na primeira metade da década de 70.

---

[225] Simon Kuznets, «Economic Growth and Income Inequality», *American Economic Review* (março de 1955); Lee Soltow, «Long Run Changes in British Income Inequality», *Economic History Review* (1968); U.S. Council of Economic Advisers, «Distribution of Income», *Annual Report 1974,* Capítulo 5; Atkinson, «Poverty and Income Inequality in Britain»; Royal Commission on the Distribution of Income and Wealth, *Report,* Volume I, Cmnd 6171, 1975; J. D. Smith and S. D. Franklin, «The Concentration of Personal Wealth, 1922–1969», *American Economic Review,* Papers and Proceedings (maio de 1974).

A interpretação mais evocativa do tema do crescimento como um agente equalizador dinâmico foi apresentada por dois sociólogos britânicos, Michael Young e Peter Willmott. Com base na análise de Daniel Bell, por sua vez, inspirada em De Tocqueville, representaram o processo de crescimento como uma coluna em marcha. A classificação da coluna reflete a distribuição de rendimentos, que se mantém mais ou menos inalterada ao longo do tempo, à medida que a coluna como um todo avança. As pessoas à frente são normalmente «as primeiras a rodar numa nova direção. A última posição mantém a sua distância em relação à primeira, e a distância entre elas não diminui. Mas, à medida que a coluna avança, a última posição acaba por atingir e passar o ponto que a primeira posição tinha passado algum tempo antes [...] As pessoas atrás não podem, sem quebrar o estatuto e forçar passagem, chegar onde está a carrinha, mas, como a coluna inteira está a andar em frente, podem esperar no tempo devido chegar onde a carrinha estava».[226] Evidentemente, a vanguarda não é sítio para o proletariado: é exatamente o contrário.

O ponto fraco desta abordagem está no seu fetichismo de mercadorias no sentido discutido anteriormente (Capítulo 6). O que é ignorado é que, quando chega a altura de atingir o terreno procurado pelo fim da coluna, esse terreno terá

[226] Young and Willmott, *The Symmetrical Family*, p. 20. A ideia de igualdade autónoma ao longo do tempo também foi declarada de forma poderosa por Hayek: «É porque os batedores encontraram o objetivo que a estrada pode ser construída para os menos afortunados ou enérgicos [...] até os mais pobres hoje em dia devem o seu relativo bem-estar material aos resultados da desigualdade do passado.» Hayek, *The Constitution of Liberty*, p. 40–46.

sido afetado pela passagem da coluna propriamente dita. Estes efeitos não são só psicológicos, através da influência de expectativas sobre a satisfação derivada de formas particulares de consumo ou outra atividade. Uma proliferação mais extensa de certas mercadorias em particular ou equipamentos também afeta as suas características num sentido objetivo, não psicológico, ao afetar o contexto em que são usadas. As formas em que isto pode acontecer foram extensivamente discutidas. Aqui pode ser relembrado que para a família na cauda da Marcha Young-Willmott que adquire um automóvel depois de o luxo do prazer de conduzir ter sido qualificado de congestionamento e ter levado a restrições de estacionamento — enquanto a necessidade de ter um carro foi estabelecida pela decadência dos transportes públicos e por trocar os canais da comunicação física entre a casa, o trabalho e as instalações sociais —, para esta família passar a outrora exultada meta de ter um carro, a passagem pode parecer menos uma libertação da antiga posição subordinada do que uma nova faceta de uma realidade subordinada imutável. Ou, como um profissional da classe média comentou quando abriram voos *charter* baratos para um país exótico distante: «Agora, que tenho meios para vir aqui, sei que vai ser destruído.»[227]

A presunção de que aquilo que a elite tem hoje as massas vão exigir — e adquirir — amanhã enraizou-se profundamente na sociedade ocidental. É o fundamento básico de grande parte do planeamento social, e o evangelho dos futurologistas. Os atrativos para ambos

[227] Nicholas Tomalin, *Sunday Times* (Londres), 31 de dezembro de 1972.

residem na sua capacidade de projeção quantitativa e avaliação aparentemente objetiva. Para projetar o futuro, basta observar o presente, a fim de extrapolar o passado. A imagem da secção transversal de como vivem hoje ricos e pobres traça o contorno da futura subida para todos abaixo do cume, à medida que os frutos do crescimento generalizado os elevam à posição económica hoje ocupada pelos ricos. O planeamento social de transportes, habitação e educação tem sido baseado, a uma extensão considerável neste pressuposto básico.[228] Assim, o pressuposto adquire um elemento de autorrealização.[229]

---

[228] Considere-se a seguinte projeção num trabalho importante de Marion Clawson e Peter Hall, *Planning and Urban Growth: An Anglo-American Comparison* (Baltimore: Johns Hopkins University Press, 1973): «muitas famílias ou indivíduos terão uma segunda, e talvez até uma terceira ou quarta casa — para diferentes estações, diferentes propósitos, em diferentes locais. Um apartamento na baixa para viver enquanto trabalha, uma casa suburbana é espaçosa e reservada para os fins de semana, uma casa na montanha para as férias de verão, uma casa de praia para as férias de inverno; os padrões de habitação ou luxo agora apenas disponíveis para os muito ricos pode tornar-se disponível para uma fração bastante mais vasta da população total» (p. 273). A viabilidade deste desenvolvimento baseia-se na duplicação esperada do rendimento real *per capita.*

[229] Isto é ilustrado num estudo de pesquisa importante das futuras necessidades de transporte em Londres, um caso típico (Greater London Council, *Movement in London,* 1969). O estudo teve como ponto de partida a forte associação estatística entre o rendimento e a propriedade de automóveis exibida na Grã-Bretanha e noutros países; na base do aumento esperado nos rendimentos gerado pelo crescimento económico, e das oscilações do preço relativo, prevê a duplicação do número de carros entre 1961 e 1981, altura em que 68% dos agregados familiares terão acesso a um carro. Estas tendências são apresentadas como um reflexo da procura do consumidor. Uma vez que, para além de um certo ponto, a procura de automóveis se alimenta a si mesma — porque a sua disseminação reduz a qualidade e aumenta o custo dos transportes públicos —, um exercício deste tipo integra em grande escala a tirania das pequenas

A produção económica nestas condições pode ser de carácter defensivo — como a procura de transporte automóvel pessoal, necessário devido ao desaparecimento dos transportes públicos. Uma influência deste tipo exercerá pressão sobre o extremo final da coluna para alcançar a carrinha, e isto será um importante impulso para o aumento da atividade económica, convencionalmente classificada como crescimento económico. Mas nas condições atualmente existentes, o avanço será na produção económica no sentido «bruto» de trazer o bem-estar individual para um nível mais elevado do que o que existiria sem a atividade em questão. Na medida em que o crescimento da atividade económica tem um efeito adverso nestas condições, isto é, no congestionamento citadino neste exemplo, a marcha em frente da coluna como um todo pode ser retratada a ocorrer numa passadeira rolante que vai na direção oposta, e é potenciada pela própria coluna em marcha.

O conceito bruto de crescimento económico negligencia essas complicações e vê o crescimento nacional como um avanço económico individual em grande escala. A limitada extensão em que essa generalização a partir da experiência individual é admissível tem sido um tema importante deste livro. Isto não quer dizer que no passado os indivíduos como um todo tenham feito ganhos

---

decisões com que o indivíduo se confronta a qualquer momento no tempo. A grande decisão — carros com transportes públicos mínimos ou sem carros e transportes públicos abundantes — está, em princípio, aberta aos encarregados do planeamento social, mas é prejudicada por uma projeção das respostas dos indivíduos às pequenas escolhas a que estão limitados nas transações de mercado.

económicos reais e substanciais. O aumento da produtividade baseado, em parte, no avanço tecnológico aumentou as disponibilidades materiais ao longo de toda a distribuição de rendimentos. Acrescentou também ao bem-estar social, tal como medido por certos indicadores sociais de excelência — esperança de vida, acesso a cuidados médicos, alfabetização. Este avanço material tem sido o resultado de dois processos diferentes de crescimento operando lado a lado. A sua harmonia já não pode ser considerada um dado adquirido.

III

Os dois processos de crescimento podem ser categorizados como avanço individualista e avanço coletivo. O avanço individualista tem sido o padrão característico da classe média; a obtenção depende do desempenho individual ou da posição e é, consequentemente, de final aberto. O avanço coletivo tem sido o padrão tradicional dos trabalhadores manuais de uma certa etnia na Europa e grupos de baixo rendimento no Estados Unidos. O âmbito para o avanço individual tem sido limitado pela falta de ascensão na carreira, de conseguir posições mais altas devido a discriminação racial ou étnica; o avanço é obtido em grupo e através dele; o poder de mercado é uma forma coletiva e não é intrínseca ao individual. Portanto, a norma apropriada é a lealdade fraternal no seio do grupo, em vez do individualismo competitivo. O horizonte das expectativas pessoais é limitado, o grupo de referência que compõe o padrão da própria situação do trabalhador é restrito à curta distância dentro da nossa própria classe.[230]

Desde que os objetivos coletivos continuem confinados a aquisições no sector material (definido na Parte I), os bens incluídos que podem ser disponibilizados de forma mais abrangente no longo prazo, sem reduzir a quantidade ou qualidade dos bens para os outros, permitem alcançar progresso nesta frente sem perturbar o processo de crescimento da classe média de concorrência individual. Esse processo de crescimento abrange essencialmente o sector posicional, que, na sua natureza, é a esfera da concorrência individual; é ocupada por uma minoria bem-sucedida de vencedores. É a esfera do *éthos* tradicional burguês, da busca individual sem limites por recompensas e prémios que só muito poucos conseguem alcançar: oportunidades de distinção, serviço, liderança. Neste cenário, só é possível ascender acima dos pares, ao estilo burguês, e não com eles, ao estilo do proletariado ou comunal. O avanço coletivo, o processo de crescimento tradicional das massas, não tem lugar neste sector. As tentativas de ganhar mais para todos apenas intensificam a luta e criam distância na corrida da eliminação. Para o avanço económico geral continuar puro, no sentido de evitar

---

[230] Ely Chinoy, *Automobile Workers and the American Dream* (Nova Iorque: Doubleday, 1955); W. G. Runciman, *Relative Deprivation and Social Justice* (1966) (Harmondsworth, Eng.: Penguin, 1972); David Lockwood, *The Black Coated Worker* (Londres: Allen and Unwin, 1958): John Goldthorpe e David Lockwood, *The Affluent Worker*, vols. 1–3 (Cambridge, Eng.: Cambridge University Press, 1968 e 1969).

as excrescências associadas ao excesso de procura no sector posicional, os dois processos têm de permanecer mais ou menos em compartimentos separados e evitar a interação.

No entanto, é característico do processo de crescimento do capitalismo de mercado que acabe por quebrar estas barreiras. A extensão dos valores materiais e culturais da classe média é, ela própria, um impulso ao avanço económico individual e é uma consequência natural do princípio de participação universal a que a ordem liberal se apega cada vez mais, devido às exigências de legitimação política. *Mas enquanto a propagação descendente através da escala social dos objetivos burgueses reforça a legitimidade política do capitalismo de mercado liberal, o mesmo processo acaba por se revelar perturbador para o desempenho económico.* Espalha o que são essencialmente instalações minoritárias, para além da minoria que as pode utilizar sem danos mútuos. O resultado é simultaneamente a frustração das exigências individuais e o surgimento de efeitos secundários dispendiosos e aleatórios nas infraestruturas sociais.

A difusão progressiva dos padrões da classe média para a população em massa há muito que é vista como um elemento integrador nas sociedades avançadas. Transformar toda a gente em classe média parecia, em perspetiva, a concretização maior do capitalismo liberal. Tanto John Stuart Mill como Alfred Marshall viam o descontentamento da classe operária industrial como uma resposta compreensível à dureza da experiência laboral; a esperança para o futuro estava nas oportunidades que os avanços económico e educacional trariam para «a distinção oficial entre operários e cavalheiros» morrer, de forma que, «quanto à ocupação, pelo menos, todos os homens sejam cavalheiros».[231]

Na década de 1950, a mesma linha foi intensamente trabalhada por uma escola de sociólogos na tese de *emburguesamento* ou *desproletarização.* Esperava-se que a sociedade fosse alargando progressivamente a sua adesão às normas e padrões de comportamento à classe média, à medida que um sector crescente adquiria padrões tradicionais de consumo da classe média (particularmente em bens duráveis), localização residencial (nos subúrbios) e, em menor dimensão, tipo de trabalho (em ocupações nos «serviços» e não em trabalho manual). Esta tese, com ênfase no crescimento da oportunidade individual e ação individual, teve de ser qualificada. Investigações de John Goldthorpe e David Lockwood na Grã-Bretanha sublinharam que os ganhos substanciais nos níveis de rendimento e consumo não desgastaram a orientação coletiva como um meio de realização, tanto no contexto político como no industrial. O efeito do aumento da riqueza tem sido antes o de tornar o apoio ao Partido Trabalhista e a participação no sindicato de trabalhadores mais instrumental, um meio para atingir o objetivo privado de aumento do rendimento real individual. De facto, os trabalhadores manuais têm-se

---

[231] Alfred Marshall, «The Future of the Working Classes» (1873), em A. C. Pigou, ed., *Memorials of Alfred Marshall* (Londres: Macmillan, 1925), p. 101–118. A. H. Halsey considera este ensaio «o *locus classicus* das teorias liberais sobre a relação da educação com a classe social», que resume o seguinte: «o crescimento económico vai usar a educação para abolir as classes assimilando todos os homens no estatuto de cavalheiro». A. H. Halsey, «Education and Social Class in 1972», em Kathleen Jones, ed., *Year Book of Social Policy in Britain, 1972* (Londres: Routledge and Kegan Paul, 1973).

tornado cada vez mais adaptados aos objetivos do sistema do mercado liberal. Têm utilizado cada vez mais as suas associações coletivas para perseguir as suas exigências individuais. A sua situação particular de trabalho — ausência de progressão na carreira e de possibilidades significativas de avanço individual — fez da ação coletiva o veículo natural para procurar esse avanço.[232]

Uma maior prosperidade, juntamente com o enorme aumento da consciência e comunicação dos diferentes padrões e estilos de vida da população, em conjunto com outros fatores que não são compreendidos, também parecem ter ultrapassado os limites notavelmente restritos dos grupos de referência tradicionalmente comuns aos trabalhadores manuais. O leque de comparações e expectativas dos trabalhadores da produção aumentou; este parece ser um fenómeno geral nas economias avançadas (e não só nestas). Ao mesmo tempo, tanto na Grã-Bretanha como nos Estados Unidos, tem vindo a desenvolver-se uma clivagem crescente no trabalho de colarinho branco, uma vez que a mecanização crescente e a dimensão crescente das empresas têm reduzido o âmbito tanto da promoção

---

[232] Goldthorpe e Lockwood, *The Affluent Worker,* Runciman, *Relative Deprivation and Social Justice,* Capítulo 6. A hipótese crua de *emburguesamento* político é também rejeitada em *Political Change in Britain* (1969), de David Butler e Donald Stokes (Harmondsworth, Eng. : Penguin, 1971), Capítulo 5. A relação mais complexa entre estatuto ocupacional e apoio partidário que este estudo sugere, baseado nas conclusões do estudo, sublinha a importância de afiliação partidária parental. Sugere que isso possa explicar porque é que a «perda» do Partido Trabalhista de votantes da classe trabalhadora se tornou muito menor nas coortes mais jovens do que nas mais velhas que cresceram antes de o Partido Trabalhista ser um partido enraizado.

como do exercício da iniciativa pessoal no trabalho de escritório. Particularmente na Grã-Bretanha, a burocratização contribuiu para o rápido crescimento da atividade sindical neste sector, especialmente nos níveis inferiores das profissões de colarinho branco. A burocratização e a sindicalização têm-se reforçado mutuamente no trabalho administrativo.[233] A sindicalização defensiva, para proteger os diferenciais em relação às ocupações tradicionalmente organizadas, tem sido um fator adicional, que se alargou a profissões como o ensino.

A negociação coletiva concorrencial é um dos resultados conhecidos — lutas salariais que são efetivamente entre diferentes grupos de trabalhadores e não entre trabalhadores e empregadores. Essa concorrência salarial em si é um ingrediente importante da inflação. Quanto mais os sindicatos estão orientados para satisfazer os interesses imediatos dos seus trabalhadores por mais dinheiro, e não orientados para objetivos políticos mais amplos, maior a tendência para reivindicações salariais oscilantes. Cada sindicato tem então o incentivo para ultrapassar os outros; e então também é mais provável que os sindicatos sejam conduzidos pelas suas bases. O poder negocial coletivo é usado mais diretamente para a maximização do interesse próprio do grupo.

---

[233] Lockwood observa que a sindicalização na banca na Grã-Bretanha, já em 1919, foi atribuída tanto à burocratização que se seguiu às fusões bancárias como às exigências salariais. Ele cita um diário sindical contemporâneo: «É o fator sinistro do tratamento humano impessoal que prejudica [o operário] acima de tudo. Fere-lhe a masculinidade, e sente que está a ser delegado para um papel desprezível num mecanismo sem alma», Lockwood, *The Black Coated Worker,* p. 147.

Paradoxalmente, portanto, a assimilação de trabalhadores manuais aos objetivos do sistema de mercado coloca duas ameaças à estabilidade económica, sendo que o canal normal de automelhoramento para os trabalhadores em ocupações sem carreiras estruturadas faz-se através da negociação coletiva; e em condições de trabalho pleno ou quase pleno, a negociação coletiva disseminada e sem restrições destrói a harmonia e anonimato do sistema de mercado, e talvez também a sua estabilidade e eficácia. Para obter objetivos de classe média tradicionalmente individualistas, apenas uma minoria da população está em posição de empregar meios individualistas tradicionais da classe média.

A difusão dos modos de classe média à massa da população — que sempre foi considerada a derradeira salvaguarda do capitalismo burguês — é assim impedida por assimetrias na estrutura das ocupações na divisão moderna do trabalho. As pessoas com empregos com pouco potencial de carreira vão ser bastante pressionadas para usarem meios individualistas para atingir os objetivos da sociedade de classe média. Mas um processo latente de *emburguesamento* depara-se com um segundo obstáculo, que foi o meu tema principal neste livro. Incentiva à procura adicional de bens e equipamentos que na sua natureza só estão disponíveis para uma minoria.

Nas primeiras fases do processo de crescimento, enquanto a procura da população em massa continua concentrada em bens materiais, o seu avanço económico tende a ultrapassar o da elite da classe média existente,[234] que não

[234] Na aceção daquelas pessoas, incluindo a classe alta, que desfrutam de acesso substancial aos bens posicionais.

pode aumentar o seu consumo de bens posicionais no agregado e enfrenta cada vez maior concorrência vinda dos escalões mais baixos por esses bens escassos. Aqueles que já pertencem à elite da classe média podem, com o tempo, perder crescimento económico em termos absolutos, mesmo que mantenham a sua parte proporcional do rendimento nacional: os valores das coisas em que gastam o dinheiro aumentam desproporcionadamente no preço e/ou a qualidade deteriora-se. O custo sempre ascendente dos funcionários é o exemplo mais relevante deste desenvolvimento. As lamúrias da classe média podem assentar na experiência objetiva. No entanto, embora a liderança dos vencedores da corrida económica fique diminuída pelos constrangimentos da concorrência posicional, esses mesmos constrangimentos tendem a preservar a própria liderança. A concorrência adicional para bens posicionais não produz qualquer produto adicional, e o aumento do curso de obstáculos que tem de ser feito para os adquirir pode ser prejudicial a todos — em efeito, um jogo de soma negativa. Mas os vencedores relativos nesse jogo vão ser os que tiverem as carteiras maiores e participações de capital nos aspectos da concorrência posicional que podem ser capitalizados. Incluem-se nesta última categoria não só a propriedade de terras e pinturas paisagísticas dos Velhos Mestres, mas também as vantagens — quer genéticas quer ambientais — conferidas pelos antecedentes familiares às oportunidades individuais de vida. Quando o excesso de competição prolonga o percurso de obstáculos ou aumenta o mínimo exigido, os vencedores anteriores mantêm a vantagem, embora a sua própria posição seja menos segura do que quando tinham o campo só para eles.

Os recém-chegados à competição por estes bens minoritários são, portanto, geralmente os mais mal colocados para os alcançar, porque outros têm carteiras mais extensas e posições estabelecidas. Exigências recentemente acordadas pela massa da população são suscetíveis de serem frustradas: e o incentivo para pressionar no sentido de um poder de compra adicional irá ser aumentado.

Assim, o alargamento dos objetivos da classe média ultrapassou as oportunidades da classe média. O excesso de procura de estilos de vida da classe média reforça o impulso inflacionário subjacente. Na medida em que as exigências de consumo privado implícitas às reivindicações salariais coletivas assumem a forma de bens posicionais em oferta absoluta restrita — para uma educação que proporcione melhor acesso aos empregos mais procurados, para habitação nos locais mais procurados —, essas exigências estão condenadas a eventuais incumprimentos. Através do processo descrito na Parte I, o rendimento sempre a aumentar em termos reais («real» pela medida de um índice calculado por um padrão de consumo típico atual ou passado) será tido como necessário para assegurar equipamentos específicos no sector posicional, enquanto o nível de bem-estar geral aumenta. Em resultado disso, as exigências salariais coletivas, além de serem induzidas pela inflação através dos efeitos de negociação oscilantes, como mencionado anteriormente, são também induzidos pelo crescimento «real», à medida que a maior concorrência por produtos de oferta limitada faz subir os seus preços relativos ou diminui a qualidade dos produtos. O sucesso económico, segundo o cálculo convencional, contribui desta forma para a frustração, tensão e inflação.

IV

A igualdade económica tem sido uma ideia política compulsiva do século XX. À primeira vista, isto foi muito marcante. O conceito de igualdade económica não é só vago, é sobretudo ambivalente. A igualdade política, a igualdade jurídica e até a igualdade social são inequívocas por comparação. Igualdade económica para quem — indivíduo ou família? E de quê — de rendimento, ou de rendimento em relação ao esforço, ou rendimento em relação ao esforço mais as competências? Igualdade ao longo de que período — num determinado período ou a vida inteira? A igualdade económica tem sido regularmente exposta e denunciada enquanto quimera, evidentemente, bem sólida. Uma frustração de uma espécie diferente emana daqueles que persistem em ver a igualdade económica como um objetivo relevante e ficam, consequentemente, desiludidos com a falta de progresso evidente nessa direção.

A indefinição do objetivo da igualdade económica poderia perder importância ao longo do tempo. Isto não aconteceu. A sua proeminência diminuiu durante períodos significativos — de forma generalizada durante os períodos em que o crescimento económico foi visto como uma alternativa viável e eficaz à redistribuição de recursos, do ponto de vista dos que se encontram mais abaixo no grupo. A alternativa de crescimento é inerentemente menos divisiva, como já foi referido; oferece a possibilidade de ação consensual, num jogo com vencedores, mas sem perdedores absolutos, de nivelamento por cima sem nivelamento por baixo: limitando a escolha política de distribuir o incremento, em vez de exigir o ato político mais fundamental de redistribuição dos recursos existentes.

Devido a esta enorme vantagem política de minimizar a oposição, o objetivo de crescimento é suscetível de dominar o objetivo distributivo, desde que a sua promessa se mantenha. Foi isto que aconteceu nos Estados Unidos na primeira década após a Primeira Guerra Mundial, e de uma forma mais geral nos Estados Unidos e nas economias avançadas da Europa Ocidental nas duas primeiras décadas após a Segunda Guerra Mundial. Mas, no final dos anos 60, a questão de quem recebe o quê voltou a ter uma nova força. Este ressurgimento não podia ser atribuído ao colapso do crescimento económico — como tinha acontecido tão abruptamente em 1929 — ou mesmo à sua desaceleração decisiva. A crise inflacionista que empurrou as economias ocidentais para a sua mais severa recessão pós-guerra, em meados dos anos 70, pode ser vista, em parte, como o resultado do surgimento de pressões políticas e económicas por parte dos pobres para obterem aquilo que viam como a sua quota-parte justa. No quarto século após o fim da Segunda Guerra Mundial, as principais economias mostraram um desempenho excecional no crescimento do produto nacional. Então, porque é que o assunto complexo e contraditório da igualdade económica regressou ao centro do debate?

A explicação mais comum é de dimensão política. Os críticos conservadores juntaram-se a defensores radicais para localizarem o ímpeto do impulso para a igualdade económica, não em critérios económicos, mas como um fruto natural da tendência de igualdade mais geral. O estímulo para a igualdade económica é visto como a continuação, talvez o culminar, do impulso igualitário originado com Rousseau. Este impulso foi desde o início visto por Burke e uma longa linha de seguidores como uma direção errada perigosa do espírito racional modernista a que pertencia. O facto de as tentativas de mudança no sentido da igualdade económica terem ficado embrulhadas num impasse económico parece confirmar que as raízes destas mudanças têm de ser políticas.

Esta aparente falta de lógica económica para o igualitarismo económico assenta na visão convencional do processo de crescimento, especificamente na visão do crescimento enquanto agente que disponibiliza adições contínuas de bens de consumo indiferenciados — ou seja, vê o produto nacional como maleável em qualquer das formas que escolhermos usá-lo. Este processo de crescimento tem a propriedade estatística de que um período relativamente curto de composição aumentaria o consumo da massa dos grupos de rendimentos mais baixos para níveis superiores aos que resultariam da redistribuição de todos os recursos excedentes atualmente acumulados para os grupos de rendimentos mais elevados. Este é o caso tosco, mas clássico, para dar prioridade ao crescimento em vez da redistribuição, um caso que é regularmente relembrado na discussão popular com um ar intacto de novidade de cortar a respiração.

Os temas desenvolvidos neste livro classificam tanto a prioridade como a promessa de crescimento económico principalmente de duas formas. Na primeira — o paradoxo da riqueza —, o crescimento económico nas sociedades avançadas acarreta elementos de frustração implícitos: o processo de crescimento, quando sustentado e generalizado, não consegue cumprir o que prometeu na totalidade. O processo de crescimento entra em escassez social. Na segunda — o coletivismo relutante —, a continuação do processo de crescimento em si assenta em certos pré-requisitos morais que o seu próprio sucesso colocou em risco devido ao seu *éthos* individualista. O crescimento económico fragiliza as suas fundações sociais. São, portanto, estes os dois limites sociais do crescimento.

As fundações sociais da sociedade assentam na legitimação moral. Uma grande força do capitalismo liberal tem sido a sua capacidade de fornecer um padrão ético explícito para a distribuição de recompensas. A justificação é dada pelo resultado favorável de processos autónomos não regulados. Na sua variante moderna, esta justificação já não depende da assunção de harmonia natural em todos os aspectos da economia de mercado. Pelo contrário, assenta na capacidade do sistema de ter um crescimento sustentado. O modelo de harmonia social reaparece num contexto dinâmico: *ao longo do tempo*, todos beneficiam. Mas a legitimidade moral nesta base não pode estar ligada ao crescimento «socialmente limitado», que é impedido de alcançar a validação da equalização através do tempo, que é a promessa — e, portanto, a legitimidade moral — de um crescimento livre de obstáculos.

Nesta visão, portanto, o ímpeto económico, de outro modo ausente, emerge das sombras na relevância recorrente da questão da distribuição. O crescimento substitui a redistribuição de recursos aos mais desfavorecidos apenas nas fases iniciais, enquanto as necessidades biológicas não satisfeitas mantiverem a primazia. Para além desse ponto, o potencial consenso por detrás de uma política não distributiva de expansão económica é enfraquecido. Num sector-chave — o sector posicional — não existe essa coisa de nivelamento por cima. A recompensa de uma pessoa é fixada pela sua posição na rampa e pela inclinação da rampa. As recompensas podem ser distribuídas mais equitativamente nivelando o declive, mas o que é ganho pelos que estão no fundo será perdido pelos que estão no topo. Nivelar é possível, pelo menos até certo ponto; nivelar para cima, não, no sentido de elevar o fundo ao nível agora ocupado pelo topo.

Isto explica porque é que o assunto da distribuição de bem-estar se tem mantido obstinadamente dominante. Não significa que as ações para assegurar uma distribuição mais igual se tenham considerado cada vez mais aceitáveis. A própria natureza da concorrência posicional, da luta por precedência e primazia num sistema fechado ou sector, implica uma «procura» de desigualdade de um tipo mais direto do que está envolvido em reivindicações de produção de material. Quanto às reivindicações materiais, podem ser satisfeitas alargando o tamanho do bolo disponível a todos. É certo que essa expansão em si tem certas implicações consequentes na distribuição do rendimento, por exemplo, nos efeitos presumidos de um determinado padrão de recompensa nos incentivos ao trabalho e à poupança. Graças a estes efeitos consequentes, certas desigualdades ou diferenças nas recompensas podem ser devidamente e não apenas apologeticamente vistas como «funcionais». Na medida em que as desigualdades aumentam o tamanho do bolo disponível para todos, elas funcionam em benefício de todos. Existe então, em princípio, um grau ótimo de desigualdade; o problema é encontrá-lo.

A concorrência posicional, como discutido nos capítulos anteriores, destrói esta harmonia conceptual. As desigualdades estão agora relacionadas mais diretamente com aquilo que os indivíduos buscam: neste caso, o ganho de um é a perda de outro. Aqueles que estão no extremo vencedor ou que esperam lá chegar podem agora ver a sua determinação reforçada na manutenção ou aumento dos diferenciais de rendimento, riqueza e posição económica. Aqueles que estão no extremo perdedor terão razão igual para reduzir a sua desvantagem na corrida posicional.

V

A economia liberal de mercado no seu auge funcionava no contexto de um conjunto duplo e compartimentado de exigências de melhoria coletiva dos meios de vida básicos e de elevação individual para os planos superiores. O *éthos* burguês completo tinha apenas aplicação minoritária e era apoiado por convenções pré-burguesas e moralidade. Conforme o *éthos* se espalhou em componentes importantes para uma cobertura universal; conforme o nível geral de produtividade aumentou, trazendo uma pressão crescente sobre os bens e instalações posicionais; e conforme a tradição de contenção pré-burguesa da procura de si mesmo recuou para um passado mais distante — como resultado de cada uma destas tendências, o sistema de mercado tornou-se menos eficiente na entrega.

Em conjunto, estas várias vertentes na análise anterior sugerem as seguintes conclusões. A capacidade do liberalismo de mercado de transmitir exigências económicas individuais e de as cumprir fiel, suave e harmoniosamente não pode ser vista como uma característica geral, mesmo com a ajuda de elementos corretivos específicos de intervenção estatal. Parece antes um caso especial, aplicável ao período transitório em que as aspirações burguesas foram limitadas por restrições políticas, e ainda mais, económicas a uma pequena minoria e em que o *éthos* subjacente da sociedade de mercado permaneceu fortemente permeado pela moralidade pré-burguesa. As forças internas libertadas pelo capitalismo liberal exerceram pressão para justificar de forma consciente a distribuição das recompensas económicas, pressão essa que mina a condução e o equipamento do sistema. Essa é a atual crise do sistema.

13

Inferências para a política

Se a linha de análise desenvolvida nos capítulos anteriores está correta e for pertinente, as potenciais implicações para a política pública são obviamente abrangentes. No entanto, há duas considerações importantes que requerem que as inferências políticas imediatas se mantenham reservadas e modestas. A primeira consideração de alerta é que as nossas ações têm uma dimensão restrita. A segunda é que só temos conhecimento de uma parte restrita.

I

A linha geral para resolver os problemas que foram diagnosticados neste livro é tão clara como imediatamente inacessível. Numa esfera crescente de atividade económica e social, as ações tomadas por indivíduos em resposta às suas próprias preferências e necessidades na situação que enfrentam tornaram-se uma forma ineficiente ou ineficaz de alcançar os objetivos que estão na base destas ações. A lógica social da maximização individual enfraquece à medida que a importância proporcional dos bens públicos aumenta e a escassez social se torna mais premente.

Dentro do domínio da escassez social, os indivíduos podem aproximar-se mais da realização dos seus objetivos se cessarem, em conjunto, de os perseguir abertamente. Assim, é necessária uma mudança na mão invisível do sector privado para o sector público ou comunal. Em vez de a busca do interesse próprio contribuir para o bem social, a busca do bem social contribui para a satisfação do interesse próprio. A dificuldade é que esta última busca precisa de ser deliberadamente organizada de acordo com as normas e instintos de comportamento pessoal existentes. Assim, a mão invisível está presentemente indisponível onde é agora necessária.

A harmonia de uma economia individualista é, neste sentido geral, perturbada por uma mudança das condições económicas que estreita a esfera em que o comportamento individualista traz os resultados desejados e alcançáveis. A implicação política clara desta alteração é uma mudança na orientação do comportamento individual. Os motivos individuais — porque é que as pessoas agem — podem continuar a ser de interesse próprio, desde que as suas ações na esfera relevante sejam condicionadas primeiramente por um interesse social. O propósito é servido se os indivíduos agirem *como se* colocassem o interesse social em primeiro lugar, mesmo que não o façam, e se limitem a seguir a convenção ou ética social que influencia o comportamento individual. A alteração-chave necessária é, assim, nessa ética social.

Pode essa alteração ser esperada? Há forças contraditórias a funcionar. Pode esperar-se que a necessidade funcional de uma mudança na ética social, ao longo do tempo, a promova. A busca deliberada do bem social podia ser ignorada no período anterior do desenvolvimento industrial. Durante essa fase, esse desprezo era geralmente benigno. Sendo que é no fundo que a lógica social tem de validar a busca do interesse próprio individual no seio da sociedade, pode esperar-se que aumentem, em geral e ao longo do tempo, as pressões sociais para uma orientação mais ampla das ações individuais.

Em geral e ao longo do tempo. Mas é preciso um mecanismo através do qual a mudança na necessidade social se transmita em ações individuais. O problema é que não se pode esperar que esse mecanismo evolua através das respostas independentes dos indivíduos. Como vimos no Capítulo 10, a essência do problema é mais no sentido de que a situação com que os indivíduos se confrontam de forma independente os leva a responder de forma defensiva e, assim, a piorar a situação para todos. Ou seja, quando a mão invisível falha na frente económica, não se pode esperar que organize um corretivo social.

A fé liberal vigente de que as necessidades sociais vão ser satisfeitas com maior eficácia através de uma série de respostas parcelares a uma situação que se está a desenvolver assume implicitamente que cada ação na série se responsabiliza pelos efeitos consequenciais, ou pelo menos implementa forças corretivas. É assumida uma harmonia natural, se não de forma disseminada, pelo menos cumulativamente, ao longo do tempo. Confia-se que o desafio vai produzir uma resposta. Isto pressupõe o problema em questão, em que as interações entre necessidades sociais e individuais são malignas. Nesse caso, as respostas parcelares pioram as coisas. Daqui decorre que, tal como é necessária uma ação centralizada ou coordenada para relacionar ações individuais específicas com o interesse social na presença de externalidades, também é necessária alguma medida de orientação deliberada para encorajar a reorientação da ação individual em geral.

Com isto, não se pretende negar que as mudanças no comportamento podem surgir apenas quando os indivíduos perceberem a necessidade para elas, quer consciente ou subconscientemente. Não se trata de ter uma visão orgânica da sociedade como entidade para além dos indivíduos que a compõem. Pelo contrário, é afirmar que os indivíduos podem percecionar uma necessidade para eles próprios e os seus pares e, no entanto, não têm uma base racional para agir sobre isso isoladamente. O indivíduo com preocupações sociais enfrenta então um dilema entre as necessidades sociais e individuais.

Em suma, os meios coletivos podem ser necessários para implementar os fins individuais. Pode parecer individualista ignorar a possibilidade desta condição estranha ou negar a validade de agir em relação a ela. Mas há um sentido profundo em que esta defesa de retaguarda pretendida é anti-individualista, uma vez que nega a distinção fundamental entre o que os indivíduos, no geral e em larga escala, podem fazer para mudar a sua situação, e a situação existente atual com que as pessoas se confrontam. É reduzir as possibilidades de recurso individual de males sociais em casos de «dilema» para o cavaleiro e o quixotesco.

Isto está longe de dizer que quer os motivos individuais quer o comportamento podem ser controlados, pelo menos sem abandonar os valores liberais primários. A subjugação do julgamento individual aos assuntos morais e escolhas comportamentais para o pensamento de um qualquer *chairman* Mao iria retirar o coração da autonomia individualista. O controlo do pensamento continua a ser a ameaça mais horrível na intrusão coletivista. No entanto, se a orientação individual está fora da nossa área de influência, ficamos num impasse. Sabemos o que tem de ser feito e não podemos ou não ousamos fazê-lo.

Sugere-se uma forma lenta para sair do impasse. Embora a ação deliberada não possa ou não deva ser usada diretamente para legislar e implementar uma mudança nos motivos e comportamentos individuais, pode ser aplicada com eficácia e legitimidade para retirar os obstáculos a essa mudança. Pode reduzir o custo que o indivíduo suporta, ao responder aos seus próprios instintos, para orientar o seu comportamento para uma necessidade social. Portanto, deve ser favorável à influência da política pública. Mas essa influência vai provavelmente permanecer lenta e incerta. O funcionamento dos instrumentos disponíveis não é bem compreendido; o seu custo quanto a outros objetivos também não. Acima de tudo, a sua eficácia está ligada de duas formas às mudanças nos padrões e instintos do comportamento pessoal. Podem ajudar a catalisar essas mudanças nas fontes do comportamento, sem as quais os próprios instrumentos podem ser ineficazes ou até perversos.

Esta interdependência mútua entre a moralidade social existente e os meios de a adaptar impede qualquer resolução acelerada das tensões envolvidas. Também limita drasticamente o que pode ser esperado da manipulação técnica por si só. Porém, a gestão económica, como tem sido desenvolvida na última geração, dependeu exclusivamente dessa manipulação. O aspecto radical das soluções apropriadas para as tensões diagnosticadas neste livro pode ser precisamente a sua forma imprecisa, geral e em evolução. A necessidade primordial não é de novos instrumentos, mas uma mudança no contexto da sua utilização. A mudança radical necessária é aceitar isso.

O primeiro passo fundamental é, portanto, o diagnóstico e o reconhecimento. Este livro defendeu que a extensão do bem-estar através do crescimento económico está sujeita a limites sociais que são ignorados na análise padrão. No longo prazo, o desafio que isto apresenta é o de superar esses limites. A possibilidade imediata e necessidade é a de diminuir o estrago que ignorar a sua existência causou. Este estrago está presente na forma de expectativas frustradas, quando os frutos esperados do crescimento tardam a aparecer. Também envolve desperdício potencial de recursos dedicados à concorrência que não realizam prémios adicionais. O descuro dos limites sociais, portanto, tem um custo além das constrições impostas pelos próprios limites. Ao não reconhecermos as barreiras, tropeçamos nelas. Retirar ou alargar os limites resolveria ambos os aspectos do problema, e isto é, em princípio, possível no que concerne a fatores organizacionais, como a orientação do comportamento individual para respostas que ponderam as interações subsequentes. Outros limites sociais, como aqueles que derivam da escassez pura tanto física como social, têm de ser aceites como dispositivos permanentes. Mas também aqui o reconhecimento dos limites pode ajudar a sociedade a acomodar-se a eles.

Para o curto ou médio prazo, os assuntos políticos devem acomodar a política para os limites sociais existentes atualmente e reduzir o custo para os indivíduos de orientar as suas ações no sentido de objetivos sociais. Ambos os caminhos são passos numa longa caminhada.

A segunda consideração que exige que as inferências políticas sejam cautelosas ou modestas é o âmbito restrito da presente análise. A análise dos capítulos precedentes, infelizmente, continua indeterminada em dois pontos-chave. A primeira indeterminação reflete a falta de um critério preciso para a eficácia económica através da ação coletiva: não temos uma compreensão firme de todas as implicações da ação coletiva, portanto, a potencial ineficácia a que se pode assistir na omissão não pode ser perentoriamente categorizada como ineficácia real ou desperdício. A segunda indeterminação reside na falta de dimensão quantitativa de crítica: não foi possível calcular sobre que proporção da atividade económica os limites sociais do crescimento interferem. As inferências para a política devem ser igualmente circunspectas. A natureza da doença é conhecida; a sua dimensão e os perigos dos seus anticorpos não são.

Em suma, a doença é a ruína da ação individual enquanto meio eficaz para atingir os resultados individuais desejados. O anticorpo, a ação coletiva, tem custos e efeitos secundários adversos próprios. Por conseguinte, há um prémio sobre qualquer correção que evita ou minimiza este dano compensatório.

II

Os limites sociais do crescimento intensificam a luta distribucional. Aumentam a importância do lugar relativo. Intensificam a pressão da equalização dos recursos económicos da parte dos que têm piores condições e aumentam a resistência à equalização dos mais abastados. Reduzem, assim, as hipóteses de se chegar a acordo sobre medidas redistributivas que contribuem para o bem-estar percecionado de todos os indivíduos, uma vez que aqueles que pagam acabam por obter satisfação de vários tipos graças ao aumento do bem-estar dos beneficiários.[235] A esfera em que o esforço económico individual contribui para o bem-estar social e a harmonia social é reduzida. A luta distributiva adquire uma lógica perigosa. É cada vez mais perseguida, não apenas individualmente, mas através de ação de grupo. A sociedade é exposta às lutas dos grupos concorrentes que pretendem aumentar a parte das recompensas económicas disponíveis dos seus membros, legitimando as suas ações pela primazia do interesse próprio. As tensões divisivas resultantes não têm uma solução óbvia numa economia impulsionada pela ética individualista e, portanto, ameaçam destruí-la. Como podem estas tensões ser contidas?

Uma solução abrangente proposta pela escola económica libertária de Hayek e Friedman é resolver a questão distributiva tirando-a da agenda.[236] Como não é possível

---

[235] Conhecida na literatura económica com redistribuição «ótimo de Pareto».

[236] Friedman, *Capitalism and Freedom;* Hayek, *The Constitution of Liberty.*

concordar com uma base deliberada de distribuição das recompensas económicas, a base arbitrária do resultado da sorte, esforço pessoal e hereditariedade é a única fundação da estabilidade social. O sistema liberal nesta abordagem oferece entrada aberta para a linha da partida da corrida: acesso igual é distinto de hipóteses iguais. Evita a chatice da igualdade de oportunidade e o seu corolário, um resultado justo. O conflito distribucional é despolitizado. É evidente que isto não elimina o conflito; a ideia é suprimir e domar o conflito ao retirá-lo da esfera da ação política. O resultado económico é legitimado, não como justo, mas como injustificável. Aqueles que obtiveram trunfos na atual atribuição de dotes económicos são apenas afortunados, aqueles que obtiveram cartuchos em branco serão todos prejudicados por tentativas de obter uma distribuição legitimada através de um ajustamento deliberado.

Uma abordagem alternativa está em aberto para aqueles que consideram o descuro benigno da equidade económica como impraticável, perigoso ou moralmente inaceitável, mas, no entanto, procuram manter os benefícios de uma economia decentralizada e de escolha económica individual numa esfera alargada. Esta abordagem alternativa aceita a necessidade de levar assuntos distribucionais para a turbulenta arena política, mas procura, através da ação de políticas, reduzir a turbulência. Na caracterização bem conhecida de Keynes: o jogo pode ser jogado com desafios menores. O esmagamento do sector posicional acrescentou uma nova dimensão ao assunto. Desafios menores no resultado da concorrência por um lugar podem ajudar a reduzir o esmagamento. Pelo menos até certo ponto, uma redução da concorrência posicional tem benefícios gerais na redução de obstáculos desnecessários que são uma forma de desperdício social. Aqui, portanto, desafios mais pequenos oferecem um ganho na equidade da distribuição, não à custa de alocação eficiente de recursos, que é a formulação tradicional da escolha, mas com o potencial para um melhoramento.

Mais: esta reviravolta dada pela concorrência posicional à luta distributiva pode ser enfrentada na sua origem, procurando reduzir — mas não eliminar — a concorrência individual no sector posicional. A concorrência por um lugar tem vários aspectos positivos. Contribui para a eficácia interna na correspondência de desejos individuais diversos e capacidades e em estimular o desempenho melhorado; e a busca propriamente dita é uma fonte de divertimento para alguns. Os aspectos negativos compreendem o alongamento desnecessário da pista de obstáculos que tem de ser percorrida para satisfazer desejos individuais, a frustração de expectativas razoáveis e os aspectos destrutivos da perseguição. É óbvio que, até certo ponto, os benefícios e desvantagens da competição pelo lugar estão ligados no mesmo pacote e têm de ser aceites ou rejeitados em conjunto. Mas apenas até certo ponto. Os benefícios derivam da existência de alguma concorrência mínima e de escolha aberta para os indivíduos, enquanto as desvantagens derivam do falso prospeto da concorrência — dos sinais falsos dados aos indivíduos que procuram otimizar a sua própria posição. Se a extensão do esforço individual para a posição puder ser reduzida de modo a preservar o mínimo benéfico de competição e escolha, deverá obter-se um benefício não qualificado.

Esta abordagem, juntamente com os benefícios gerais decorrentes da redução dos desafios, sugere uma diretriz ampla para a política. É reduzir os benefícios acidentais da precedência posicional. O objetivo operacional deve ser o de reduzir os concorrentes aos que mais valorizam os benefícios que não podem ser obtidos de outras formas. Quais os benefícios acidentais e quais os intrínsecos vai variar de caso para caso, e em certo nível entre concorrentes potencialmente diferentes. Mas podem ser feitas amplas inferências sobre qual a direção política a tomar.

O sector posicional mais importante, graças à sua grande influência na procura de educação, é o que apelidámos de empregos posicionais. São os empregos no topo ou perto do topo das profissões e dos negócios. Estes empregos, em todas as sociedades avançadas, exercem atualmente um magnetismo duplo. Oferecem simultaneamente salários altos e benefícios não financeiros relativamente grandes — a satisfação laboral deriva ou da natureza do emprego ou do estatuto que confere perante a comunidade ou ambos. Este estatuto pode, por vezes, estar ligado, em parte, ao próprio salário relativamente alto, mas já existem imensas provas que indicam que esta ligação é flexível; o estatuto alto dos professores universitários comparado com o dos homens de negócios é talvez o exemplo que mais se destaca. Desde que as atrações não financeiras dos empregos posicionais sejam fortes, os salários que lhes estão associados podem ser considerados benefícios acidentais. O dinheiro pode ser ganho noutro lado; as atrações do emprego podem ser apenas executar o trabalho. Pode esperar-se que uma redução na atração monetária reduza a procura total por estes empregos eliminando potenciais candidatos para quem a vantagem do salário é dominante.

Uma redução salarial relativa deste tipo tenderia, portanto, a reduzir o grau de concorrência para o número limitado de cargos de topo e também a alterar a composição dos candidatos. Agora, iriam consistir, em maior número, de pessoas predominantemente atraídas pelo emprego em si. Se esta mudança iria envolver a deterioração da qualidade dos candidatos, no sentido da capacidade de executar a função, iria depender bastante da gama de ocupações incluídas na redução salarial induzida politicamente. Uma redução aplicada a uma única profissão ou indústria ficaria mais exposta a essa perda, pois os candidatos mais competentes conseguiriam encontrar facilmente emprego alternativo, talvez intensificando a concorrência posicional caso fossem bem-sucedidos. Uma redução no salário relativo de empregos posicionais seria bem mais eficaz se aplicado com carácter nacional, e ainda mais se fosso posto em prática a nível internacional.

Essa redução poderia assumir várias formas. Uma possibilidade é um imposto salarial relacionado com o tamanho dos diferenciais de pagamento dentro da empresa, em conjunto com a ação direta governamental e outros empregadores do sector público para reduzir os diferenciais aplicados a executivos e altos cargos profissionais. A eficácia dessas medidas dependeria bastante da sua aceitação pelo público. A fuga deliberada a estes e outros impostos relacionados teria de ser considerada antissocial no mesmo sentido que o peculato jurídico. Neste sentido, a implementação dessas medidas teria de ir a par com a compreensão pública da necessidade social de as implementar.

A necessária ação fiscal seria, em parte, apenas um substituto para a resposta que se poderia esperar das forças do mercado à expansão da disponibilidade de pessoal competente. Esta resposta do mercado é inibida por informação imperfeita e outras deficiências do mercado. Graças a estas influências, um aumento da oferta potencial de membros para cargos de topo prolonga o percurso de obstáculos e a linha de trabalho necessária para os alcançar, em vez de reduzir as diferenças salariais e de remuneração. Em resultado, as vantagens económicas em várias dimensões, sobretudo a remuneração financeira e satisfação no trabalho, continuam a ser muitas vezes cumulativas, em vez de compensatórias. Trabalho agradável ou estimulante está a par de salário alto e não toma o seu lugar.

O argumento a favor de uma redução dos diferenciais de rendimento desta e de outras formas tem sido tradicionalmente defendido com base no presumível «gosto» da sociedade por uma maior igualdade. O fenómeno da concorrência posicional faculta dois argumentos adicionais. O primeiro, referido anteriormente, está relacionado com uma alocação melhorada de recursos, e não com a sua redistribuição. Reduzir a compensação financeira nos empregos de topo vai reduzir o valor monetário das credenciais educativas procuradas para ganhar acesso a estes empregos. Isto deverá ajudar a combater o investimento excessivo na aquisição de credenciais educativas. Deverá também melhorar a eficiência e os benefícios de consumo da própria educação, uma vez que ajudaria a classificar os candidatos ao ensino superior cada vez mais a favor daqueles que usufruíram da própria educação e/ou do emprego para o qual ela conduzia. Tornar a educação um teste vocacional envolveu uma perda dupla, para a educação e também para as suas vítimas que não lucraram. É outra faceta da aflição moderna de fazer coisas de luxo não pelas coisas em si, mas como meio para outra coisa.

O segundo argumento adicional para espremer os salários de topo que decorre da análise da concorrência posicional é uma nova consideração distributiva, derivada do maior significado do rendimento relativo e da «ligação» da distribuição de rendimento em toda a extensão. Na medida em que não nos sentimos apenas pior para estarmos de facto pior quando as pessoas que estão à nossa frente têm mais rendimento, os diferenciais são uma provocação maior e fonte de potencial instabilidade financeira e social do que são sob crescimento equilibrado.

É certo que a mesma influência torna as pessoas que desfrutam dos diferenciais positivos mais relutantes em vê-los reduzidos. No entanto, geralmente, terão um interesse relativamente maior na preservação da estabilidade social, quanto mais não seja porque a exploração do mercado das suas competências especiais depende de um grau de divisão do trabalho que só é possível numa sociedade altamente complexa. O piloto da companhia aérea, o gestor industrial e o administrador estão muito mais longe dos rendimentos com que poderiam contar se a sociedade se desmoronasse do que o operário e o artesão.

Mas esta consideração negativa é suscetível de ser convincente apenas em situações de *stress* extremo, e depois apenas quando a coesão social persistir entre o grupo para o qual o sacrifício coletivo oferece um ganho individual. Uma influência de apoio positiva, operando diretamente nos indivíduos, seria uma redução do significado do rendimento relativo no seu comando sobre outros bens posicionais, ou seja, para além dos próprios empregos de topo. Isto seria conseguido tornando o acesso a esses bens menos acessíveis com dinheiro e mais disponíveis sem ele — isto é, retirando parcialmente os bens posicionais do sector comercial e tornando-os mais disponíveis através do acesso público ou da atribuição pública numa base não comercial. A educação ou ambiente agradável financiado por impostos gerais, e não por taxas cobradas aos utilizadores, são exemplos de destaque. Desta forma, a disponibilização de acesso público a instalações escassas seria um meio importante de reduzir o custo para o indivíduo de uma ação socialmente orientada. O abandono de alguma vantagem posicional envolveria então um encargo desproporcional menor para o indivíduo que o voluntariou. A mesma influência é alcançada se os bens ou instalações envolvidos não tiverem nenhum elemento de escassez especificamente social; os serviços de saúde são os exemplos mais relevantes.

A competição posicional tem custos ocultos para os outros, e ao longo do tempo para o indivíduo envolvido; e intensifica a luta distributiva até um ponto potencialmente perigoso. Em suma, ameaça trocar a harmonia smithiana pela luta hobbesiana, sendo assim um elemento perigoso a deixar no sector smithiano de otimização individualista.

III

O princípio da restrição de certos bens e equipamentos à apropriação privada há muito que é aceite nas sociedades liberais. Na sociedade urbanizada desenvolvida, a propriedade privada é validada não como um direito natural, mas pela sua contribuição para a eficiência social e harmonia social. A forma e extensão dos direitos de propriedade sofreram modificações longas e contínuas a este respeito. Assim, os direitos efetivos sobre a propriedade e a utilização do capital foram severamente qualificados pela tributação e por restrições diretas sobre o que os proprietários de bens de capital podem fazer com eles, por exemplo, através de limitações ao direito de contratar e despedir.

Mesmo nas condições mais favoráveis da sociedade de mercado, certas coisas têm de ser deixadas de fora do mercado. Os itens mais importantes que não estão à venda são elementos-chave no tecido constitucional, como decisões judiciais e políticas. Mas a estas juntam-se alguns dos bens posicionais mais escassos: monumentos históricos, cenários naturais extraordinários, a costa que dá acesso ao mar. De uma forma mais geral, os direitos pertencentes à propriedade privada em instalações socialmente escassas ou sensíveis de outra forma estão num contínuo processo de evolução, com uma clara tendência recente para uma maior restrição. O principal exemplo é a necessidade para aprovação pública de novas construções através de regulamentos e procedimentos de urbanização e planeamento. O recente estabelecimento nos Estados Unidos de direitos públicos de passagem por terra de propriedade privada que dá acesso à costa em vários Estados é outro exemplo significativo.

Menos óbvia na mesma categoria foi a série de medidas, em parte legislativas, em parte jurídicas, que tentaram alcançar tanto a integração racial como social no sistema das escolas públicas nos Estados Unidos, e dos esforços paralelos na Grã-Bretanha para estabelecer escolaridade estatal na base de escolas abrangentes e não seletivas. Embora estas medidas tenham tido um sucesso muito variado e tenham deixado a escapatória do sector das escolas privadas intacto, em certos pontos até fortalecido, provavelmente reduziram a extensão a que a vantagem na educação está associada ao rendimento e à riqueza dos pais. Neste sentido, estas medidas podem ser consideradas, pelos defensores, assim como pelos críticos, como estabelecendo um precedente para um maior isolamento da concorrência educativa do poder de compra.

A principal objeção a medidas mais extensivas nesta área é o estrago que poderia significar para a diversidade educativa e escolha individual, que têm um valor ao oferecer abordagens alternativas à educação e a colmatar diferentes necessidades individuais. Mas, como está bem estabelecido, um efeito adicional da diversidade educativa e escolha local é facultar vias mais rápidas para aqueles que desfrutam de vantagens de recursos económicos e contexto social. Esses efeitos podem ser deliberados ou acidentais, mas vão tender a fluir da oportunidade facultada pelos pais e estudantes que procuram tirar o melhor partido da sua própria situação — uma oportunidade que será mais dispendiosa de alcançar se oferecida a outros do que se estiver disponível apenas para uma pessoa. (Comparar o benefício relativo e o encargo incorrido pelo primeiro e último aluno de classe média a sair de uma cidade para uma escola suburbana.) Então, a diversidade e a escolha individual na educação são, nas condições presentes, obtidas ao custo do alargamento das desigualdades económicas e sociais.

Aqui, mais uma vez, o conflito podia ser reduzido se os desafios mais importantes fossem tornados mais pequenos. Se a educação se tornasse um meio menos seguro de aquisição ou perpetuação das vantagens financeiras, haveria menos razões para restringir a concorrência e a diversidade nos âmbitos educativo e distributivo. Seria então mais provável que as pessoas escolhessem uma escola em particular ou percurso educativo porque se enquadrava nas suas necessidades individuais, e não um atalho para conseguir empregos bem pagos.

Desta forma, as medidas para reduzir os atrativos financeiros dos empregos mais procurados, isto é, flexibilizar a relação entre a educação e a riqueza, iriam evitar alguns dos conflitos envolvidos nas medidas dos dias de hoje para flexibilizar a ligação entre a riqueza e a educação. Atribuir menos preponderância a posições escassas faz com que sejam menos procuradas, aliviando, dessa forma, a pressão para as conseguir. Quanto mais isto for feito, menos será a desvantagem para a sociedade de deixar a luta individual e a concorrência seguirem o seu próprio curso.

As conclusões de políticas deste alcance de considerações podem ser sumariadas da seguinte forma. Já se comprovou que o excesso de concorrência no sector posicional envolve custos externos importantes. Ao permitir-se que estes custos se tornem grandes, chegará um ponto em que o prejuízo para a sociedade parece demasiado grande para justificar a liberdade individual da ação que resulta nesse prejuízo. A liberdade individual será então vista como socialmente destrutiva e, em última análise, autodestrutiva, e a pressão para restringir essa liberdade irá tornar-se irresistível.

O desenvolvimento da economia liberal gerida contém uma longa linha de precedentes dessa ação, como referido anteriormente. A liberdade para levar a cabo transações económicas pode servir o seu propósito e reter a sua lógica social só onde a interação das transações individuais opera de uma forma benigna, ou é levada a isso guiada por uma mão invisível. Reduzir a fasquia pela qual a concorrência posicional é realizada é talvez o meio disponível mais promissor dessa orientação neste caso. Pode ser o único meio de assegurar a continuação da concorrência individual nesta esfera. Os métodos alternativos de alocação já estão implementados. As restrições à escolha educativa individual são um exemplo. Outro mecanismo mais drástico é o uso de quotas para predefinir um certo número ou proporção de posições valorizadas aos membros de uma certa raça ou grupo definido noutros contornos. «Quotas» étnicas ou de classe deviam ser vistas como um aviso prévio acentuado das pressões iliberais que obrigatoriamente se esperam quando a concorrência individual por oportunidades limitadas produz resultados altamente enviesados.

De uma forma mais geral, a escassez social dá à apropriação individual no sector posicional uma lógica social insegura. A justificação definitiva da prossecução de interesses económicos individuais e do estabelecimento de direitos na propriedade privada é que os recursos disponíveis para todos são assim aumentados. Esta ligação está ausente no sector posicional. É verdade que as alternativas atuais à maximização individual estão sujeitas aos seus próprios custos sociais. A provisão coletiva sob um *éthos* individualista tem as suas próprias contradições. As mudanças estruturais na economia têm induzido aumentos progressivos e cumulativamente muito grandes das despesas públicas; mas a persistência de uma orientação económica individualista tem corroído os resultados pretendidos. Esta falta ou pouca preparação de alternativas satisfatórias, como já foi visto, limita as implicações que o enfraquecimento da lógica social para a maximização individual no sector posicional tem para a política imediata. O crescimento material sob o impulso do capitalismo liberal conduz a este impasse. Mas a pressão das circunstâncias cria a sua própria abertura, e as ações políticas em pontos selecionados podem ajudar a quebrar o impasse.

IV

É necessário fazer um ajustamento importante no âmbito legítimo do esforço económico individual. A liberdade económica individual ainda tem de ser ajustada às exigências da participação maioritária. As disponibilidades tradicionais, fundamentadas pelas circunstâncias em estatuto de minoria, representam agora uma sobrecarga. Neste sentido, o excesso de expectativas nas economias modernas são as expectativas tradicionais dos ocupantes dos seus escalões mais altos, pois estes estabeleceram um padrão geral inatingível. São os que têm de esperam demasiado.

O estado da oportunidade liberal aparece agora numa perspetiva muito diminuída. As suas atrações, em si, não são diminuídas. O que tem de ser reduzido é a possibilidade de as estender ao povo no seu todo. O capitalismo trouxe, de facto, as meias de seda que eram o privilégio de rainhas à rapariga operária fabril comum; nesta esfera e nesta fase, foi um grande nivelador, como Schumpeter demonstrou de forma tão evocativa.[237] O feito infelizmente não permite repetir o desempenho com aspectos não materiais de privilégio, passado ou presente.

Isto remete a escolha política à questão que os liberais do século XIX mais evitaram: a escolha entre preservar os frutos totais da oportunidade individual e escolha individual sem restrições disponível a uma minoria, em detrimento de fazer as adaptações necessárias para estender esses frutos à maioria. Os conservadores liberais, de Burke a Hayek, sempre traçaram os limites em redor da oferta liberal e avisaram dos perigos da diluição da sua extensão artificial. Esta vertente conservadora do liberalismo reconheceu implicitamente os limites sociais do crescimento. O que aqui é oferecido à maioria não é a validação da sua condição, mas uma oportunidade para ascender a partir dela. No imaginário de R. H. Tawney, o consolo para os girinos é que alguns deles também poderão chegar a sapos.[238] Se uma reversão desta abordagem é hoje moral e politicamente impensável, pode ver-se a incorporar um realismo económico a que falta uma fé mais visceral dos melioristas social-democratas de que todos devem, a dada altura, ascender.

Se o objetivo de participação universal não for abandonado, os constrangimentos estabelecidos pelos limites sociais vão inexoravelmente tornar a sociedade mais dependente da provisão coletiva e da orientação coletiva. Isto, por sua vez, exige algum ajustamento de perceções. O que está

---

[237] Schumpeter, *Capitalism, Socialism and Democracy*, p. 67.
[238] Tawney, *Equality*, p. 105.

aqui envolvido não é uma mudança revolucionária nas atitudes, a visionária «mudança na natureza humana», mas um ajustamento de grau. O comportamento individual nas sociedades liberais sempre foi orientado para as necessidades sociais em certos sectores de comportamento. A suposição de que o comportamento individual nas nossas sociedades atuais está orientado exclusivamente para objetivos privados tem sido refutada pelo trabalho das nossas instituições políticas. A questão tem sido bem colocada por um economista que se encontra dentro da tradição clássica ortodoxa.

> Em qualquer mundo real haverá, para o indivíduo, casos em que ele poderá dar livre curso às suas predileções pessoais, e outros em que se esperará que ele se sirva dos seus recursos morais e aja de acordo com os valores éticos supremos, em vez de satisfazer as suas próprias preferências. O problema inicial, para o indivíduo, será o de aprender a distinguir prontamente entre estes dois casos; o problema subsequente será encontrar a decisão a tomar quando foi determinado que o interesse próprio não tem permissão de rédea solta. Um dos pecados cometidos pela glorificação da liberdade económica foi precisamente confundir os indivíduos em relação à fronteira entre os dois casos.[239]

[239] William S. Vickrey, «The Goals of Economic Life», em A. D. Ward, cd., *Goals of Economic Life* (Nova Iorque: Harper, 1953), reimpresso como «An Exchange of Questions between Economics and Philosophy», em E. S. Phelps, ed., *Economic Justice* (Harmondsworth, Eng.: Penguin Education, 1973), p. 60.

A escassez social altera a fronteira, anexa uma parte da esfera do interesse próprio legítimo à esfera da obrigação social e aumenta o perigo de que o descuro da esfera social irá corroer a base necessária para perseguir objetivos privados numa economia de mercado. Assim, a glorificação da liberdade económica ameaça destruí-la, tal como o patriotismo de protesto ruidoso destruiu o estado da nação.

V

A análise aqui apresentada confirmou que existem implicações definitivas, mas restritas, para a política. Aponta para os perigos na linha atual de avanço e sugere uma direção que parece mais promissora. Não oferece uma planta operacional para esse avanço. Acreditar que essa planta tem de estar disponível — que soluções operacionais específicas têm de ser encontradas para os problemas — é um lembrete obstinado e talvez feliz da crença no progresso: foi chamada a versão não ficcional do final feliz. Esta é uma parte da fé pragmática no incremento parcelar, uma fé que é tão utópica como a utopia que pretende substituir. Este último conceito assenta numa implementação benigna de uma ordem social planeada; o anterior assenta na interação benigna das ações espontâneas e reparos parcelares com os seus resultados. O pressuposto Utópico Escondido é que a evolução progressiva vai olhar por nós e, entretanto, há sempre alguma forma de manipular quem tenta tapar o fosso.

Este livro sugeriu que o principal problema económico com que as sociedades economicamente avançadas agora se deparam é uma necessidade estrutural de recuar os limites do autoavanço económico. Por sua vez, isso exige uma validação deliberada da base do rendimento e distribuição de riqueza que estas economias conseguiram não ter num período de transição que está a terminar. Os expedientes parcelares têm agora pouco para oferecer por eles mesmos. Isto não lhes nega o seu lugar, mas torna-os secundários numa mudança de visão e entendimento. Podemos estar perto do limite da organização social explícita possível sem uma moralidade social que a sustente. Os corretivos adicionais na sua ausência simplesmente não aderem. Essa é a fraqueza decisiva da abordagem puramente tecnocrática de restringir a economia de mercado ao seu propósito social.

A sociedade está turbulenta porque a única legitimidade que tem é a justiça social; e a transição para uma sociedade justa é uma estrada incerta recheada de injustiça. Esta é a fase estranha a que se chegou através da análise do esclarecimento ocidental moderno. O facto central da situação moderna é a necessidade de justificar. É o seu triunfo moral e o seu problema técnico por resolver. A necessidade de justificar impõe limites drásticos no conjunto de soluções viáveis. As soluções que funcionam têm tradicionalmente dominado as soluções que têm apelo ético. A distinção está difusa: para funcionar, tem de ser eticamente defensável. Quem foram os realistas no Vietname? Para o problema económico prioritário discutido neste livro, a primeira necessidade não são aparelhos técnicos, mas uma necessária aceitação do público para que funcionem.

Referências

Aaron, Henry, e McGuire, Martin. «Public Goods and Income Distribution», *Econometrica* (novembro de 1970).

Abrams, Mark. «Subjective Social Indicators», *Social Trends*, nr. 4 (1973). Akerlof, G. A. «The Market for "Lemons": Qualitative Uncertainty and the Market Mechanism», *Quarterly Journal of Economics* (agosto de 1970).

Aronson, J. Richard. «Voting with Your Feet», *New Society* (29 de agosto de 1974). Arrow, Kenneth J. «Gifts and Exchanges», *Philosophy and Public Affairs* (verão de 1972).

— «Higher Education as a Filter», *Journal of Public Economics* (julho de 1973).

— «Some Ordinalist-Utilitarian Notes on Rawls's Theory of Justice», *Journal of Philosophy* (maio de 1973).

— «Uncertainty and the Welfare Economics of Medical Care», *American Economic Review* (dezembro de 1962).

Atkinson, A. B. «Poverty and Income Inequality in Britain», em Dorothy Wedderburn, ed., *Poverty, Inequality and Class Structure* (Cambridge, Eng.: Cambridge University Press, 1974).

Bachrach, Peter. *The Theory of Democratic Elitism* (1967) (Londres: University of London Press, 1969).

Bagehot, Walter. *The English Constitution* (1867) (Londres: Collins Fontana, 1963).

Balassa, Bela. «The Purchasing Power Parity Doctrine: A Reappraisal», *Journal of Political Economy* (dezembro de 1964).

Baran, Paul A., e Sweezy, Paul M. *Monopoly Capital* (Nova Iorque: Monthly Review Press, 1966).

Barry, Brian. *The Liberal Theory of Justice* (Oxford: Clarendon, 1973).

— *Sociologists, Economists, and Democracy* (Nova Iorque: Collier-Macmillan, 1970).

Baumol, William J. «The Dynamics of Urban Problems and Its Policy Implications», em Maurice Peston e Bernard Corry, eds., *Essays in Honour of Lord Robbins* (Londres: Weidenfeld and Nicolson, 1972).

— «Environmental Protection and Income Distribution», em Harold M. Hochman e George E. Peterson, eds., *Redistribution Through Public Choice* (Nova Iorque: Columbia University Press, 1974).

— e Bowen, William G. *Performing Arts: The* Economic *Dilemma* (Nova Iorque: Twentieth Century Fund, 1966; Cambridge, Mass.: MIT Press, 1968).

Becker, Gary S. «A Theory of Marriage», *Journal of Political Economy* (julho/agosto de 1973 e março/abril de 1974).

— «A Theory of the Allocation of Time», *Economic Journal* (setembro de 1965).

Beckerman, Wilfred. *In Defence of Economic Growth* (Londres: Cape, 1974).

— «"Environment", "Needs" and Real Income Comparisons», *Review of Income and Wealth* (dezembro de 1972).

— «Sex and the Falling Rate of Profit», *New Statesmen* (20 de julho de 1973).

Beigel, Hugo G. «Romantic Love», *American Sociological Review* (junho de 1951).

Bell, Daniel. *The Coming of Post-Industrial Society* (Londres: Heinemann, 1974).

Bellah, Robert N. «The Sociology of Religion», *International Encyclopaedia of the Social Sciences,* vol. 13 (Londres: Macmillan, 1968).

Beveridge, William, ed., *Tariffs: The Case Examined* (Londres: Longmans Green, 1932).

Bielckus, C. L. *et al. Second Homes in England and Wales* (Ashford, Eng.: Wye College School of Rural Economics and Related Studies, 1972).

Blaug, M., ed. *Economics of Education,* vol. I (Harmondsworth, Eng.: Penguin, 1968).

Bliss, C. J. «R. M. Titmuss, The Gift Relationship: from Human Blood to Social Policy», revisão do livro em *Journal of Public Economics* (abril de 1972).

Bottomore, T. B. *Elites and Society* (1964) (Harmondsworth, Eng.: Penguin, 1966).

Boulding, Kenneth E. «Economics as a Moral Science», *American Economic Review* (março de 1969).

— *The Economy of Love and Fear* (Belmont, Calif.: Wadsworth Publishing Co., 1973).

— «Notes on a Theory of Philanthropy», em Frank G. Dickinson, ed., *Philanthropy and Public Policy* (Nova Iorque: Gabinete Nacional de Pesquisa Económica, 1962).

— e Pfaff, Martin, eds. *Redistribution to the Rich and the Poor* (Belmont, Calif.: Wadsworth Publishing Co., 1972).

Bowen, William G. «Assessing the Economic Contribution of Education» (1963), em M. Blaug, ed., *Economics of Education*, vol. I (Harmondsworth, Eng.: Penguin, 1968).

Bowles, Samuel. «Understanding Unequal Economic Opportunity», *American Economic Review* (maio de 1973).

Bowley, Arthur. *Three Studies on the National Income* (London School of Economics [1919–1927], 1938).

Boyd, David. *Elites and Their Education* (Windsor, Eng.: NFER Publishing, 1973).

Bradford, D. F., e Kelejian, H. H. «An Econometric Model of the Flight to the Suburbs», *Journal of Political Economy* (maio/junho de 1973).

Brittan, Samuel. *Capitalism and the Permissive Society* (Londres: Macmillan, 1973).

— *The Treasury under the Tories* (Harmondsworth, Eng.: Penguin, 1964). Buchanan, James M. *Costs and Choice* (Chicago: Markham Publishing Co., 1969).

— *The Demand and Supply of Public Foods* (Chicago: Rand McNally, 1968).

— «An Economic Theory of Clubs», *Economica* (fevereiro de 1965).

— e Tullock, Gordon. *The Calculus of Consent* (Ann Arbor: University of Michigan Press, 1962).

Butler, David, e Stokes, Donald. *Political Change in Britain* (1969) (Harmondsworth, Eng.: Penguin, 1971).

Chinoy, Ely. *Automobile Workers and the American Dream* (Nova Iorque: Doubleday, 1955).

Clawson, Marion, e Hall, Peter, *Planning and Urban Growth: An Anglo-American* Comparison (Baltimore: Johns Hopkins University Press, 1973).

Clout, H. D. «Second Homes in France», *Journal of the Town Planning Institute* (dezembro de 1969).

Coats, A. W., ed. *The Classical Economists and Economic Policy* (Londres: Methuen, 1971).

Cole, H. S. D. *et al. Thinking About the Future* (Londres: Chatto e Windus para a Sussex University Press, 1973).

Comte, Auguste. *System of Positive Policy,* vol. 2 (1851) (Nova Iorque: Franklin, 1875).

Cooper, Michael H., e Culyer, Anthony J. «The Economics of Giving and Selling Blood», em Armen A. Alchian e outros, *The Economics of Charity* (Londres: Institute of Economic Affairs, 1973).

Crean, John F. «Foregone Earnings and the Demand for Education: Some Empirical Evidence», *Canadian Journal of Economics* (fevereiro de 1973).

Crosland, Anthony. *The Future of Socialism* (Londres: Cape, 1956; rev. ed., 1964).

— «A Social Democratic Britain», no seu *Socialism Now* (Londres: Cape, 1974).

Crowther, Geoffrey. *Economics for Democrats* (Londres: Thomas Nelson, 1939).

Dahl, Robert A., e Lindblom, Charles E. *Politics, Economics, and Welfare* (Nova Iorque: Harper and Row, 1953; Torchbook ed., 1963).

David, E. J. «The Exploding Demand for Recreational Property», *Land Economics* (Maio 1969).

Denison, E. F. *Why Growth Rates Differ* (Washington, D.C.: The Brookings Institution, 1967).

Diamond, Robert S. «A Self-Portrait of the Chief Executive», *Fortune* (maio de 1970).

Downing, Peter, and Dower, Michael. *Second Homes in England and Wales* (Londres: Countryside Commission, 1974).

Downs, Anthony. *An Economic Theory of Democracy* (Nova Iorque: Harper and Row, 1957).

Duesenberry, James S. *Income, Saving and the Theory of Consumer Behavior* (Cambridge, Mass.: Harvard University Press, 1949).

Duncan, Graeme. *Marx and Mill: Two Views of Social Conflict and Social Harmony* (Cambridge, Eng.: Cambridge University Press, 1973).

Durbin, Evan. *The Politics of Democratic Socialism* (Londres: Routledge, 1940).

Durkheim, Emile. *The Elementary forms of the Religious Life* (1915) (Londres: Allen and Unwin, 1971).

Easterlin, Richard A. «Does Economic Growth lmprove the Human Lot?», em Paul A. David e Melvin W. Reder, eds., *Nations and Households in Economic Growth: Essays in Honor of Moses Abramovitz* (Stanford, Calif.: Stanford University Press, 1972).

Frankel, S. Herbert. «"Psychic" and "Accounting" Concepts of Income and Welfare» (1953), em R. H. Parker e G. C. Harcourt, eds., *Reedings in the Concept and Measurement of Income* (Cambridge, Eng.: Cambridge University Press, 1969).

Freeman, Richard B. «Overinvestment in College Training?», *Journal of Human Resources,* 10 (verão de 1975).

— «Supply and Salary Adjustments to the Science Manpower Market: Physics, 1948–1973», Instituto de Pesquisa Económica de Harvard, Documento de Discussão 318, setembro de 1973.

Friedman, Milton. *Capitalism and Freedom* (Chicago: University of Chicago Press, 1962).

Gagnon, John H. «Prostitution», *International Encyclopaedia of the Social Sciences,* vol. 12 (Londres: Macmillan, 1968).

Galbraith, John Kenneth. *The Affluent Society* (Londres: Hamish Hamilton, 1958).

— *Economics and the Public Purpose* (Londres: Andre Deutsch, 1974).

— *The* Reus *Industrial State* (Boston: Houghton Mifflin, l9G7).

Giddens, Anthony. *The Class Structure of the Advanced Societies* (Londres: Biblioteca da Universidade de Hutchinson, 1973).

Gintis, Herbert. «A Radical Analysis of Welfare Economics and Individual Development», *Quarterly Journal of Economics* (novembro de 1972).

Goldthorpe, John. «Industrial Relations in Great Britain: A Critique of Reformism», Conferência na Universidade da Columbia, março de 1974.

— and Lockwood, David. *The Affluent Worker,* vols. 1–3 (Cambridge, Eng.: Cambridge University Press, 1968 e 1969).

Goode, William J. «The Economies of Non-monetary Variables», *Journal of Political Economy* (março/abril de 1974).

Gordon, Scott. «The Close of the Galbraithian System», *Journal of Political Economy* (julho/agosto de 1968).

— «The Ideology of Laissez-Faire», em A. W. Coats, cd., *The Classical Economists and Economic Policy* (Londres: Methuen, 1971).

— «The London *Economist* and the High Tide of Laissez-Faire», *Journal of Political Economy* (dezembro de 1955).

Gramlich, E., and Kushel, Patricia. *Educational Performance Contracting* (Washington, D.C.: The Brookings lnstitution, 1975).

Greater London Council. *Movement in London* (1969).

Haavelmo, Trygve. «Some Observations on Welfare and Economic Growth», em W. A. Eltis e outros, eds., *Induction, Growth and Trade* (Oxford: Clarendon Press, 1970).

— «Time in Economic Life», *Quarterly Journal of Economics* (novembro de 1973).

Halsey, A. H. «Education and Social Class in 1972», em Kathleen Jones, ed., *Year Book of Social Policy in Britain, 1972* (Londres: Routledge and Kegan Paul, 1973).

Hardin, G. «The Tragedy of the Commons», *Science* (1968).

Harrod, Roy Forbes. *The Life of John Meynard Keynes* (1951) (Londres: Macmillan, 1963).

— «The Possibility of Economic Satiety—Use of Economic Growth for Improving the Quality of Education and Leisure», em *Problems of United States Economic Development* (Nova Iorque: Comité para o Desenvolvimento Económico, 1958), I, 207–213.

Hayek, Friedrich A. *The Constitution of Liberty* (Londres: Routledge and Kegan Paul, 1960).

— «The Price System as a Mechanism for Using Knowledge», *American Economic Review* (setembro de 1945), em Morris Bornstein, ed., *Comparative Economic Systems* (Chicago: Richard D. Irwin, 1965).

Heller, Joseph. *Catch-22* (1955) (Nova Iorque: Dell, 1970).

Heller, Walter W. «Economic Growth and Ecology —An Economist's View», *Monthly Labor Review* (novembro de 1971).

Hirsch, Fred. «Empty Shelves on the Market Counter», *The Banker* (junho de 1973).

Hollander, Samuel. *The Economics of Adam Smith* (Londres: Heinemann, 1973).

Jencks, Christopher. *Inequality* (Nova Iorque: Basic Books, 1973).

Jenkins, Roy. *Asquith* (Londres: Collins, 1964).

Johnson, Elizabeth, «The Collected Writings of John Maynard Keynes: Some Visceral Reactions», em Michael Parkin e A. K. Nobay, eds., *Essays in Modern Economics* (Londres: Longman, 1975).

Johnson, Harry G. «Cambridge in the 1950s», *Encounter* (janeiro de 1974).

— «The Economic Approach to Social Questions», *Economica* (Fevereiro 1968).

— «The Keynesian Revolution and the Monetarist Counter-Revolution», *American Economic Review* (maio de 1971).

— «The Political Economy of Opulence», in his *Money, Trade and Economic Growth* (Cambridge, Mass.: Harvard University Press, 1967).

— *The Theory of lncome Distribution* (Londres: Gray-Mills, 1973).

Johnson, Samuel. *A Journey to the Western Islands of Scotland* (New Haven: Yale University Press, 1971).

Jouvenel, Bertrand de. «Organisation du travail et l'amenagement de l'existence», *Free University Quarterly,* 7 (agosto de 1959).

Juster, Thomas. «A Framework for the Measurement of Economic and Social Performance», em Milton Moss, ed., *The Measurement of Economic and Social Perfomance* (Nova Iorque: National Bureau of Economic Research, 1973).

Kahn, Alfred E. «The Tyranny of Small Decisions: Market Failures, lmperfections, and the Limits of Economics», *Kyklos* (1966).

Kahn, Herman, e Wiener, Anthony. *The Year 2000* (Nova Iorque: Macmillan, 1967).

Katona, George, Strumpel, Burkhard, e Zahn, Ernest. *Aspirations and Affluence* (Nova Iorque: McGraw-Hill, 1971).

Keynes, John Maynard. *Collected Writings,* 16 vols. (Londres: St. Martin, 1971– 1973).

Knight, Frank H. «Ethics and the Economia Interpretation», em *The Ethics of Competition* (Londres: Allen and Unwin, 1951).

— «Some Fallacies in the Interpretation of Social Cost», *Quarterly Journal of Economics* (1924).

Kristol, Irving. «Capitalism, Socialism and Nihilism», *The Public Interest* (primavera de 1973).

Kropotkin, P. *Mutual Aid* (Londres: Heinemann, 1904).

Kuznets, Simon. «Economic Growth and Income Inequality», *American Economic Review* (março de 1955), no seu *Economic Growth and Structure* (Londres: Heinemann, 1966).

— *Modem Economic Growth* (New Haven: Yale University Press, 1966).

— «The Share and Structure of Consumption», *Economic Development and Cultural Change,* 10 (janeiro de 1962), Parte II.

Lancaster, Kelvin J. «A New Approach to Consumer Theory», *Journal of Political Economy,* 74 (1966), 132–157, reimpresso como «Goods Aren't Goods», em A. S. C. Ehrenberg e F. G. Pyatt, eds., *Consumer Behavior* (Harmondsworth, Eng.: Penguin, 1971).

Leibenstein, Harvey. «Toward a Significantly (But Not Radically) New Theory of Consumption», Instituto de Pesquisa Económica de Harvard, Documento de Discussão 343, fevereiro de 1974.

Levitt, Theodore. «The Lonely Crowd and the Economic Man», *Quarterly Journal of Economics* (fevereiro de 1956).

Linder, Staffan B. *The Harried Leisure Class* (Nova Iorque: Columbia University Press, 1970).

Lockwood, David. *The Black Coated Worker* (Londres: Allen and Unwin, 1958).

Macfie. A. L. «The Invisible Hand in the "Theory of Moral Sentiments"», em *The Individual in Society* (Londres: Allen and Unwin, 1967).

MacIntyre, Alasdair. *Marxism and Christianity* (1953) (Harmondsworth, Eng.: Penguin, 1971).

McKean, Roland N. «Growth vs. No-Growth: An Evaluation», em Mancur Olson e Hans H. Landsberg, eds., *The No-Growth Society* (Londres: Woburn Press, 1975).

— «Time in Economic Life: Comment», *Quarterly Journal of Economics* (novembro de 1973).

Mackenzie, Gavin. *The Aristocracy of Labor* (Cambridge, Eng.: Cambridge University Press, 1973).

Macmillan, Harold. *The Middle* Way (Londres: Macmillan, 1938).

Macpherson, C. B. *The Political Theory of Possessive Individualism* (Oxford: Clarendon, 1962).

Macrae, Norman. «The Future of International Business», *The Economist* (22 de janeiro de 1972).

— *Sunshades in October* (Londres: Allen and Unwin, 1963).

Maine, Sir Henry. *Ancient Law* (1861) (Londres: Murray, 1894).

Malthus, Thomas. *An Essay on Population* (1798) (Londres: Dent, 1914 e 1960).

Marris, Robin. *The Economic Theory of Managerial Capitalism* (Londres: Macmillan, 1964).

— ed. *The Corporate Society* (Londres: Macmillan, 1974).

Marshall, Alfred. «The Future of the Working Classes» (1873), em A. C. Pigou, ed., *Memorials of Alfred Marshall* (Londres: Macmillan, 1925).

— *Principles of Economics* (1920), 8.ª ed. (Londres: Macmillan, 1969).

Marwick, Arthur. *Britain in the Century of Total War, 1900–60* (Londres: Bodley Head, 1968).

Marx, Karl. *Capital, vol.* I (Londres: Dent, 1951).

— *Critique of the Gotha Programme* (1875) (Nova Iorque: International Publishers, 1966).

— *Early Writings,* ed. T. B. Bottomore (Nova Iorque: McGraw-Hill, 1964).

— *Grundrisse* (Londres: Pelican Marx Library, 1973).

— *The Poverty of Philosophy* (Londres: Lawrence and Wishart, 1955).

Matthews, Robin. «Comment», em *Economic Growth* (Nova Iorque: Gabinete Nacional de Pesquisa Económica, 1972), p. 87–92.

Meade, James E. *The Intelligent Radical's Guide to Economic Policy. The Mixed Economy* (Londres: Allen and Unwin, 1975).

— «Is "The New Industrial State" Inevitable?», *Economic Journal* (junho de 1968).

— *Planning and the Price Mechanism* (Londres: Allen and Unwin, 1948).

Michael, Robert T. *The Effect of Education on Efficiency in Consumption* (Nova Iorque: Gabinete Nacional de Pesquisa Económica, 1972).

Mill, John Stuart. «Utility of Religion» (1874), *Collected Works,* X (Toronto: University of Toronto Press, 1969).

— *Principles of Political Economy,* Livro IV, Capítulo VI (1848) (Harmondsworth, Eng.: Penguin, 1970).

Mishan, E.J. *The Costs of Economic Growth* (Londres: Staples Press, 1967).

— «On the Economics of Disamenity», em Robin Marris, ed., *The Corporate Society* (Londres: Macmillan, 1974).

Moore, Geoffrey H., e Hedges, Janice N. «Trends in Labor and Leisure», *Monthly Labor Review* (fevereiro de 1971).

Myrdal, Gunnar. *The Political Element in the Development of Economic Theory* (Nova Iorque: Simon and Schuster, 1969).

Nerlove, Marc. «Household and Economy: Toward a New Theory of Population and Economic Growth», *Journal of Political Economy* (março/abril de 1974).

Niskanen, William A. *Bureaucracy. Servant or Master?* (Londres: Instituto de Assuntos Económicos, 1973).

Nordhaus, William D. «World Dynamics: Measurement without Data», *Economic Journal* (dezembro de 1973).

— e Tobin, James. «Is Growth Obsolete?», em *Economic Growth* (Nova Iorque: Gabinete Nacional de Pesquisa Económica, 1972).

Nozick, Robert. *Anarchy, State and Utopia* (Nova Iorque: Basic Books, 1974).

Olson, Mancur. *The Logic of Collective Action* (1965) (Nova Iorque: Schocken, 1971).

— e Landsberg, Hans H., eds., *The No-Growth Society* (Londres: Woburn Press, 1975).

Owen, John D. *The Price of Leisure* (Rotterdam: Rotterdam University Press, 1969)

Pechman, Joseph A., e Okner, Benjamin A. *Who Beers the Tax Burden?* (Washington, D.C.: The Brookings Institution, 1974).

Peterson, George E. «The Distributional Impact of Performance Contracting in Schools», em Harold M. Hochman e George E. Peterson, eds., *Redistribution Through Public Choice* (Nova Iorque: Columbia University Press, 1974).

Plamenatz, John. *Democracy and Illusion* (Londres: Longman, 1973).

Polanyi, Karl. *The Great Transformation* (1944) (Boston: Beacon, 1970).

Potomac Associates. *Survey of National Concerns* (1970).

Rainwater, Lee. *What Money* Buys: *Inequality and the Social Meaning of Income* (Nova Iorque: Basic Books, 1974).

Rawls, John. *A Theory of Justice* (Cambridge, Mass.: Harvard University Press, 1971).

Ricardo, David. *The Principles of Political Economy and Taxation* (1798), em P. Straffa, ed., *Works of David Ricardo,* vol. I (Cambridge, Eng.: Cambridge University Press, 1962).

Roberts, David. *Victorian Origins of the British Welfare State* (New Haven: Yale University Press, 1960).

Robertson, D. H. «What Does the Economist Economize?», no seu *Economic Commentaries* (Londres: Staples, 1956).

Robinson, Joan. *Economic Philosophy* (1962) (Harmondsworth, Eng.: Penguin, 1964).

Runciman, W. G. *Relative Deprivation and Social Justice* (1966) (Harmondsworth, Eng.: Penguin, 1972).

Russell, Bertrand. «In Praise of Idleness», in Eric Larrabee e Rolf Meyersohn, eds., *Moss Leisure* (Nova Iorque: Free Press, 1958).

Samuelson, Paul A. Economics, 9.ª ed. (Nova Iorque: McGraw-Hill, 1973).

— «The Pure Theory of Public Expenditure», *Review of Economics and Statistics* (1954), em R. W. Houghton, ed., *Public Finance* (Harmondsworth, Eng.: Penguin, 1970).

— «Social Indifference Curves», *Quarterly Journal of Economics* (Fevereiro 1956).

Schelling, Thomas. «On the Ecology of Micromotives», em Robin Marris, ed., *The Corporate Society* (Londres: Macmillan, 1974).

Schultz, T. W. «Investment in Human Capital» (1961), em M. Blaug, ed., *Economics of Education,* vol. I (Harmondsworth, Eng.: Penguin, 1968).

Schumpeter, Joseph A. *Capitalism, Socialism and Democracy* (Nova Iorque: Harper, 1942).

Scitovsky, Tibor. «Inequalities—Open and Hidden, Measured and Immeasurable», American Academy of Political and Social Science, *Anais* (setembro de 1973).

— *The Joyless Economy* (Nova Iorque: Oxford University Press, 1976).

— «What Price Economic Progress?» (1959). Nos seus *Papers on Welfare and Growth* (Londres: Allen and Unwin, 1964).

Scott, Robert H. «Avarice, Altruism, and Second Party Preferences», *Quarterly Journal of Economics* (fevereiro de 1972).

Sen, Amartya. «Behaviour and the Concept of Preference», *Economica* (agosto de 1973).

— *On Economic Inequality* (Oxford: Clarendon Press, 1973).

Shanks, Michael. *The Stagnant Society* (Harmondsworth, Eng.: Penguin, 1961).

Shonfield, Andrew. *British Economic Policy Since the War* (Harmondsworth, Eng. : Penguin, 1958).

Simon, H. «The Compensation of Executives», *Sociometry* (1957), em A. B. Atkinson, ed., *Wealth, Income and Inequality* (Harmondsworth, Eng.: Penguin Education, 1973), p. 199–202.

Simon, Julian L. «Interpersonal Welfare Comparisons Can Be Made — And Used for Redistribution Decisions», *Kyklos* (1974).

Smith, Adam. *The Theory of Moral Sentiments* (1759) (Londres: Bell, 1907).

— *A Riqueza das Nações* (1776) (Londres: Dent, 1960).

Smith, J. D., and Franklin, S. D. «The Concentration of Personal Wealth, 1922– 1969», *American Economic Review,* Papers and Proceedings (maio de 1974).

Solow, Robert M. «The Economics of Resources or the Resources of Economics», *American Economic Review,* Papers and Proceedings (maio de 1974).

— «Is the End of the World at Hand?», *Challenge* (março/abril de 1973).

— «The New Industrial State: A Discussion», *Public Interest,* nr. 9 (outono de 1967).

Soltow, Lee. «Long-Run Changes in British Income Inequality», *Economic History Review* (1968).

Spence, A. Michael. *Market Signaling. The Informational Structure of Hiring and Related Processes* (Cambridge, Mass.: Harvard University Press, 1974).

Stein, Herbert. *The Fiscal Revolution in America (*Chicago: University of Chicago Press, 1969).

Stephen, James Fitzjames. *Liberty, Equality, Fraternity* (1873) (Cambridge, Eng.: Cambridge University Press, 1967).

Taubman, Paul, e Wales, Terence. *Higher Education and Earnings* (Nova Iorque: McGraw-Hill, 1974).

Tawney. R. H. *The Acquisitive Society* (1920) (Nova Iorque: Harcourt, 1958).

— *Equality* (1931) (Londres: Allen and Unwin, 1952).

— *Religion and the Rise of Capitalism* (1926) (Londres: Murray, 1964).

Taylor, Arthur J. *Laissez-Faire and State Intervention in Nineteenth Century Britain* (Londres: Macmillan, 1972).

Thompson, Edward P. *The Making of the English Working Class* (Harmondsworth, Eng.: Penguin, 1968).

Thurow, Lester C. *Generating Inequality* (Nova Iorque: Basic Books, 1975).

— *Investment in Human Capital* (Belmont, Calif.: Wadsworth Publishing Co., 1970).

— e Lucas, Robert E. B. «The American Distribution of Income: A Structural Problem», Congresso dos EUA. Comité Económico Conjunto, 17 de março, 1972.

Tinbergen, Jan. *An Interdisciplinary Approach to the Measurement of Utility or Welfare* (Dublin: Instituto de Investigação Económica e Social, 5.ª Palestra Geary, 1972).

Titmuss, Richard M. *The Gift Relationship* (Londres: Allen and Unwin, 1970).

— *Social Policy, 1939–45* (Londres: Allen and Unwin, 1974).

Tullock, Gordon. «The Charity of the Uncharitable», em Armen A. Alchian e outros, *The Economics of Charity* (Londres: Instituto de Assuntos Económicos, 1973), p. 16–32.

— *The Politics of Bureaucracy* (Washington, D.C.: Public Affairs Press, 1965).

Estados Unidos, Concelho de Conselheiros Económicos. «Distribution of Income», *Relatório Anual 1974,* Capítulo 5.

— Departamento do Comércio, Gabinete dos Censos. *Characteristics of Second Home Owners for the United* States, *1970,* Censo de Habitação, HC 51 (13).

— — — *Relatórios Correntes de Habitação,* Série H-121, nr. 16.

— Departamento de Habitação e Desenvolvimento Urbano. *Terceiro Relatório Anual* (1967).

Usher, Dan. *The Price Mechanism and the Meaning of National Income Statistics* (Oxford: Clarendon Press, 1968).

Vickrey, William S. «The Goals of Economic Life», em A. D. Ward, ed., *Goals of Economic Life* (Nova Iorque: Harper, 1953), reimpresso como «An Exchange of Questions between Economics and Philosophy», em E. S. Phelps, ed., *Economic Justice* (Harmondsworth, Eng.: Penguin Education, 1973).

— «One Economist's View of Philanthropy», em Frank G. Dickinson, ed., *Philanthropy and Public Policy* (Nova Iorque: Gabinete Nacional de Pesquisa Económica, 1962).

Vilander, Kathleen. «Outer-City: Suburbia Seeks New Solutions», *Real Estate Review* (verão de 1973).

Weber, Max. *The Protestant Ethic and the Spirit of Capitalism* (1904) (Nova Iorque: Scribner's Sons, 1958).

Weisbrod, Burton A. «Collective-Consumption Services of Individual-Consumption Goods», *Quarterly Journal of Economics* (agosto de 1964).

Westergaard, J. H. «Sociology: The Myth of Classlessness», em Robin Blackburn, ed., *Ideology in Social Science* (Londres: Collins Fontana, 1972).

Wicksteed, Philip H. The *Common Sense of Political Economy* (1910), vol. II (Londres: Routledge and Kegan Paul, 1933).

Winch, Donald. *Economics and Policy* (Londres: Hodder and Stoughton, 1969).

Young, George. *Tourism, Blessing or Blight?* (Harmondsworth, Eng.: Penguin, 1973).

Young, Michael. *The Rise of the Meritocracy 1870–2033* (1958) (Harmondsworth, Eng.: Penguin, 1961).

— and Willmott, Peter. *Family and Kinship in East London* (Londres: Routledge and Kegan Paul, 1957).

— *The Symmetrical family* (Londres: Routledge and Kegan Paul, 1973).

Índice remissivo